Fredy Meyer

Du stellst meine Füße auf weiten Raum

(Psalm 31,9)

Jakobswege zwischen Neckar und Bodensee

Tübinger Jakobsweg

Tübingen
Wurmlingen
Rottenburg
Horb
Dettingen
Bechtoldsweiler
Hechingen
Jungingen
Bisingen
Ringingen
Engstlatt
Killer
Burladingen
Balingen
Gauselfingen
Gammertingen
Rottweil
Endingen
Neufra
Weilstetten
Albstadt
Tieringen
Hermentingen
Hettingen
Oberdigisheim
Veringenstadt
Veringendorf
Unterdigisheim
Jungnau
Hohenzollerischer
Jakobsweg
Nusplingen
Laucert
Egesheim
Inzigkofen
Laiz
Sigmaringen
Donau
Bärenthal
Irndorf
Beuroner Jakobsweg
Vilsingen
Beuron
Engelswies
Tuttlingen
Altheim
Buchheim
Meßkirch
Heudorf
Schnerkingen
Donau
Wald
Pfullendorf
Mindersdorf
Großstadelhofen
Sentenhart
Ramsberg
Hengelau
Großschönach
Stockach
Taisersdorf
Linzgauer Jakobsweg
Hegauer Jakobsweg
Ludwigshafen
Hohenbodman
Bodman
Owingen
Liggeringen
Überlingen
Radolfzell
Markelfingen
Wallhausen
Allensbach
Litzelstetten
Reichenau
Schaffhausen
Hegne
Konstanz
Einsiedeln
Bodensee

Wandlung

Löse Dich von Haus und Haft,
eh' der Herd verglimmt.
Denn zu Gottes Wanderschaft
bist Du vorbestimmt.
Namenloses Zeitenkind,
Baum im Wanderschuh!
Was am Prellstein hockt und sinnt,
das bist nicht mehr Du.
Gib Dich der verborgnen Hand,
die Dich angerührt.
Hebe Dich vom Grabenrand,
geh, Du bist geführt.

Werner Bergengruen

Bilder auf dem Umschlag und auf der Rückseite:
Alte Friedhofskirche St. Peter und Paul, Nusplingen

Folgenden Förderern des Buches sei herzlich gedankt:
Landkreis Konstanz
Landkreis Sigmaringen und Oberschwäbische Elektrizitätswerke
Landkreis Zollernalbkreis und Wirtschaftsförderungsgesellschaft für
den Zollernalbkreis
Sparkasse Stockach
Volksbank Überlingen-Stockach

Autoren:
Br. Jakobus Kaffanke OSB (JK)
Wolfgang Kramer (WK)
Fredy Meyer (FM)
Hans-Joachim Schuster (H-JSch)
Edwin Ernst Weber (EEW)
Andreas Zekorn (AZ)

Illustrationen: Lucia Meyer
Fotos: Fredy Meyer
Konzeption, Bildbearbeitung und Grafiken: Lucia Meyer
Etappenkarten: Claudia Rodat mit Genehmigung des Bundesamtes für
Kartographie und Geodäsie, Frankfurt am Main
Druck und Gesamtherstellung:
werk zwei Print + Medien Konstanz GmbH
Layout: Inis Ambrosy

Das Buch erscheint als Band Nr. 134 in der Reihe der Hegau-Bibliothek.

ISBN 978-3-921413-96-8

Inhaltsverzeichnis

Grußwort

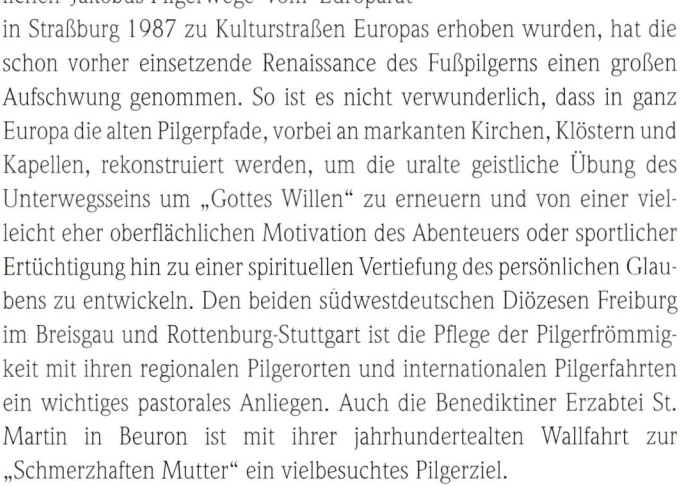

Über fast tausend Jahre hinweg machen sich Menschen quer durch ganz Europa auf den Weg nach Santiago de Compostela zum Grab des hl. Apostel Jakobus. Seit die mittelalterlichen Jakobus-Pilgerwege vom Europarat in Straßburg 1987 zu Kulturstraßen Europas erhoben wurden, hat die schon vorher einsetzende Renaissance des Fußpilgerns einen großen Aufschwung genommen. So ist es nicht verwunderlich, dass in ganz Europa die alten Pilgerpfade, vorbei an markanten Kirchen, Klöstern und Kapellen, rekonstruiert werden, um die uralte geistliche Übung des Unterwegsseins um „Gottes Willen" zu erneuern und von einer vielleicht eher oberflächlichen Motivation des Abenteuers oder sportlicher Ertüchtigung hin zu einer spirituellen Vertiefung des persönlichen Glaubens zu entwickeln. Den beiden südwestdeutschen Diözesen Freiburg im Breisgau und Rottenburg-Stuttgart ist die Pflege der Pilgerfrömmigkeit mit ihren regionalen Pilgerorten und internationalen Pilgerfahrten ein wichtiges pastorales Anliegen. Auch die Benediktiner Erzabtei St. Martin in Beuron ist mit ihrer jahrhundertealten Wallfahrt zur „Schmerzhaften Mutter" ein vielbesuchtes Pilgerziel.

Ich freue mich sehr, dass es dem Herausgeber dieses Buches und seinem Team gelungen ist, von Tübingen bis Konstanz die traditionellen Wege der mittelalterlichen Jakobspilger mit ihren Hauptverehrungsorten zu rekonstruieren und in Zusammenarbeit mit dem Schwäbischen Alb- und Schwarzwaldverein, sowie den Landkreisen Sigmaringen, Zollernalb, Tuttlingen, Bodenseekreis und Konstanz auszuzeichnen. Das jetzt vorliegende Buch ist nicht nur ein Wegweiser mit vielen praktischen Hinweisen für den Pilger, sondern führt diesen auch in die Geschichte und Spiritualität des Pilgerns zum Grab des Hl. Jakobus des Älteren ein und bringt ihn obendrein mit Natur und Kultur des Raumes zwischen Oberem Neckar und Bodensee in Berührung.

Möge das Buch viele Füße zur größeren Ehre Gottes in Bewegung setzen, möge diese Bewegung zu einem „Beten mit den Füßen" werden, wie man bisweilen das Pilgern genannt hat. Und möge der Leser dieses Buches zu einem guten und ausgewogenen Unterwegssein finden, zu einem Miteinander von Leib und Geist, zu einem Wachstum in der Liebe und zur Freude des Geistes. Wir im Donautal freuen uns über den neu einsetzenden Strom der Fußpilger, Wallfahrer, die auf Ihrem Weg nach Süden einen Halt in der Gnadenkapelle von Beuron einlegen, um sich hier der Fürsprache der „Schmerzhaften Gottesmutter" anzuvertrauen. Jesus hat Maria, seine Mutter, besonders dem Apostel Johannes, dem Bruder des Jakobus, anvertraut. Alle drei stehen sich nahe, sind um ihren Meister geschart, und führen den sie besuchenden Pilger zu Jesus, dem Gottessohn. In ihm hat sich Gott selbst auf den Weg zu den Menschen begeben. Mit Jesus dürfen wir voller Vertrauen und Zuversicht Tag für Tag den neuen Aufbruch wagen, dürfen wir den Pilgerweg unseres Lebens voller Hoffnung in die Zukunft gehen, weil er allezeit mit uns geht.

Beuron, den 1. Juli 2007

+Theodor Hogg OSB, Erzabt

Vorwort

„Du stellst meine Füße auf weiten Raum" – an diese Worte des Psalmisten wird sich der Pilger häufig erinnert fühlen, wenn er sich auf einen der Jakobswege zwischen Neckar und Bodensee begibt. Schon auf Schloss Hohentübingen, bei der Wurmlinger Kapelle, nach dem „Erklimmen" des Albtraufs und beim Anblick der Silhouette des Hohenzollern erfährt er dieses Erlebnis der Weite, das ihn auf seinem Weg begleitet, bis er die silberne Wasserfläche des Bodensees vor der majestätischen Alpenkulisse erblickt.

Mehr als 350 km beträgt das Gesamtnetz der Pilgerrouten. Ihre Ausschilderung ist hauptsächlich dem Beuroner Benediktinermönch Br. Jakobus Kaffanke zu verdanken. Auf seine Initiative hin wurden von ihm und zahlreichen Helfern die einzelnen Strecken in Anknüpfung an die vom Europazentrum (W. Meyer) begonnene Kennzeichnung der Jakobswege in Baden-Württemberg mit dem Zeichen der Jakobsmuschel markiert. Ihre Ausrichtung hält sich weitgehend an den Verlauf der Wanderwege. Die Durchführung des Projekts erfolgte in enger Kooperation mit den beiden Landkreisen Sigmaringen und Zollernalbkreis und in Absprache mit dem Schwäbischen Albverein und dem Schwarzwaldverein.

Immer wieder werde ich gefragt, ob die ausgeschilderte Wegführung tatsächlich mit den historischen „Straßen" der Jakobspilger übereinstimme. Grundsätzlich orientiert sich der Pilgerführer an den kultgeschichtlichen Zeugnissen, den Jakobuspatrozinien, Bruderschaften oder bildlichen Hinweisen, die vornehmlich an den alten Handelsrouten und Verkehrsknotenpunkten zu finden sind, z. B. in Hechingen, Meßkirch, Pfullendorf, Überlingen, Stockach und Konstanz. Ihr Verlauf hat sich im Wandel der Zeiten nur wenig geändert. Strenge Authentizität kann und soll jedoch nicht erreicht werden. Im Mittelalter und in der frühen Neuzeit bevorzugte der Pilger die vorhandenen Landstraßen, um das Grab des hl. Jakobus oder einen anderen Wallfahrtsort auf sicherem Wege möglichst rasch zu erreichen. Aus den alten Wallfahrtsrouten sind vielfach Hauptverkehrsadern geworden, auf denen eine ruhige und beschauliche Wallfahrt niemandem zugemutet werden kann. Deshalb richten sich die heutigen Jakobswege zwar nach der historischen Wegführung, verlaufen aber möglichst abseits vom hektischen Weltgetriebe auf stillen Wanderpfaden, wo man Ruhe und Entspannung findet.

Das vorliegende Buch geleitet von Tübingen über die Schwäbische Alb nach Konstanz durch eine reiche Kulturlandschaft, die den Pilger und Wanderer immer aufs Neue durch die Schönheit der Natur und mit eindrucksvollen Landschaftserlebnissen überrascht. Es beschreibt einen Abschnitt des großen Wegenetzes, das den europäischen Kontinent überspannt. Bis zum Ziel, Santiago de Compostela, ist es noch weit und dennoch erscheint es oft gegenwärtig und nah, wenn man den zahlreichen Spuren begegnet, die die Verehrung des hl. Jakobus auch zwischen Neckar und Bodensee hinterlassen hat. Kirchen, Kapellen, Klöster und Wallfahrtsstätten säumen die Wege und laden zu stiller Einkehr ein. Zu den zahlreichen Wegbegleitern gehören auch die Wegkreuze, Bildstöcke und viele ikonographische Darstellungen des Apostels und anderer Heiligen. Sie alle bestimmen den besonderen Charakter der Jakobswege, stiften Identität auch als sakraler Raum, den der Pilger mit seinen Füßen durchmisst.

Die Motive der Pilger sind tausendfältig. Jeder trägt sein eigenes Schicksal im Gepäck. Möge das Buch dazu beitragen, dass sich der eine oder andere auf seinem Weg durch die „Weite des Raumes" bereichern lässt.

Fredy Meyer

Praktische Ratschläge

Wegführung und Etappeneinteilung

Die in dem Pilgerführer beschriebenen Jakobswege sind in fünf Hauptstrecken mit insgesamt sechzehn Etappen gegliedert. Als alternative Pilgerrouten bieten sich in Hechingen der hohenzollerische Jakobsweg über Sigmaringen bzw. der Beuroner Jakobsweg bis Meßkirch an. In Wald hat der Pilger die Wahl zwischen dem Linzgauer Jakobsweg über Pfullendorf und Überlingen oder dem Hegauer Jakobsweg über Stockach und Radolfzell nach Konstanz. Die Einteilung in Tagesetappen ist nicht verbindlich, sondern dient nur als Empfehlung. Sie kann je nach Leistungsfähigkeit oder Wetterlage verändert, auf besondere Interessen abgestimmt und den persönlichen Bedürfnissen angepasst werden.

Unterkünfte

In den Städten und größeren Orten gibt es bei der Suche nach Unterkünften im Allgemeinen keine Probleme. In vielen kleineren Ortschaften ist eine Übernachtungsmöglichkeit jedoch noch nicht gewährleistet. Es ist deshalb ratsam, sich vorher über das Angebot von Gasthäusern und Herbergen zu informieren und die Tagesetappen möglichst dort zu beenden, wo man schon zuvor eine Bleibe gefunden hat. In manchen Orten gibt es für Wanderer und Pilger spezielle Unterkünfte (Jugendherbergen, Tagungs-, Naturfreundehäuser, Ferienheime usw.), auf die zu Beginn jeder Etappenbeschreibung besonders hingewiesen wird. Inzwischen bieten auch Privatpersonen und Kirchengemeinden Unterkünfte für Pilger an. Entsprechende Auskünfte erhält man bei den Verkehrsämtern, Rathäusern oder kirchlichen Einrichtungen. Per Telefon oder E-Mail sollte man sich rechtzeitig danach erkundigen.

Verkehrsanbindung

Nicht alle Ortschaften sind an das öffentliche Verkehrsnetz (Bahn, Bus) gut angeschlossen. An Wochenenden wird die Anzahl der Bus- oder Zugverbindungen oft reduziert. Deshalb empfiehlt es sich, vor Beginn jeder Pilgertour bei den Verkehrsämtern oder auf den Rathäusern Informationen über den Personennahverkehr einzuholen bzw. sich die entsprechenden Fahrpläne zu besorgen.

Ausrüstung und Verpflegung

Viele nehmen aus unterschiedlichsten Gründen zuviel Gepäck auf die Pilgerschaft mit. Der Rucksack sollte nicht mehr als 10 kg wiegen. Festes, bequemes Schuhwerk und wetterangepasste Kleidung sind selbstverständlich. An den meisten Orten gibt es Einkaufsmöglichkeiten und Restaurants, wo man sich mit Proviant versorgen oder erfrischen kann. Unverzichtbar ist eine Wasserflasche, die man unterwegs leicht nachfüllen kann. Oftmals öffnen die Gasthäuser in kleineren Gemeinden erst abends, sodass es ratsam ist, ein Vesperpaket im Rucksack mitzunehmen.

Wegmarkierung

Die Markierung des Jakobswegs besteht aus einer stilisierten gelben Muschel auf blauem Grund. Bei geradeaus führender Strecke zeigt die Bündelung der Strahlen nach oben, bei Abzweigungen dreht sich das Zeichen um 90 Grad nach rechts oder links. Da der Jakobsweg nach Möglichkeit den ausgewiesenen Wanderwegen folgt, ist er meistens auch mit den Kennzeichen des Schwäbischen Alb- oder Schwarzwaldvereins versehen. Gelegentlich kommen Pilgerzeichen auch abhanden und werden nicht sogleich ersetzt. Manchmal werden sie auch mutwillig abgerissen oder gedankenlos durch nachträglich angebrachte Schilder überdeckt. In solchen Fällen kann ein Blick auf den Kartenausschnitt oder die Wegbeschreibung weiterhelfen.

Pilgerpass

Zur Pilgerausrüstung zählt auch der Pilgerpass. In Spanien ist er unabdingbar, wenn man in einer Herberge übernachten will. Man kann ihn

Br. Jakobus Kaffanke beim Ausschildern des Jakobsweges

bei einer der deutschen Jakobusgesellschaften oder kirchlichen Einrichtungen erwerben und auf den Pfarrämtern abstempeln lassen. In einigen Gasthäusern wie z. B. im Gasthof Zum Goldenen Ochsen in Stockach werden gegen Vorlage des Pilgerausweises ermäßigte Preise für Übernachtung und Frühstück gewährt. Es wäre wünschenswert, dass möglichst viele Gastwirte entlang der Jakobswege den Pilgern auf diese Weise (z. B. auch durch das Anbieten eines einfachen Pilgermahles) freundlich entgegenkämen.

Adressen der Jakobusgesellschaften in Deutschland:

Deutsche St. Jakobusgesellschaft e.V.
Heinrich-K. Bahnen
Tempelhofer Str. 21
52068 Aachen
Tel.: 0241/4790-127
Fax: 0241/4790-112
E-Mail: info@deutsche-jakobus-gesellschaft.de

Fränkische St.-Jakobus-Gesellschaft
Sekretär: Ferdinand Seehars
Friedrich-Wencker-Str. 3
97215 Uffenheim
Tel.: 09842/7176
Fax: 09842/936693
E-Mail: Ferdinand.Seehars@t-online.de
Revue: „Unterwegs im Zeichen der Muschel"
Internet: www.jakobus-gesellschaften.de

Stiftung Haus St. Jakobus
Schwäbische Jakobusgesellschaft
Kapellenberg 58–60
D-89610 Oberdischingen
Tel.: 07305/91 95 75
Fax: 07305/91 95 76
E-Mail: info@haus-st-jakobus.de

Jakobusbruderschaft Killer A.D. 1510
Hohe Straße 13
72393 Killer/Hohenzollern
Tel.: 07477/766
Fax: 07477/15 14 21
Internet: www.jakobusbruderschaft-killer.de

Der Apostel Jakobus in Pilgertracht. Tafelbild des Meisters von Meßkirch (um 1536–38). Sammlung Würth, Schwäbisch Hall

Die Verehrung des hl. Jakobus und die Wallfahrt nach Santiago de Compostela

Die Entdeckung des Apostelgrabes

Compostela – Sternenfeld. An diesem entlegenen Ort im fernen spanischen Galicien wird das Grab des hl. Jakobus entdeckt. Es erscheint wie ein Wunder: Ein Einsiedlermönch namens Pelagius sieht Anfang des 9. Jh. übernatürliche Lichtzeichen am Himmel und vernimmt die Stimme eines Engels, der ihm die Stelle der Grabstätte offenbart. Der zuständige Bischof Theodomir von Iria Flavia eilt auf die Nachricht herbei – und findet *in arcis marmoricis* – unter Marmorbögen – den heiligen Ort, das Apostelgrab. Der früheste Auffindungsbericht stammt aus der Concordia de Antealtares von 1077. Nach einer späteren Legendenversion wird die Grabauffindung Karl dem Großen zugeschrieben. Danach sei der Apostel dem Kaiser im Traum erschienen und habe ihm geboten, der „Sternenstraße" zu folgen, das Grab des hl. Jakobus zu entdecken und Spanien von den Ungläubigen zu befreien.

Spanien erlebt eine schwere Zeit. 711 bricht das Westgotenreich unter dem Ansturm der Mauren zusammen, und fast die gesamte iberische Halbinsel gelangt unter die Herrschaft der muslimischen Araber. Nur der nordwestliche Teil des Landes, der schmale und unzugängliche Streifen des asturischen Berglandes, kann seine politische Unabhängigkeit bewahren. Von hier aus erfolgt in zahllosen Schlachten und Raubzügen die über acht Jahrhunderte dauernde Rückeroberung der Hispania, die Reconquista. Ende des 8. Jh. kommt es außerdem innerhalb der spanischen Kirche um die Frage der Gottessohnschaft Jesu zu einer heftigen theologischen Auseinandersetzung (Adoptianismusstreit). Gleichzeitig besinnt man sich auf die aus dem 7. und 8. Jh. überlieferten Belege über die angebliche Missionstätigkeit des Apostels in Spanien. Dadurch wird der hl. Jakobus in persönliche Beziehung zu Spanien gebracht.

In dieser Situation der militärischen Bedrohung durch den Islam und des kirchenpolitischen Kampfes beginnt in Asturien die Verehrung des hl. Jakobus als Apostel und Schutzpatron Spaniens. Und dieser Kult erzeugt ein geistiges und religiöses Klima, das zur wunderbaren Entdeckung seines Grabes führt.

Wer war der hl. Jakobus?

Die Überlieferung vom heiligen Jakobus, die Vorstellung vom Leben und Wirken des Apostels sind weitgehend von Legenden bestimmt. In

*St. Jakobus, Gipsrelief (1756) in der
Pfarrkirche St. Petrus und Jakobus,
Nendingen*

*St. Johannes, Gipsrelief (1756) in der
Pfarrkirche St. Petrus und Jakobus,
Nendingen*

der hagiographischen Tradition wird zwar ausführlich über seinen
Lebensweg berichtet, doch sind dafür nur sehr wenige historisch glaub-
würdige Nachrichten vorhanden. Nach den Evangelien wurde der Sohn
des Fischers Zebedäus und der Maria Salome von Bethsaida am See
Genezareth von Christus als Jünger berufen (Mt 4,21) und gehörte
zusammen mit seinem Bruder Johannes (Evangelist) und Simon Petrus
zu den engsten Vertrauten Jesu. Wegen ihres stürmischen Eifers hat
Jesus sie auch „Donnersöhne" genannt (Mk 3,17). Jakobus ist Zeuge
bei der Auferstehung der Tochter des Jairus (Mk 5,37), er gehört zu den
bevorzugten Jüngern bei der Verklärung Jesu auf dem Berge Tabor (Mt
17,1; Mk 9,1ff), er begleitet Christus zusammen mit Petrus und Johannes in der Stunde der Todesangst bis zur Gefangennahme am Ölberg
und wird im Jahre 44 zu Jerusalem unter König Herodes Agrippa I. mit
dem Schwert hingerichtet (Apg. 12,1-2). Jakobus d. Ältere ist damit der
erste Apostelmärtyrer. Nach Aussage des Neuen Testaments gibt es drei
Personen gleichen Namens: Jakobus den Älteren, Jakobus den Jünge-
ren mit dem Beinamen „des Alphäus Sohn" oder „der Kleine" und Jakobus den Herrenbruder. Auch er starb als Märtyrer. Er wurde im Jahre
62 gesteinigt. Da man die drei oftmals verwechselte, wurde Jakobus d.
Ä. nach einer volkstümlichen Redensart auch als der „wahre Jakob"
bezeichnet.
Alle weiteren Informationen über den hl. Jakobus beruhen nicht auf
biblischen Traditionen, sondern auf Schriften, die in der Spätantike und
im frühen Mittelalter zunächst im oströmischen Reich entstanden sind.

Sie wurden gegen Ende des 6. Jh. ins Lateinische übersetzt und sind, im Verlauf des frühen bis hohen Mittelalters um vieles erweitert, zu jener „klassischen" Jakobuslegende geworden, wie sie vor allem in der *Legenda Aurea* des Jakobus de Voragine von 1270 überliefert ist. Diese hat das Bild vom hl. Jakobus im späten Mittelalter entscheidend bestimmt.

Nichtbiblische Nachrichten

Älteste nichtbiblische Quelle ist die *Passio* des Clemens von Alexandrien (um 200), nach der der hl. Jakobus bei den Juden gepredigt und auf dem Weg zu seiner Hinrichtung den Häscher Hosias zum Mitmärtyrer gemacht hat. Über die Reisen und Wunder des hl. Jakobus berichtet erstmals eine hebräische *Passio* des 5. Jh. Diese zunächst ins Griechische übertragene Quelle wird gegen Ende des 6. Jh. ins Lateinische übersetzt (*Passio magna*). Sie enthält in einigen Fassungen einen Hinweis auf die Translation des hl. Jakobus nach Galicien und ist seit dem 7. Jh. auch in Spanien bekannt. Eine wichtige Informationsquelle über die angebliche Spanienmission des hl. Jakobus stellt das *Breviarium apostolorum* vom Anfang des 7. Jh. dar, das jeden Apostel mit einem bestimmten Missionsgebiet in Verbindung bringt. Es weist dem hl. Jakobus die iberische Halbinsel zu. Auf das *Breviarium apostolorum* geht höchstwahrscheinlich der Hinweis auf die Predigttätigkeit des hl. Jakobus bei Isidor von Sevilla (* um 560 (?) – gest. 636) (*De ortu et obitu patrum*) zurück. Aus dieser Schrift haben wiederum andere Autoren, z. B. Beda Venerabilis (* 673 735), Aldhelm von Malmesbury (gest. 709) und Frechulf von Lisieux (gest. um 850) als Informationsquelle für die angebliche Spanienmission des hl. Jakobus geschöpft.

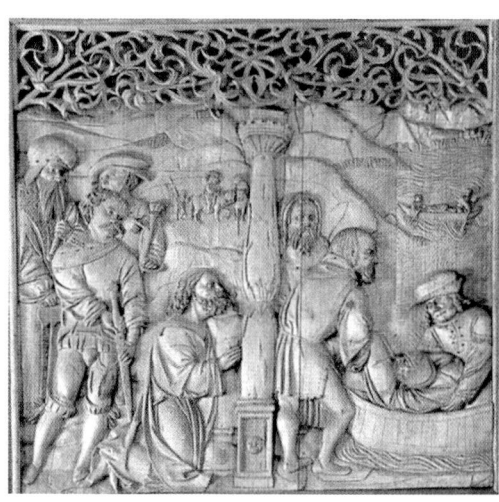

Hinrichtung des hl. Jakobus und Translation seines Leichnams nach Galicien, Jakobusaltar in der Schlosskirche Winnenden (1520)

Jakobus tauft den Häscher Hosias kurz vor seiner Hinrichtung. Ölgemälde von Wilhelm Dürr (1866) am Hochaltar, Pfullendorf

Nach Aussage der *Passio Magna* hat der hl. Jakobus zunächst in Judäa gepredigt und dann – allerdings erfolglos – auch in Spanien zu missionieren versucht. Nach seiner Rückkehr kommt es zur Auseinandersetzung mit dem Zauberer Hermogenes, der ihn im Auftrag des Hohenpriesters Abiathar vom Glauben abbringen soll. Hermogenes schickt seinen Schüler Philetus, der jedoch von Jakobus bekehrt und daraufhin von Hermogenes verzaubert wird. Durch Jakobus wird er jedoch vom Zauber befreit. Daraufhin schickt Hermogenes seine Teufel, um Jakobus zu fangen. Auf Befehl des Apostels wird nun jedoch der Zauberer gefesselt und schließlich bekehrt. Hermogenes erhält von Jakobus zum Schutz gegen die Teufel den Pilgerstab und verbrennt seine Zauberbücher. Schließlich wird Jakobus dem König Herodes Agrippa ausgeliefert, der ihn zum Tode verurteilt. Auf dem Weg zur Hinrichtung folgt die Bekehrung des Häschers Hosias und die Heilung eines Lahmen. Nach der Enthauptung wird der Leichnam des Apostels jedoch nicht begraben, sondern von zwei Jüngern in ein plötzlich an der Küste erscheinendes Schiff gelegt und auf wunderbare Weise in das ferne Galicien transferiert. Honorius von Autun gestaltet die Legende im 12. Jh. weiter aus. Nach ihm wird der Leichnam des hl. Jakobus nach seiner Ankunft in Galicien von wilden Stieren zum Schloss der heidnischen Königin Lupa geführt, die sich durch die Wunder des Apostels zum Christentum bekehrt und den hl. Jakobus in ihrem Schloss bestattet. Die Erinnerung an das Apostelgrab sei jedoch durch die Eroberungen der Muslime in Vergessenheit geraten.

Das Apostelgrab

Über die ursprüngliche Gestalt des Jakobusgrabes ist in den Legenden und Berichten von der Grabentdeckung nur sehr wenig überliefert. Aus diesem Grunde wurde über das Aussehen des Apostelgrabes schon viel spekuliert. Ein spärlicher Hinweis findet sich in einer Schenkungs-

Der hl. Jakobus als Pilgerpatron auf seinem Grabmal thronend. Meinrad von Au (1751), Deckenfresko in der Stadtpfarrkirche St. Jakobus, Pfullendorf

urkunde König Alfons III. von Asturien an die Kirche des hl. Jakobus aus dem Jahre 885, nach dem sich die Grabstätte unter Marmorbögen befand. In den Jahren 1946 bis 1959 kamen bei archäologischen Ausgrabungen unter dem Chor der heutigen romanischen Kathedrale (Baubeginn 1077) neben einer spätantiken Nekropole und einem frühchristlichen Friedhof die Überreste eines römischen Mausoleums zum Vorschein. Außerdem konnten die Ausmaße der Jakobuskirche Alfons III. ermittelt werden, die am 6. Mai 899 an der Stelle der ursprünglichen Basilika geweiht worden ist. In ihrer Nähe entdeckte man zahlreiche Bischofsgräber und – als wohl wichtigsten Fund – den Sarkophagdeckel des Bischofs Theodomir, mit dessen Hilfe man die Lage des Apostelgrabes genau lokalisieren kann. Die 1589 zum Schutz vor den Engländern im Boden der Apsis vergrabenenen Jakobusreliquien wurden 1879 bei einer archäologischen Sondage zum zweiten Male wieder aufgefunden.

Die Entwicklung der Wallfahrt nach Santiago de Compostela
Die Kunde von der Auffindung des Grabes verbreitete sich rasch und machte den bis dahin unbekannten Ort gleichsam über Nacht berühmt. Seit dem 10. Jh. suchten auch ausländische Pilger das Apostelgrab auf. Da die Franzosen den größten Anteil der Jakobspilger stellten, wurde die Hauptroute des Jakobsweges Camino Francès, Französischer Weg, genannt. Nach vorübergehender Unterbrechung durch islamische

Pilger bei der Verehrung des hl. Blutes Christi in Weingarten. Ausschnitt aus dem „Heilig-Blut-Fresko" von C. D. Asam (1718–20), Basilika Weingarten

Eroberungsfeldzüge nahmen die Pilgerfahrten im 11. und 12. Jh. einen gewaltigen Aufschwung. In dieser Zeit entwickelte sich Santiago neben Rom und Jerusalem zu einem der drei wichtigsten Fernwallfahrtszentren der abendländischen Christenheit. *Die Menge der christlichen Pilger ist so groß, dass sie kaum den Weg nach Westen offenlassen.* Mit diesen Worten hat ein Zeitgenosse die Pilgerzüge nach Compostela auf ihrem ersten Höhepunkt im 12. Jh. charakterisiert. Die Wallfahrt war zu einer internationalen Massenbewegung geworden. Entstammten die Pilger der ersten Hälfte des 11. Jh. noch mehrheitlich der privilegierten sozialen Oberschicht des Adels und Klerus, so nahmen mit Beginn der Kreuzzüge und dem Aufblühen der Städte auch Ritter und Patrizier, Kaufleute und Handwerker, Bauern und Taglöhner, Reiche und Arme, kurz: Angehörige sämtlicher Volksschichten, an der Jakobswallfahrt teil. Am Ende des Mittelalters, im 15. und zu Beginn des 16. Jh. erreichte sie ihre größte Popularität.

Bereits zur ersten Hochblüte des Pilgerwesens im Hochmittelalter beklagten zeitgenössische Stimmen, dass es vielen *peregrini* an der aufrichtigen religiösen Überzeugung fehle. Im Verlauf des Spätmittelalters nahm die Tendenz zur Veräußerlichung der Wallfahrtspraktiken immer mehr zu. Neben aufrichtigen Jakobspilgern bevölkerten Heerscharen von Unfreiwilligen, Strafpilgern, Landstreichern und Bettlern die Wallfahrtsstraßen. Die Unterscheidung der unechten von den wahren Pilgern wurde immer schwieriger. Thomas von Kempten (1379/80–1471) vertrat die Auffassung: *Wer viel pilgert, wird selten heilig.* Die Städte versuchten den Aufenthalt der Pilger einzuschränken. Schon vor der Reformation stieß das Pilgerwesen auch bei Theologen und Bischöfen auf schwere Kritik. Das 16. und 17. Jh. bedeuteten für die Wallfahrt nach Compostela eine Zeit des Niedergangs. Der Ausbruch der Reformation, die spanische Inquisition, die langjährigen Kriege in Mittel- und Westeuropa, insbesondere der Dreißigjährige Krieg (1618–1648) in Deutschland, erschütterten das traditionelle Wallfahrtswesen und hielten viele Menschen von einer riskanten Pilgerreise nach Compostela ab. Erst in der Barockzeit sind Anzeichen für einen Neubeginn der Jakobswallfahrt festzustellen. Einen erneuten Rückschlag brachte die Französische Revolution. Um die Mitte des 19. Jh. kam die Wallfahrt fast vollständig zum Erliegen. 1867 sollen nicht mehr als dreißig bis vierzig Pilger am Fest des hl. Jakobus in Compostela teilgenommen haben. Seitdem, vor allem seit der Wiederentdeckung der Jakobusreliquien (1879) und der Proklamation ihrer Echtheit durch Papst Leo XIII. (1884) nahm die Zahl der Pilger wieder beständig zu. In den letzten Jahren erlebte die Wallfahrt nach Compostela eine blühende Renaissance. Beim Besuch Papst Johannes Pauls II. in Compostela 1989 nahm eine halbe Million Jugendlicher an der Pilgerversammlung teil und im Heiligen Jahr 1999 suchten über dreizehn Millionen Pilger das Grab des hl. Jakobus auf.

Ursachen der Wallfahrt
Religiöse Motive

Aus welchen Gründen machten sich die Pilger auf den Weg?

Nach biblischer Vorstellung ist der Mensch ein Fremder in dieser Welt (*peregrinus*), sein Leben eine Pilgerschaft und seine wahre Heimat nur im Himmel. Aus diesem theologischen Verständnis der menschlichen Existenz haben sich bereits im 3. Jh. die ersten christlichen Asketen und Wüstenväter, z. B. Antonius von Ägypten, von ihren Familien getrennt, um, abgeschieden von der Welt, ganz nach dem Willen des Evangeliums zu leben und in asketischer Heimatlosigkeit dem Beispiel Christi nachzueifern.

Seit dem späten 6. Jh. verließen irische Mönche ihre Heimat, um das Ideal der Nachfolge Christi als *homo viator* (Wanderer ohne Heimat) in einer temporären oder sogar lebenslangen Wanderschaft im Exil zu

Der Mensch auf der Pilgerschaft seines Lebens. Fresko von Meinrad von Au (1751), Wallfahrtskirche Maria Schray, Pfullendorf

Reliquien der Apostel Jakobus und Philippus in Bodman

verwirklichen (*peregrinatio pro Christo*).

Aus dem frühchristlichen Märtyrer- und Heiligenkult ist die Wallfahrt zu deren Gräbern und Wirkungsorten hervorgegangen. Es ist der Glaube an die den leiblichen Überresten der Heiligen (Reliquien) innenwohnende himmlische Kraft, die die Menschen spätesten seit dem 4. Jh. n. Chr. dazu motiviert, das Grab eines Heiligen aufzusuchen, um in dessen unmittelbarer Umgebung Hilfe und Beistand in den verschiedensten Anliegen und vor allem das ersehnte Seelenheil zu erlangen. Durch die Aufzeichnungen der Wunderheilungen wurden wiederum zahlreiche Pilger angezogen und manche Gnadenorte berühmt. In der Not nahm man selbst größte Entfernungen und Strapazen in Kauf. Die Gallusvita berichtet z. B. von einem aus Gallien stammenden Vater, der seinen gelähmten Sohn in einem Handkarren zunächst bis nach Rom und von dort nach Sankt Gallen schleppte, wo er endlich am Grab des hl. Gallus geheilt werden konnte.

Von ganz besonderer Anziehungskraft waren natürlich die Orte des Lebens und Leidens Jesu im Heiligen Land. Viele Pilger brachten Reliquien oder reliquienähnliche Gegenstände, z. B. Steinchen vom Grab Christi, Erde vom Ölberg oder Holzsplitter vom hl. Kreuz mit nach Hause.

Zahlreiche Pilger unternahmen auf Grund eines Gelübdes nach überstandener Krankheit oder Gefahr eine Pilgerfahrt oder suchten aus Dank für die Erhörung einer Bitte zum zweiten Mal einen Wallfahrtsort auf. Viele Votivgaben wie Kerzen, Bilder oder Krücken in den Pilgerkirchen bekunden die Erfüllung ihres Anliegens und trugen zur Verbreitung des Rufes einer Andachtsstätte bei.

Von Irland aus verbreitete sich die sogenannte Bußpilgerschaft, bei der Menschen für schwere Verbrechen wie Mord, Unzucht, Zauberei oder Götzendienst ins Exil geschickt wurden. Mit der Bußpilgerschaft verwandt ist die vor allem im Spätmittelalter praktizierte Strafpilgerschaft zu einem oder mehreren Wallfahrtsorten, die einem Verbrecher zur

Sühne seines Vergehens von der weltlichen Obrigkeit auferlegt wurde. Im Verlauf des Spätmittelalters tritt als Wallfahrtsmotiv immer stärker das Streben nach Ablass hervor. Seit dem 11. Jh. war es möglich, für fromme Stiftungen, die Teilnahme an Wallfahrten oder Kreuzzügen und andere Leistungen einen teilweisen oder sogar vollkommenen Ablass (Nachlass) aller zeitlichen Sündenstrafen im Fegefeuer zu erlangen. Papst Calixt II. (1119–1124) soll der Stadt Santiago de Compostela einen vollkommenen Ablass für alle „heiligen" Jahre verliehen haben, in denen das Fest des hl. Jakobus (25. Juli) auf einen Sonntag fällt. Mit dem Verlust der letzten Kreuzfahrerbastion (Akkon 1291) unternahmen viele Gläubige als Alternative zum Heiligen Land eine Pilgerfahrt zum Grab des hl. Jakobus. Von nun an galt auch Compostela neben Rom und Jerusalem als eine der Hauptpilgerstätten der Christenheit.

Sofern die Gewinnung eines vollkommenen Ablasses nicht möglich war, versuchten die Pilger durch den Besuch möglichst vieler Kirchen und Gnadenorte Teilablässe zu sammeln. Dadurch nahmen sie auf ihren Reisen auch Umwege in Kauf und wanderten von einem an Ablässen reichen Gnadenort zum andern. Aus dem Jahre 1376 ist von einem Angehörigen der Herren von Bodman ein Bericht über eine Wallfahrt ins Heilige Land überliefert. Der Pilgerbericht liest sich wie eine Anhäufung von

Pilger folgen dem Gnadenbild der Maria vom Guten Rat, Votivtafel der Äbtissin Kolb (1775), Klosterkirche Wald

Der hl. Jakobus belohnt zwei Pilger mit der Krone des ewigen Lebens (letztes Drittel 13. Jh.), Münster Unserer Lieben Frau, Villingen

Ablassbeträgen. 24 vollständige und 38 Teilablässe listet er auf. Und fast jede Ortsbeschreibung endet mit der Formel: *Da ist ablass und vergebung von pein und von Schuld.* Wie groß muss die Angst vor Höllenstrafen und Fegefeuer und das Verlangen nach Erlösung von allen zeitlichen und ewigen Sündenstrafen gewesen sein! Vom Freiburger Münster und von Villingen, aber auch aus dem schwäbischen Raum, aus Winnenden, ist die Darstellung des hl. Jakobus als *coronator peregrinorum* überliefert. Es zeigt ihn in der Pose des thronenden Heiligen, der die Pilger für die mühevolle Pilgerschaft mit der Krone des ewigen Lebens belohnt.

Weltliche Motive

Von Anfang an hatte die Verehrung des hl. Jakobus für die spanischen Könige eine wichtige politische Komponente, denn sie erwies sich als nützliche machtpolitische Kraft. Deshalb haben sie den Jakobuskult kräftig gefördert und im Kampf gegen den Islam für ihre politischen Ziele instrumentalisiert. Ihre militärischen Erfolge schrieben sie der Fürbitte des hl. Jakobus zu. In der legendären Schlacht von Clavijo 844 soll er den Christen zum Sieg über die Mauren verholfen haben. In der Zeit der Reconquista wurde Compostela zur „Gegenbastion von Cordoba", dem Machtzentrum der Araber, und *Jacobus matamoros*, der Maurentöter, zur Symbolfigur für den Kampf zur Befreiung von der maurischen Herrschaft. Zur Verteidigung gegen die Mauren und zur Unterstützung der Reconquista wurde 1170 der spanische Jakobusorden gegründet.

Die Vorstellung vom hl. Jakobus als Ritter und Schlachtenhelfer wurde in der frühen Neuzeit unter dem Eindruck der Bedrohung des Reichs durch die Türken auch in Mitteleuropa aufgegriffen. Nach der Belagerung Wiens 1683 und der Eroberung weiterer Teile des Habsburger Reichs wurde der hl. Jakobus in vielen Kirchen als schwertschwingender Reiter und Kämpfer Christi dargestellt. Sogar Kaiser Karl V. hat sich auf einem Gemälde um 1530 als mächtiger Osmanenbezwinger darstellen lassen.

Der hl. Jakobus als „Mata-
moros" (Maurentöter) in
der legendären Schlacht
von Clavijo (844). Decken-
gemälde von Franz Ludwig
Herrmann (1770), Pfarr-
kirche St. Jakobus d. Ä.
und Andreas in Steinach,
Schweiz

Demographische Ursachen

Der Aufschwung des Pilgerwesens im 11./12. Jahrhundert hing auch
mit dem Strukturwandel der europäischen Bevölkerung nach der Jahr-
tausendwende zusammen. Fortschritte in der Landwirtschaft, die Ausweitung der Anbauflächen und das Aufblühen des Handels, die sogenannte Agrarrevolution, führten zu einem starken Bevölkerungswachs-
tum. Viele Menschen gerieten dadurch in bittere Armut und sahen in
der Pilgerschaft – wie in der Teilnahme an einem Kreuzzug – die einzige Möglichkeit, einem Leben in Not und Elend – wenigstens zeitweilig oder für immer – zu entfliehen. Viele nutzten die Wallfahrt auch als
Chance zur Auswanderung, um sich in den von der Reconquista zurück-
eroberten Gebieten der iberischen Halbinsel, in Süditalien oder auch im
Heiligen Land eine neue Existenz aufzubauen.

Wirtschaftliche Gründe

Das Pilgerwesen war auch ein bedeutender Wirtschaftsfaktor. Dies
wurde von den weltlichen und geistlichen Herren Nordspaniens, aber
auch von den Pilgern selbst schon frühzeitig erkannt. Durch die Besei-
tigung von Zöllen sollten Pilgerreisen attraktiv gemacht und Pilger ange-
lockt werden. Viele Kirchen, Klöster und Wallfahrtsorte profitierten von
den frommen Schenkungen der reichen und armen Wallfahrer. Die
heute so bewunderte Wallfahrtsarchitektur entlang des Pilgerweges
wäre ohne die frommen Schenkungen der reichen und armen Pilger
bestimmt nicht entstanden. Seit dem 11. Jh. ist die Verknüpfung von Pil-
ger- und Handelsreisen festzustellen. Aus dem flandrischen, niederlän-
dischen und norddeutschen Raum fanden seit dem hohen Mittelalter

Bettler im Münster von Zwiefalten. Stuck-plastik (um 1770) von Johann Joseph Christian (1706–1777) am Altar des hl. Martin

zahlreiche Pilgerfahrten statt, bei denen nicht nur religiöse, sondern auch wirtschaftliche Motive eine Rolle spielten. Ebenfalls gewerbliche Interessen führten seit dem 15. Jh. zur sogenannten Delegationspilgerschaft, bei der ein Pilger in der Regel nicht aus innerer religiöser Motivation, sondern stellvertretend für einen anderen gegen Bezahlung eine Pilgerreise unternahm. So beauftragte z. B. die Herzogin von Tirol 1466 einen Stellvertreter damit, eine eigens für diesen Zweck angefertigte Jakobusstatue nach Compostela zu bringen, und Königin Isabella schickte einen „pèlerin du roi" nach Santiago, damit der geisteskranke König wieder gesund würde.

Reise- und Abenteuerlust

Als nichtreligiöse Motive spielten von Anfang an auch Reise- und Abenteuerlust, Fernweh und Neugier keine unwichtige Rolle. So mancher pilgerte aus Zeitvertreib oder um sein soziales Ansehen durch den Nachweis einer Pilgerschaft zu steigern. Wie aus spätmittelalterlichen Reiseberichten zu entnehmen ist, kam die Compostela-Fahrt in adeligen und ritterlichen Kreisen als Zeitvertreib und Kavalierstour in Mode. Das Religiöse spielte dabei höchstens eine sekundäre Rolle. Nach einem Bericht über die Pilgerfahrt Herzog Heinrichs von Sachsen (1539–41) soll das *Schlemmen...auf solcher Reise...die beste Andacht und Ablass* gewesen sein. Von wohlhabenden Bürgern wurden Pilgerfahrten als Bildungs-, Informations- und Vergnügungsreise, aber auch aus Prestigegründen unternommen. Auch Gelegenheitspilger, die der Zufall nach Santiago verschlagen hatte, sind in diesem Zusammenhang zu erwähnen. Ihre Pilgerfahrten dienten kaum noch der religiösen Bereicherung, sondern hatten fast nur noch touristischen Wert.

Straf- oder Sühnewallfahrt

Im Spätmittelalter erlebte die von kirchlichen und weltlichen Instanzen verhängte Straf- oder Sühnewallfahrt ihren Höhepunkt. Auf Grund eines richterlichen Urteils, nicht aus freien Stücken, traten seitdem Tausende von Pilgern wegen kleiner oder großer Verbrechen, aber auch wegen unbedeutender Vergehen eine Pilgerreise an. Allein in Antwerpen wurden zwischen 1415 und 1513 ca. 2450 Personen zu Strafwallfahrten verurteilt. Von mehreren Sühnewallfahrten wird in der Zimmer'schen Chronik berichtet.

Auf Grund der Verfallserscheinungen geriet das Pilgerwesen am Ende des Mittelalters in eine Krise und wurde der Ausdruck „Jakobsbrüder" auch als Synonym für Bettler und Vagabunden verwendet. Der Subprior des Klosters in Roncevalles hat in einem um 1600 aus eigener täglicher Anschauung und Erfahrung verfassten Bericht fünf Hauptgruppen von Pilgern unterschieden: 1. Pilger aus echter religiöser Überzeugung, 2. Vagabunden, Faulenzer, Landstreicher, Nichtsnutze, Arbeitsscheue und andere mit allen möglichen Lastern behaftete Personen, z. T. in weiblicher Begleitung und vorbestraft, 3. Landarbeiter aus Südfrankreich, 4. französische Hausierer, 5. Ketzer, Spione, Viehtreiber und Schnitter. Mag dieser Bericht auch aus negativen Erfahrungen und Fremdenfeindlichkeit überzeichnet sein, so veranschaulicht er doch zusammen mit den anderen Beispielen, wie sehr das Pilgerwesen um die Wende vom Spätmittelalter zur frühen Neuzeit die Merkmale einer Massenbewegung unter dem Deckmantel der Religiosität mit stark touristischen Zügen angenommen hat.

Beschwernisse und Gefahren einer Pilgerfahrt

Eine mittelalterliche Pilgerfahrt war ein abenteuerliches Unternehmen, dessen ganzes Ausmaß man sich nur vorstellen kann, wenn man sich klar macht, dass es die Errungenschaften unserer heutigen Zivilisation, z. B. ein leistungsfähiges Verkehrswesen, schnelle Nachrichtenübermitt-

Der hl. Jakobus empfängt die Eltern des Gehenkten. Links die Hinrichtung des Wirts, rechts ein Hühnerkäfig vor der Kirche von Santo Domingo de la Calzada, Wandbild (2. Hälfte 15. Jh.), St. Jodok, Überlingen

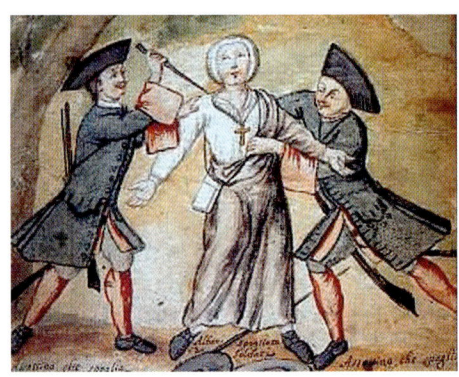

lung, medizinische Versorgung bei Erkrankung und Unfällen und
Rechtssicherheit noch nicht gab. Sie war mit vielen Risiken verbunden
und oftmals eine Reise ohne Wiederkehr. Bereits im *„Liber sancti Jacobi"*
wird vor betrügerischen Wirten, räuberischen Klerikern, unehrlichen
Geldwechslern, ungerechten Zöllnern, profitgierigen Händlern, Straßen-
räubern und Wegelagerern gewarnt. Und mancher Pilger starb unterwegs an Krankheit und Entkräftung. Viele Pilger haben deshalb vor dem
Anbruch der Wallfahrt ihr Testament abgefasst.

Von einer der häufigsten Gefahren, dem Betrug durch den bösen Wirt,
berichtet bereits das sog. Galgen- oder Hühnerwunder, das seit dem
12./13. Jh. in mehreren Varianten überliefert ist. Die Legende handelt
von einer deutschen Pilgerfamilie, deren Sohn bei der Übernachtung in
Santo Domingo de la Calzada von einem bösen Wirt des Diebstahls
bezichtigt, kurzerhand zum Tode verurteilt und an den Galgen gehängt,
jedoch mit Hilfe des hl. Jakobus gerettet wird. Zur Strafe kommt der böse
Wirt an den Galgen.

Im Spätmittelalter wurden viele Pilger durch Raubritter bedroht. Als eine
der verrufensten Landschaften galt der Hegau am westlichen Bodensee.
1441 schlossen sich deshalb 22 Städte zu einem Kriegszug zusammen.
Der bewaffnete Auszug sollte dafür sorgen, dass *der bilgrim (Pilger), der*
koufman, der landfahrer und all ander erbar lüte, geistlich oder welt-
lich, desto sicher gewandeln und gewerben muge. Der Nürnberger
Patrizier und Humanist Willibald Pirkheimer brachte es auf den Punkt:
Wo immer etwas gestohlen wurde, trug mans nach dem Hegau, als der
Freistätte aller Diebe und Straßenräuber.

Gefahren lauerten nicht nur auf dem Landweg, sondern auch auf einer
Schiffsreise. 1478 fanden beim Untergang eines aus Hamburg aus-
laufenden Pilgerschiffs alle Insassen den Tod, und 1506 entkamen bei
einem Unglück auf der Elbe von hundert Santiago-Pilgern nur sechzehn dem Ertrinken. Ein schreckliches Schicksal erlitt Tideman

Stricker, der 1378 mit mehreren norddeutschen Pilgern von Danzig nach Compostela gesegelt war. In der Nähe von Cap Finisterre wurden sie von englischen Freibeutern überfallen. Tideman Stricker wurde am ärgsten misshandelt. Die Piraten schnitten ihm die Finger ab, um sich die kostbaren Ringe anzueignen und warfen ihn anschließend ins Wasser. Er und drei weitere Begleiter starben, die anderen retteten nur das nackte Leben.

Zu den auf ihrer Wallfahrt tödlich verunglückten Jakobspilgern gehört auch Tobias Greuther aus Weiterdingen im Hegau. Er hätte wie die allermeisten Pilger anonym bleiben können. Dass wir dennoch über ihn und seine Wallfahrt informiert sind, ist einem Eintrag im Weiterdinger Sterbebuch vom 11. Januar 1717 zu verdanken. Tobias Greuter brach im Frühjahr 1716 zusammen mit Johannes Weicher aus Oberlauchingen nach Compostela auf. Der Sterbebucheintrag lautet folgendermaßen: *Der Pilger Johannes Weicher von Oberlauchingen berichtet mit einem Bestätigungsbrief, dass Tobias Greuther beim Baden im Golf von Biscaya ertrunken sei, nachdem er einige Tage zuvor in Bayonne die hl. Kommunion empfangen hatte. Sein Leichnam wurde auf dem Friedhof von Surville in der Provinz Biscaya nach katholischem Ritus beerdigt; am 26. Juni 1716.*

Tobias Greuther hat sein Wallfahrtsziel nicht erreicht. Er fand einen frühen Tod im Atlantischen Ozean. Er hinterließ eine junge Witwe und zwei unmündige Kinder, Anton und Barbara, geb. 1712 und 1715.

Das Erscheinungsbild des mittelalterlichen Pilgers

Aus dem bekannten deutschen Pilgerlied *Wer das elend bawen will*, vor allem aber von bildlichen Darstellungen: Altarbildern, Fresken, Reliefs und Skulpturen wissen wir sehr genau, wie der mittelalterliche Jakobspilger einmal ausgesehen hat.

Zu seiner Ausrüstung gehörten ein breitkrempiger Hut, ein weiter, regenfester Mantel, die spätere Pelerine, passendes Schuhzeug, eine Tasche oder ein Sack mit den notwendigsten Utensilien, der Pilgerstab, eine Trinkflasche, ein Pilgerausweis und der Rosenkranz.

Der breite Hut, dessen vordere Krempe oft hochgeschlagen war, diente zum Schutz gegen Sonne und Regen. Der weite, ärmellose Umhang, die spätere Pelerine (von frz. pèlerin – der Pilger), sollte vor Kälte und Regen schützen. Unter dem Mantel trug der Pilger ein aus grauer oder brauner Wolle bestehendes Hemd, knielange Hosen und Beinlinge. An einem langen Lederriemen hing über der Schulter ein kleiner Sack oder die mit der Jakobsmuschel versehene Pilgertasche. Sie dienten vor allem zur Aufbewahrung des Proviants und wurden zusammen mit dem Pilger-

Der hl. Jakobus als Pilger. Ölbild von Johann de Pay d. Ä in der Predella des Rosenkranz-
altars (1608), Münster St. Anna, Heiligkreuztal

stab in einem eigenen Aussendungsritus überreicht. Als geeignetes
Schuhzeug benötigte der Pilger zwei Paar stiefelartige Schuhe, die allerdings bereits getragen, also *nit gancz neü* sein sollten. In einem als Kür-
bis abgebildeten Trinkgefäß (=Kalebasse) oder in einer aus Ton gebrann-
ten Bocksbeutelflasche wurden Wein oder Wasser aufbewahrt. Zur Pil-
gerausstattung gehörten außerdem Pilgerausweis und Rosenkranz. Der
in der Heimatpfarrei ausgestellte Pilgerausweis wurde zur Übernachtung
in den Pilgerherbergen gebraucht und unterwegs abgestempelt. Unverzichtbar war auch der Pilgerstab. Er war etwa brusthoch, oben mit zwei

Knäufen und am unteren Ende mit einer Eisenspitze versehen. Er sollte nicht nur als Gehhilfe auf gefährlichen Wegstrecken, sondern auch zum Schutz gegen Hunde, wilde Tiere oder Wegelagerer dienen.

Die Kleidung der Pilger war in erster Linie zweckmäßig und änderte sich kaum. Modische Einflüsse sind zwar wahrzunehmen, doch blieb die Grundausstattung im Wesentlichen gleich. Wie wenig sich die Pilgertracht noch bis ins 19. Jh. geändert

Maria Antonie von Ulm zu Langenrain, Stiftsdame zu Säckingen, als Jakobspilgerin, Ölbild von J. G. Delser (1783)

hat, verrät die Beschreibung von Felix Donat Kyd aus Brunnen (gest. 1864), der die durch die Schweiz ziehenden Compostelafahrer beobachtet hat: „Pilgrime mit schwarzem Rocke, Halstuch, Kragen, angehefteten Jakobsmuscheln, Kreuz und einer Gugumerflasche (Kürbisflasche), einem großen Stecken (=Pilgerstab) und güpfigem Hut mit breitem Sturm."

Die Jakobsmuschel

Zur Pilgertracht gehört selbstverständlich auch die Jakobsmuschel. Sie gilt schon im *Liber Sancti Jacobi* als typisches Erkennungszeichen, das von Muschelhändlern, den *concheiros* (concha = Muschel), bei der Kathedrale in Santiago zum Kauf angeboten wurde. Die Jakobsmuschel, auch Kammmuschel oder Venusmuschel genannt, wurde am Mantel, Hut oder der Pilgertasche befestigt und als Beweis für eine erfolgreich beendete Wallfahrt mit nach Hause gebracht. Sie bezeugte außerdem das Anrecht auf Herberge, fürsorgliche Betreuung und rechtlichen Schutz während der Pilgerfahrt. Mancher Pilger ließ sich nach seinem Tode sogar mit den Pilgerzeichen begraben. Darauf weisen zahlreiche Muschelfunde bei archäologischen Ausgrabungen hin. In Esslingen am Neckar wurden bei Bauarbeiten in den Gräbern des Kirchhofs der St. Dionysius Kirche 25 Pilgermuscheln aus dem Anfang des 12. Jh. entdeckt. Auch in der für ihre mittelalterlichen Fresken (um 1235–1250) berühmten Markuskapelle von Mistelbrunn bei Bräunlingen wurde die Muschel eines Santiagopilgers gefunden.

Die Bedeutung der Jakobsmuschel ist nicht eindeutig geklärt. Eine Legende berichtet von einem jungen Adeligen, der beinahe im Meer ertrank, als er dem Schiff mit dem Leichnam hl. Jakobus entgegenritt.

Pilger mit muschelbesetzter Pilgertasche im Tympanon der St. Lazaruskathedrale, Autun (1120)

Durch Sankt Jakobus wurde er aus den Fluten gerettet, Ross und Reiter waren dabei über und über mit Muscheln bedeckt. Der Verfasser des *Liber Sancti Jacobi* interpretiert die beiden Schalen der Muschel als Symbol der christlichen Nächstenliebe, die dazu aufforderten, *Gott über alles und den Nächsten wie sich selbst zu lieben.* In der Renaissance- und Barockzeit gilt die Muschel mit der Perle als Sinnbild Mariens, das die unbefleckte Empfängnis der Gottesmutter Maria durch den göttlichen Gnadenstrahl symbolisiert. So wie die Perle durch einen Tautropfen des Himmels in der Muschel entstand, ohne sie zu verletzen, so blieb auch Maria bei ihrer Empfängnis rein und unversehrt. Dieses Gleichnis von der *Immaculata Conceptio* hat der Sigmaringer Barockmaler Andreas Meinrad von Au (1712–1792) in einem Choremblem der Wallfahrtskirche Maria Schray bei Pfullendorf dargestellt.

Eine der frühesten Abbildungen der Jakobsmuschel findet sich auf der Pilgertasche eines Pilgers im Tympanon der St. Lazaruskathedrale in Autun (1120). Die ältesten ikonographischen Beispiele aus Südwestdeutschland stammen aus Freiburg, Konstanz, Oberwittighausen und Villingen.

Jakobus im Volksmund und Volksbrauchtum
Jakobus als Volksname

Der Name Jakobus – er bedeutet im Hebräischen „Gott möge behüten" – zählt seit dem Spätmittelalter zu den beliebtesten Taufnamen. Es war aber auch üblich, ihn dem Taufnamen anzufügen. Die Herren von Bodman nannten deshalb im 15. Jh. ihre männlichen Nachkommen nicht mehr ausschließlich Frischhans, Eitelhans oder Hans-Konrad, sondern auch Hans-Jakob. Wilhelm von Bern in Rottweil ließ seine vier Söhne sogar auf die Namen Jakob, Hans-Jakob, Freijakob und Eiteljakob taufen. Die weibliche Namensform lautet Jakobea oder Jakobe. Maria Jakobea von Bodman war 1681 bis 1709 Äbtissin des Zisterzienserinnenklosters Wald am Jakobsweg zwischen Meßkirch und Pfullendorf. In ihrem Namen spiegelt sich die in der Barockzeit aufblühende Verehrung der Gottesmutter Maria und des hl. Jakobus wider. In den reformierten

Gegenden der Schweiz ist mit dem Namen des Apostels die „Vaterfigur des Patriarchen Jakobus" aus dem Alten Testament gemeint, der oft als Schlafender oder Träumender unter der Himmelsleiter abgebildet ist.

Je nach Landesteil wurden auch die verschiedensten Kurzformen, z. B. Jokeb, Koob, Köbi, Jogg, Jaggi oder Jaköble gewählt. Der Name des Apostels wurde auch mit verschiedenen Anspielungen und Neckrufen verknüpft oder in Kinderreimen verwendet. So gibt es z. B. einen Jockel für einen Zappelphilipp, Leute, die immer mehr *drinumejoggele* als arbeiten oder die *immer öppis z'joggele hei*.

Taufstein von 1626 in der kath. Pfarrkirche St. Andreas, Möhringen. Der Ausschnitt zeigt den hl. Jakobus mit dem Greif im Wappen des fürstenbergischen Obervogtes Jakob Digesser.

Beim Reiten auf den Knien singt man in der Schweiz *Joggeli, channsch au ryte? Jo, jo, jo. Uf allne beide Syte*, und ein Spottreim aus Tuttlingen lautet *Jaköbele, Jaköbele, was machet diene Gäns? Sie pfluderet, sie pflaaderet, sie wäschet ihre Schwänz.*

Auch Orte und Plätze wurden nach dem Apostel benannt. Da gibt es einen Jakobsberg in Ruppertshofen, einen Jakobsfelsen bei Merishausen im Kanton Schaffhausen, ein Jakobstal bei Scheer an der Donau, einen Jakobenhof in Buchheim bei Meßkirch oder ein Jakobstor in Fridingen. Die Jakobusverehrung hat auch in der Heraldik ihren Niederschlag gefunden. Manche Städte und Adelsfamilien führten die Pilgermuschel in ihrem Wappen. Schöne Beispiele sind das 1550 von Reinhard von Neuneck gestiftete Sakramentshaus in Glatt oder das Wappen des fürstenbergischen Obervogtes Jakob Digesser in Möhringen, der sich 1626 auf dem Taufstein der Pfarrkirche mit seinem Familienwappen verewigt hat.

Bauern- und Wetterregeln

Der 25. Juli galt und gilt z. T. heute noch als einer der wichtigsten Lostage, aus dem man das Gedeihen der Früchte und das Wetter des kommenden Jahres voraussagt.

Ist Jacobi hell und trocken, kann der Bauersmann frohlocken.

Ist es hell auf Jacobitag, viel Früchte man sich versprechen mag.

Zu Jacobi Regen bringt keinen Erntesegen.

Oberluft (Ostwind) an Jacobi brachte in Überlingen Regen und dazu auch den ganzen Winter lang Oberluft und Schnee. Herrschte jedoch Unterluft (Westwind), so bedeutete dies gutes Wetter. In Oberhohenberg bei Ellwangen sah man am Festtag des Heiligen in einen tiefen Brunnen an der Kirchhofsmauer und schloss aus dem jeweiligen Wasserstand auf ein teures oder günstiges Jahr. Stand das Wasser hoch, so sagte man: *Jetzt können die Bäcker Wein trinken, das Brot wird billig.*

Da um Jacobi die Kornernte reif wurde, glaubte man, dass der Apostel den Fruchtsegen brachte. Deshalb galt er auch als Patron der Kornmesser und des Getreides: *Sankt Jacobi bringt Brot oder Hungersnot.*

Nach altem Brauch grub man am Jacobitag die ersten Kartoffeln aus der Erde, die deshalb Jacobi-Erdäpfel hießen. Ebenso nannte man die ersten reifen Äpfel Jacobiäpfel. Auf dem Heuberg mit seinem rauen Klima sagte man: *Jakobi bringt Salz in die Birnen.* Gutes Wetter am Jakobusfest versprach eine gute Birnen- bzw. Obsternte.

Auch für die Krauternte galt der 25. Juli als Stichdatum, denn, *wo das Kraut (Weißkohl) nicht vor Jacobi gehackt wird, bekommt es nicht viele Häupter.* Jacobi war auch ein wichtiger Stichtag für das Sammeln von Beeren, Wurzeln und Weinbergschnecken. In Schwaben schnitt man die Wurzel der weißblühenden Wegwarte, der man die Kraft zuschrieb, *Dornen oder anderes aus dem Fleisch zu treiben, auch unsichtbar, stich- und kugelfest zu machen und wie die Springwurzel Türen und Schlösser zu öffnen.*

Auch im Wirtschaftsleben hat man sich am Jacobitag orientiert. In ganz Süddeutschland stellte man an diesem Tag Knechte, Mägde, Hirten, Nachtwächter und Dienstboten ein. Um diese Zeit begannen die Kühe im allgemeinen weniger Milch zu geben. Daraus entstand im Allgäu der Spruch *Jacobi (25.7.) an Schluck, Lorenz (10.8.) an Ruck und Barthleme (24.8.) gar nix me.*

Nach Jacobi folgt der Festtag der hl. Anna. Deshalb gilt auch der Annentag als bedeutsamer Merktag für das Wachstum der Kartoffeln, Rüben und Frucht. Hieraus entstand die Volksweisheit *Jakob und Anne kochen in einer Pfanne.*

Pilgerwege nach Santiago

Auf welchen Wegen gelangten die Pilger zum Grab des hl. Jakobus? Die Wahl der Pilgerroute hing vom vorhandenen Straßennetz, den persönlichen Motiven und äußeren Umständen ab (Pest, Krieg). Nicht alle Pilger wählten den direkten und kürzesten Weg. Manch einer verließ die bekannten Pilgerstraßen, machte links und rechts einen Abstecher oder nahm zum Besuch eines bedeutenden Heiligtums auch größere Umwege in Kauf. Bis zum Ende des 11. Jh. entstanden jedoch bestimmte

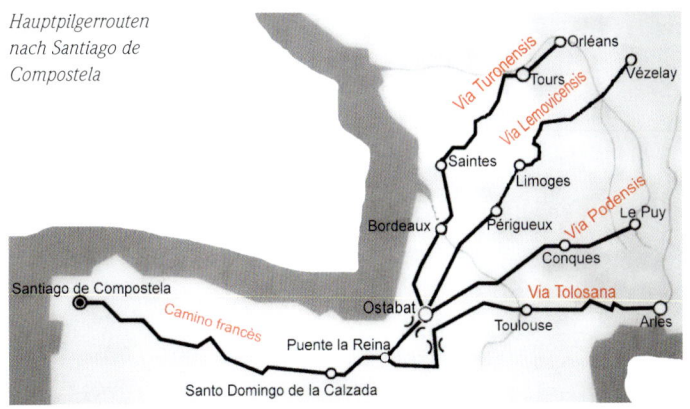

Hauptpilgerrouten nach Santiago de Compostela

Hauptrouten, die erstmals im fünften Buches des *Liber Calixtinus* (entst. zw. 1130 und 1139) beschrieben sind:

Vier Wege führen nach Santiago, die sich zu einem einzigen in Puenta la Reina in Spanien vereinen;…von dort gibt es nur einen Weg bis Santiago. Mit den vier Wegen sind die vier alten französischen Jakobswege gemeint, die Frankreich in Richtung Pyrenäen sternförmig durchlaufen.

Via Turonensis

Ihr Name ist von der Stadt Tours an der Loire abgeleitet. Sie führt vom Sammelpunkt Paris aus über Orléans, Tours, Poitiers, Bordeaux nach Ostabat, am Fuße der Pyrenäen. Ausgangsort in Paris war die St. Jakobskirche, von der heute nur noch der Turm zu sehen ist. Die hauptsächlich von Engländern, Flamen und Nordfranzosen benutzte Strecke hieß auch „La Grande Route".

Via Lemovicensis

Sammelpunkt der nach der Stadt Limoges benannten zweiten Strecke ist Vézelay in Burgund. Hier trafen sich vornehmlich Pilger aus Belgien, der Champagne und den Ardennen, um über Nevers, Limoges, Périgueux, Bazas, St. Palais nach Ostabat weiterzuziehen.

Via Podensis

Ihr Name stammt von der Stadt Le Puy-en-Velay, dem Sammelpunkt der Pilger in der Auvergne. Diese Strecke wurde überwiegend von Burgundern und Deutschen gewählt und führte durch das Zentralmassiv über Aubrac, Conques, Cahors, Moissac zu den Pyrenäen nach Ostabat.

Via Tolosana

Der Name des vierten großen Weges kommt daher, weil er über Toulouse führt. Ausgangspunkt ist die Stadt Arles am Rhone-Delta. Er verläuft von Ost nach Südwest über Montpellier, Saint-Gilles-du-Gard, St. Guilhelm-le-Désert, Toulouse, Lascar und Oloron-Sainte-Marie. Er überschreitet die Pyrenäen auf dem Somport-Pass (1562 m) und trifft mit den drei anderen von Ostabat kommenden Pilgerwegen in Puente la Reina zusammen. Hier beginnt der spanische Jakobsweg.

Für die von Deutschland kommenden Jakobspilger kristallisierten sich die Niedere und Obere Straße als wichtige Anschlusswege zu den vier französischen Wallfahrtsrouten heraus. Die Niedere Straße führte aus dem norddeutschen Raum vom Sammelort Aachen über Brüssel und Reims nach Paris. Die Obere Straße begann in Einsiedeln, einem wichtigen Sammelpunkt für Pilger aus Österreich, der Schweiz und dem süddeutschen Raum, und führte über Bern und Genf entweder nach Le Puy oder aber durch das Rhonetal und über Arles nach Puente la Reina.

Pilgerherbergen

Ein Dach überm Kopf und ein Bett für die Nacht – das muss die tägliche Sorge vieler Pilger gewesen sein. Nicht jeder, nur die Wohlhabenden, konnte sich die Einkehr in einem gewöhnlichen Gasthaus erlauben, die Mehrheit der meist einfachen und armen Wallfahrer suchte in Klöstern, Spitälern, Hospizen oder bei Privatleuten ein kostenloses Quartier. Unentgeltlich geübte Gastlichkeit gibt es schon seit der Antike. Seit dem frühen Mittelalter ist es Aufgabe der Klöster oder anderer geistlicher Einrichtungen, Arme oder Pilger zu beherbergen und mit Speis und Trank zu versorgen. Die grundsätzliche Pflicht der

Inzigkofen, Ehemalige Pforte zur Klausur (um 1475)

Aufnahme aller Pilger hat der hl. Benedikt im 53. Kapitel seiner Klosterregel geboten:

Alle Gäste, die zum Kloster kommen, werden wie Christus aufgenommen; denn er wird einst sprechen: ,Ich war fremd, und ihr habt mich beherbergt'. Allen erweise man die ihnen gebührende Ehre, besonders den Glaubensgenossen und den Pilgern. Sobald also ein Gast angemeldet ist, gehen ihm der Obere und die Brüder in vollkommener Erfüllung christlicher Liebespflicht entgegen. Zuerst sollen sie miteinander beten und einander den Friedensgruß geben.

Die Befolgung dieser Regel entscheidet nach Benedikt einst über Heil und Verdammnis, *denn zur ewigen Seligkeit werde berufen, wer an Armen und Bedürftigen Werke der Barmherzigkeit geübt, (aber) zur ewigen Verdammnis verurteilt, wer Fremde nicht gespeist, getränkt und beherbergt habe.* Am spanischen Jakobsweg kristallisierte sich schon im 12. Jh. eine dichte Folge von Pilgerherbergen heraus. Unter den geistlichen Orden waren neben den Benediktinern (Cluniazensern und Zisterziensern) und Ritterorden (Templer, Johanniter, Santiago-Ritter, Deutscher Orden) besonders die Augustinerchorherren durch Errichtung und Betreuung von Hospitälern um das Wohlergehen der Jakobspilger bemüht. Als eine der drei wichtigsten (Pilger)Herbergen der Welt wird im *Liber Jakobus* das Hospiz der Augustinerchorherren auf dem Großen St. Bernhard genannt. In Südwestdeutschland taten sich bei der Pilgerbetreuung besonders die Johanniter hervor. Fünfzehn der insgesamt 21 Johanniterhäuser liegen an alten Handelswegen, die höchstwahrscheinlich von Jakobspilgern benutzt worden sind. Zwischen Neckar und Bodensee sind es die Johanniterkommenden in Rexingen bei Horb am Neckar, Rottweil, Schwenningen bzw. Villingen am oberen Neckar, Burladingen-Starzeln am Jakobsweg von Hechingen nach Sigmaringen und in Überlingen. Viele Pilger fanden in städtischen Spitälern eine Unterkunft. Doch nicht jedes Spital war zugleich Fremdenherberge. Es konnte auch ein Ort zur Versorgung alter, kranker und hilfsbedürftiger Menschen, ein Pfründenspital oder Krankenhaus für aussätzige Mitbürger, ein sogenanntes Leprosorium, Sondersiechen- oder Gutleuthaus, sein. In Überlingen wie an anderen Orten wurden arme Pilger im sogenannten „Seelhaus" untergebracht. Es befand sich am „Blatterngraben", außerhalb der Stadt, zwischen der ersten und zweiten Stadtmauer. Über seine Entstehung ist nichts bekannt, doch ist eine seltene Hausordnung von 1452 überliefert, die in zehn Punkten die Aufnahme, Beherbergung und Verpflegung der Pilger im 15. Jh. beschreibt. Jeder Pilger erhielt außer der Unterkunft für eine Nacht einen Abendimbiss, eine Morgensuppe sowie einen Zehrpfennig und wurde beim Verlassen der Herberge genau kontrolliert.

1. Die Pilger sollen um Gotteswillen Aufnahme finden, und zwar im Winter eine Stunde, im Sommer aber zwei Stunden vor Anbruch der Nacht.

2. Den Pilgern ist das Fluchen, Schwören, Schelten, Zanken, Streiten auf's strengste untersagt. Unnütze Reden und sonstige Unarten haben zu unterbleiben. Wer diesem Verbot widerhandelt, dem soll der Hausvater sofort die Türe weisen.

3. Das Spielen zum Zeitvertreib oder gar um Geld und Geldeswert ist verboten.

4. Vor der Suppe soll jeder Pilger fünf Vaterunser und Ave Maria beten zu Ehren des Leidens unseres Herrren.

5. Der Hausvater soll darauf sehen, dass die Pilger gemeinsam sich schlafen legen, die Männer und Frauen gesondert, damit aber die Geschlechter getrennt bleiben, soll er die Kammern von außen verschließen.

6. Die Pilger sollen ihre Kleider und ihre Habseligkeiten vor den Schlafkammern lassen und nur mit einem Unterhemd bekleidet in dieselben gehen.

7. Am Morgen, wenn die Pilger acht Stunden geschlafen und geruht haben, soll der Hausvater sie wecken und dafür sorgen, dass ein jeder sein Bett, das er benützt hat, wieder in Ordnung bringe. Darauf soll der Hausvater nachsehen, ob kein Leintuch oder eine Decke fehle und dann die Kammern schließen; überhaupt soll er auf das ganze Inventar des Hauses ein wachsames Auge haben.

8. Wenn die Kammern wieder verschlossen sind, erhält jeder Pilger seine Kleidungsstücke und seine Habseligkeiten zurück, die er vor dem Schlafengehen an den Hausvater abliefern musste. Dieser hat dafür zu sorgen, dass ein jeglicher nur dasjenige mit sich nimmt, was ihm gehört.

9. Ehe der Hausvater den Pilgern beim Fortsetzen das Tor öffnet, soll er einen jeden von ihnen fragen, ob er alles habe, was ihm gehört, und ob ihm nichts fehle. Für den Fall, dass einem etwas abhanden gekommen wäre, soll er keinen hinauslassen, bis ein jeder ihm versichert, er sei im Besitze seines rechtmäßigen Eigentums; alsdann soll er sie miteinander hinausgehen lassen und keinen weiter behalten, außer, er könnte nicht mehr gehen.

10. Solange die Pilger im Hause verweilen, sollen sämtliche Türen im Innern verschlossen bleiben.

Jakobus als Pilger, Apostelbild evtl. aus dem Umkreis von Meinrad von Au, Sigmaringendorf

Pilgerpatrone

Wer sich auf eine Pilgerreise zum fernen Santiago de Compostela begibt, wird nicht nur vom hl. Jakobus, sondern einer großen Schar weiterer Pilgerpatrone begleitet.

Sankt Jakobus erscheint ursprünglich mit Schwert, Buch oder Schriftrolle als Apostelmärtyrer und Verkünder des Evangeliums. Doch ändert sich dies unter dem Einfluss der Pilgerfahrten. Seit dem 12. und 13. Jh. wird er zunehmend als Pilger und Schutzpatron aller Wallfahrer dargestellt. Zu den ältesten Beispielen gehört die um 1260 entstandene Apostelstatue am Ziergiebel des Heiligen Grabes der Mauritiusrotunde in Konstanz. Sie zeigt den hl. Jakobus als „*benedicator* der Pilgerausrüstung", der den Pilgerstäben und Pilgertaschen der hier versammelten Santiagopilger vor ihrem Aufbruch den Pilgersegen erteilt.

Am mannigfaltigsten begegnen wir der **Jungfrau Maria.** Sie gilt dem gläubigen Pilger durch ihre innige Verbindung mit Jesus als mächtige Für-

Schutzmantelmadonna vom Turm des Freiburger Münsters, 1. Viertel 14. Jh.

Meister von Meßkirch, Der hl. Jodokus, Sammlung Würth

sprecherin und Vermittlerin aller Gnaden. Deshalb weiß sich der Pilger unter ihrem Schutzmantel besonders geborgen und werden ihre Hilfe und Beistand im täglichen Rosenkranz-Gebet inbrünstig erfleht. Maria wird in unzähligen Darstellungen verherrlicht und häufig zusammen mit dem hl. Jakobus als Schutzpatronin einer Kirche, Kapelle oder eines Altares genannt.

Die Verehrung des **hl. Jodok** geht auf die Pilgerschaft des um 600 geborenen bretonischen Fürstensohnes zurück. Er verzichtete um 640 auf den Königsthron, wurde Priester und Einsiedler, unternahm eine Romwallfahrt und gründete in Nordfrankreich eine Einsiedelei, aus der nach seinem Tode die Benediktinerabtei St.-Josse-sur-Mer hervorgegangen ist. Sein Kult wurde durch irische und angelsächsische Wandermönche in ganz Europa verbreitet. Der Heilige wird meistens als Pilger mit einer kleinen Krone zu seinen Füßen dargestellt und an einigen Orten zusammen mit dem hl. Jakobus verehrt. Eindrucksvolles Beispiel ist die St. Jodokkirche in Überlingen mit der Darstellung des Hühner- oder Galgenwunders.

Der **hl. Rochus** wurde angeblich um 1295 in Montpellier geboren. Er soll als Rompilger Pestkranke gepflegt, sich dabei selbst angesteckt haben und durch einen Engel wundersam geheilt worden sein. In die Heimat zurückgekehrt, wurde er für einen Spion gehalten und ins Gefängnis geworfen, wo er nach fünf Jahren starb. Er wird meist mit dem hl. Sebastian als Helfer in Pestnöten verehrt und vielfach auch als einer der Vierzehn Nothelfer angerufen. In der bildenden Kunst erscheint er stets in Pilgertracht mit Attributen der Jakobuspilger, obwohl er nie in

Der hl. Rochus als Jakobspilger, Pestbild (1611), Saulgau

Santiago de Compostela gewesen ist. Als individuelles Attribut trägt er eine Pestbeule am linken entblößten Oberschenkel. Häufig steht ihm ein helfender Engel zur Seite oder liegt ein Hund mit oder ohne Brot zu seinen Füßen. Auf dem Pestbild im Rathaussaal von Saulgau (entst. nach 1612) ist er zusammen mit Maria und Sebastian in der Tracht der Jakobspilger zu sehen.

St. Nikolaus als Lehrender, Steinplastik (Anfg. 14. Jh.), Münster Überlingen

Sankt Nikolaus gehört zu den populärsten Heiligen, von dem aber nur wenige Nachrichten historisch verbürgt sind. Er wurde vermutlich um 270 in der antiken Hafenstadt Patara, dem heutigen Patras, geboren und starb an einem 6. Dezember um 342. Im Verlauf des Mittelalters wird die Gestalt des Bischofs von einem überaus reichen Kranz von Legenden umrankt, in denen er als großer Wundertäter und himmlischer Helfer in allen Nöten und Lebenslagen erscheint. Durch die Geschichte von der Errettung der Seeleute, vom Getreidewunder und der Schülerlegende ist er zum Fürsprecher der Seefahrer, Fischer, Flößer, Fährleute, Brückenbauer, Reisenden und Pilger geworden. Sehr oft, insbesondere an Flussübergängen, begegnet dem Pilger der klassische Brückenhei-

Statue des hl. Johannes Nepomuk von Franz Magnus Hops (1741), Stockach

lige, **St. Johannes Nepomuk**. Er wurde um 1335 in Pomuk (Böhmen) geboren, 1393 wegen seines energischen Eintretens für die Rechte der Kirche und Wahrung des Beichtgeheimnisses verhaftet, grausam gefoltert und anschließend von der Brücke in die Moldau gestoßen. 1729 wurde er heilig gesprochen. Er erscheint in der Tracht eines Kanonikers und hält als Attribute fast immer Kruzifix und Palme in den Händen. Er gilt als Patron der Beichtväter, Priester, Flößer, Schiffer, Müller und Brücken und ist dadurch zum ständigen Begleiter der Jakobspilger geworden.

Der hl. **Christophorus** gehört zu den volkstümlichsten Heiligen des Morgen- und Abendlandes. Zeit, Ort und Lebensumstände sind aber ungewiss. Seine Verehrung ist schon um die Mitte des 5. Jh. bezeugt. Nach der reich ausgeschmückten Legende soll er ein gewaltiger Riese von furchtbarem, hundsköpfigem Antlitz und zwölf Ellen Länge (ca. 3,6 m) gewesen sein. Ursprünglich heißt er „Riese Offerus", der nur dem mächtigsten Herren dienen will. Zuerst dient er bei einem König, dann beim

Teufel und schließlich bei Christus. Bei einem Einsiedler hilft er, Pilger und Reisende durch den Fluss zu tragen. Unter ihnen befindet sich auch das Jesuskind. Als der Riese mit dem Kind durch die Fluten watet, wird es immer schwerer. Er glaubt die ganze Welt auf seinen Schultern zu tragen. Das Kind aber spricht: „Du trägst nicht allein die Welt, sondern auch den, der die Welt erschaffen hat." Dabei wird er von ihm getauft und erhält er den Namen Christophorus.

Er wird meistens als überlebensgroße Gestalt, das Jesuskind auf den Schultern tragend und einem Baumstamm in der Hand haltend, dargestellt. Die Betrachtung seines Bildes am Morgen versprach Schutz für den ganzen Tag. Aus diesem Grunde wurde der Riese auf zahlreichen Wandbildern möglichst groß innerhalb und außerhalb der Kirchen dargestellt. Das Christophorus-Gebet sollte bei allen gefahrvollen Unternehmungen schützen. Deshalb wird der Hei-

Sankt Christophorus an der südlichen Außenwand des Chores der Pfarr- und Wallfahrtskirche St. Peter und Paul, Sigmaringen-Laiz

lige besonders von Flößern, Pilgern, Reisenden und Kraftfahrern verehrt.

Der hl. Wendelin war möglicherweise ein fränkischer Mönch oder Einsiedler, der im 6. Jh. in der Gegend des heutigen St. Wendel lebte. Nach seiner erst aus dem 14. Jh. überlieferten Legende soll er ein iro-schottischer Königssohn gewesen sein, der wie St. Jodok auf den Thron verzichtete. Nach einer Romwallfahrt beschließt er, ein Leben als Klausner zu führen, übernimmt Hirtendienste und wird von den Mönchen des benachbarten Klosters Tholey nach dem Tode des ersten Abtes zu dessen Nachfolger gewählt. Sein um 1000 erstmals erwähntes Grab in St. Wendel wurde zu einem beliebten und

Sankt Wendelin als Jakobspilger (18. Jh.), Pfarr- und Wallfahrtskirche St. Peter und Paul, Sigmaringen-Laiz

vielbesuchten Wallfahrtsort. Er wird als Mönch, Pilger, Abt oder Bischof, meistens aber als junger königlicher Hirte mit Rindern, Schweinen und Lämmern dargestellt. Er gilt als Schutzpatron der Bauern, Hirten und Landleute und wird vornehmlich als Nothelfer gegen Viehseuchen angerufen.

Das Wegenetz

Die Verehrung des hl. Jakobus hat auch in Südwestdeutschland, in der Region zwischen Tübingen und Konstanz, Ulm und Villingen, kurz: zwischen Neckar und Bodensee, zahlreiche Spuren hinterlassen. Das Land war schon immer ein wichtiger Durchgangsraum für den Fernhandel, aber auch für zahllose Pilger, die, aus den nördlichen und östlichen Teilen Europas, aus Bayern, Franken oder Schwaben kommend, durch das Nadelöhr Konstanz oder über Schaffhausen und Rorschach zum großen Sammelpunkt Einsiedeln und von hier aus weiter durch die Schweiz in Richtung Santiago gezogen sind. Welche Wegstrecken haben sie benutzt? In der Regel haben sich die Menschen am vorhandenen Straßen- und Verkehrsnetz orientiert. Dabei kristallisierten sich im Laufe der Zeit bestimmte geographische Routen als „Jakobswege" heraus, die besonders häufig begangen wurden. Eine solche Strecke ist z. B. der sogenannte Schwabenweg durch den Thurgau von Konstanz nach Einsiedeln oder der oberschwäbische Jakobsweg, der von Ulm über Biberach, Bad Waldsee und Ravensburg an den Bodensee führt. Die Bischofsstadt Konstanz war dabei für viele süddeutsche Pilger ein wichtiger Sammlungs- und Aufbruchsort.

Ein alter Fernhandelsweg zwischen östlichem Schwarzwald und Schwäbischer Alb verbindet das Neckarland mit dem Hochrhein. Er führt auf der Linie Stuttgart, Esslingen, Tübingen, Hechingen, Balingen, Rottweil, Villingen, Donaueschingen über den Randen nach Schaffhausen und entspricht etwa dem Verlauf der mittelalterlichen Reichsstraße, auf der schon die deutschen Kaiser und Könige gezogen sind.

Einige Jakobswege zweigen von dieser Hauptroute ab. Ein Pilgerweg führt von Plochingen am mittleren Neckar auf einer alten Handelsstraße über Göppingen, Geislingen/Steige und Lonsee nach Ulm. Von Tübingen aus gelangt man über Rottenburg, Horb und Loßburg auf dem Kinzigtäler Jakobsweg ins Rheintal, nach Schutterwald. Zwei Jakobswege überqueren im Zollernalbkreis und Landkreis Sigmaringen von Hechingen bzw. Balingen aus die Schwäbische Alb. Man erkennt sie nicht nur an den alten, historischen Wegverläufen, sondern auch an den Kulthinweisen, die entlang dieser Routen zu finden sind. Der Pilgerweg von Hechingen geht vom Fuße des Albtraufs durch das Killer- und Laucherttal über Burladingen und Sigmaringen nach Meßkirch bzw. Wald und von dort durch den Hegau oder Linzgau nach Konstanz. Der von Balingen kommende Jakobsweg führt nach steilem Albanstieg über Nusplingen im Bäratal nach Kloster Beuron und vereinigt sich in Meßkirch mit der anderen Route in Richtung Bodensee. Es gibt noch eine weitere Wegvariante. Sie zweigt in Tübingen von der Hauptroute ab und verläuft über Reutlingen, Trochtelfingen und Gammertingen, bis sie kurz nach Hettingen in den hohenzollerischen Jakobsweg mündet.

Die Wege nach Compostela haben sich in einer Jahrhunderte langen Tradition herauskristallisiert, nicht alle Pilger zogen auf den großen Pilgerrouten zum Grab des hl. Jakobus, sondern wählten ihren eigenen Weg. Das große gemeinsame Ziel aber verloren sie nicht aus den Augen.

Aufbruch am Morgen

Es ruft der Weg am frühen Morgen,
er ruft am neuen Tag,
der im jungen Licht erstrahlt,
wenn die Sonne
über den Horizont im Osten schaut.

Er ruft,
ich höre
und gehorche
und folge.

JK

Tübinger Jakobsweg

1. Etappe: Tübingen – Rottenburg 11,4 km

Tübingen:
Bürger- und Verkehrsverein, An der Neckarbrücke 1, 72072 Tübingen,
Tel.: 07071/91360; e-mail: mail@tuebingen-info.de; Jakobusgemeinde,
Justinus Kerner Str. 2, 72070 Tübingen, Tel.: 07071-42681,
e-mail: pfarramt@jakobusgemeinde.de;
Wurmlingen (Teilort von Rottenburg):
Kath. Pfarramt: Tel.: 07472-1790,
e-mail: kath.pfarramt.wurmlingen@t-online.de
Rottenburg:
WTG mbH; Marktplatz 24, 72108 Rottenburg am Neckar,
Tel.: 07472-9162-36; e-mail: info@wtg-rottenburg.de;
Dompfarramt St. Martin, Marktplatz 3, 72108 Rottenburg am Neckar,
Tel.: 07472-937860; e-mail: pfarramt@dom-st-martin.de;
Johann-Baptist-Hirscher-Haus, Tel.: 07472-9220

Unser Weg beginnt in der berühmten schwäbischen Neckarmetropole und Universitätsstadt **Tübingen,** deren noch mittelalterlich anmutende historische Altstadt mit ihren stattlichen Fachwerkhäusern, den engen Gassen, Treppen, Stiegen, malerischen Winkeln und Brunnenplätzen den Besucher mit unvergleichlichem Charme empfängt.

Blick auf Tübingen mit der Stiftskirche von der Neckarbrücke

In Tübingen ist bis zur Einführung der Reformation auch eine starke Verehrung des hl. Jakobus belegt. Ihre Anfänge liegen noch im 12. Jh., als
von den Pfalzgrafen von Tübingen wohl für durchreisende Pilger in der
Nähe der Ammertalstraße und des Spitals (1291 erwähnt) die Jakobskirche erbaut worden ist. Das ursprünglich romanische Gotteshaus wurde
Anfang des 16. Jh. im gotischen Stil erweitert und wegen der Über-
schwemmungen um 2,5 m aufgefüllt. Mehrere bildliche Zeugnisse
innerhalb und außerhalb der Kirche weisen auf die Verehrung des Apostels Jakobus hin. Auf einem der Schlusssteine an der Südwand und im
Chorgewölbe ist er mit seinen typischen Attributen, Mantel, Hut, Stab

Die Jakobskirche in Tübingen, Ansicht von Süden

und Pilgermuschel zu sehen. Über dem Taufstein ist das Relief eines Jakobspilgers zu erkennen, und an der südlichen Außenwand sieht man mit viel Phantasie die Umrisse eines Hühnchens als Hinweis auf das sogenannte Hühner- oder Galgenwunder. Besonders eindrucksvoll aber ist der neben dem Taufbecken stehende Grabstein (um 1500), auf dem die Verstorbenen in Pilgertracht mit Rosenkränzen abgebildet sind.

Das Ehepaar Spengler in Pilgertracht, Epitaph von ca. 1500 in der Jakobskirche

Durch die Jakobsgasse, Kornhausstraße und Hirschgasse gelangen wir zur Ev. Stiftskirche St. Georg im Stadtzentrum, in der ebenfalls einige ikonographische Hinweise der Verehrung des hl. Jakobus zu finden sind.

Das 1191 erstmals urkundlich erwähnte Gotteshaus wurde durch die Verlegung des Chorherrenstifts Sindelfingen nach Tübingen (1476) im Rahmen der Universitätsgründung zur Stiftskirche erhoben. Die zwischen 1470–1490 entstandene spätgotische Kirche hat einen hallenartigen Charakter und diente seit der Überführung der sterblichen Überreste

Herzog Eberhards im Barte aus Einsiedel (1537) als Grablege der Herzöge von Württemberg. Von der hervorragenden Ausstattung sind der schöne gotische Lettner (1490), die spätgotische Steinkanzel, der Hans Schäufelein, einem Dürer-Schüler, zugeschriebene Altar (um 1520), vor allem aber der von alten farbigen Glasfenstern erleuchtete Chor mit der herzoglichen Grablege erwähnenswert. Eines der Standbilder der Zwölf Apostel, die von den schlanken Konsolen hoheitsvoll auf die prunkvollen Sarkophage und Grabtumben hernieder blicken, stellt den hl. Jakobus als Pilger mit Schwert und Buch dar. Auf unserem Rundgang durch die Kirche sind noch zwei weitere Abbildungen zu entdecken: zum einen die ausdrucksstarke Apostelbüste mit dem breitkrempigem Pilgerhut an der Wange des 1491 entstandenen Chorgestühls (links vom Altar), zum anderen das Fresko des Pilgerheiligen (H: 1,55 m) in der Höfingen-Kapelle auf der südlichen Seitenempore vom Ende des 15. Jh. Zum Abschluss sei noch die zur Finanzierung des Neubaus der Jakobskirche 1510 gegründete Jakobusbruderschaft zu erwähnen. Sie verdeutlicht, wie populär die Verehrung des hl. Jakobus am Ende des späten Mittelalters noch kurz vor der Reformation in Tübingen gewesen ist.

Büste des hl. Jakobus an der Wange des Chorgestühls (1491) in der Stiftskirche von Tübingen

Fresko des hl. Jakobus in der Tübinger Stiftskirche (Ende d. 15. Jh.)

Tübingen

Der Ort wird 1078 erstmals schriftlich erwähnt. Im Schutz der von den Grafen von Tübingen, seit 1146 Pfalzgrafen, um 1050 an der Stelle des heutigen Schlosses erbauten Burg entwickelte sich die vorgelagerte Marktsiedlung zur Stadt (1231 *civitas*). 1342 wurden Stadt und Herrschaft an die Grafen von Württemberg verkauft. Nach der Erhebung der Grafschaft zum Herzogtum 1495 wurde Tübingen nach Stuttgart bis ins 18. Jh. zur zweiten Residenz- und Hauptstadt in Württemberg. Bedeutendstes Ereignis ist die Gründung der Universität im Jahre 1477. 1536 erfolgte zur Ausbildung der protestantischen Pfarrer die Einrichtung des Evangelischen Stifts, das im Verlauf seiner Geschichte viele bedeutende Persönlichkeiten hervorgebracht hat (u.a. Kepler, Hegel, Hölderlin, Mörike). Großen Einfluss auf die Verfassungsgeschichte des Landes hatte der Tübinger Vertrag („Magna Charta" Württembergs) von 1514, der den bürgerlichen Landständen ein weitgehendes Mitspracherecht zugestand. Im 19. Jh. (1861 Anschluss an das Eisenbahnnetz) wird die Universität Tübingen durch die Gründung neuer wissenschaftlicher Disziplinen zu einer der führenden Hochschulen Deutschlands („Neckar-Athen"). Gleichzeitig kommt es zu einer starken Ausweitung des Stadtgebiets. Ihre zentralörtlichen Funktionen hat die Stadt bis heute bewahrt: seit 1759 Oberamt, 1938 Landkreis Tübingen, 1947–1952 Hauptstadt des Bundeslandes Württemberg-Hohenzollern, seit 1952 Sitz des Regierungspräsidiums Südwürttemberg-Hohenzollern. Trotz einiger Industrieansiedlungen wird das Leben der Stadt (ca. 87.000 Einwohner) auch heute von der Universität mit ca. 24.000 Studierenden bestimmt.

Sehenswürdigkeiten: Schloss Hohentübingen, Hölderlinturm, Marktplatz u. Neptunbrunnen, Stiftskirche, Jakobuskirche, Rathaus, Kunsthalle, Kloster Bebenhausen, Alte Aula, Französisches Viertel   *FM*

Zum Abschied führt uns die Stadt noch einmal ihre geschichtsträchtige Vergangenheit vor Augen: Wir überqueren den reizvollen Marktplatz mit dem altehrwürdigen Rathaus (1435) und kunstvollen Renaissancebrunnen (Heinrich Schickhardt, 1611), gehen die Burgsteige zum Schloss Hohentübingen hinauf, betreten durch die zwei Burgtore den Innenhof und gelangen durch einen schmalen Tunnel im Westflügel zum „Schänzele". Von hier aus geht es – an gründerzeitlichen Villen und Verbindungshäusern vorbei – mit herrlichen Ausblicken ins Neckartal und

Albvorland zunächst durch die Schlossbergstraße, dann leicht bergan auf dem Lichtenberger Weg bis zum Bismarckturm. Von dort verläuft der Weg immer geradeaus durch den Wald auf dem Höhenrücken des Spitzbergs in Richtung Wurmlingen.

Nach ca. 5 km haben wir das Westende des Spitzbergs erreicht, Vor uns, auf steilem Bergkegel zwischen dem lieblichen Neckar- und Ammertal, erhebt sich die sagenumwobene **Wurmlinger Kapelle**, die schon der achtzehnjährige Ludwig Uhland besungen hat. Nach kurzer Zeit haben wir die Bergkuppe erreicht und werden für den etwas anstrengenden Aufstieg mit einer herrlichen Rundsicht belohnt.

Die Wurmlinger Kapelle

Die heutige kath. Bergkapelle und ehemalige Pfarrkirche von Wurmlingen wurde nach der Zerstörung durch ein Wachtfeuer (1644) um 1680 erbaut. Das fränkische Patrozinium des hl. Remigius und archäologi-

Die Kapelle

Droben stehet die Kapelle,
Schauet still ins Tal hinab.
Drunten singt bei Wies und Quelle
Froh und hell der Hirtenknab'.

Traurig tönt das Glöcklein nieder,
Schauerlich der Leichenchor!
Stille sind die frohen Lieder,
Und der Knabe lauscht empor.

Droben bringt man sie zu Grabe,
Die sich freuten in dem Tal;
Hirtenknabe, Hirtenknabe!
Dir auch singt man dort einmal.

In der Krypta der Wurmlinger Kapelle

sche Spuren lassen jedoch darauf schließen, dass an dieser Stelle schon ein aus Holz erbautes frühchristliches Gotteshaus des 7./8. Jh. gestanden hat. Nach der Gründungssage wurde die Kirche von einem Grafen namens Anselm von Calw errichtet, für den der sog. Calwer Jahrtag, eine Totenmesse zum Seelenheil des Verstorbenen, gestiftet wurde. Wie die Sage berichtet, hatte der Graf angeordnet, dass man, sobald er gestorben sei, seinen Sarg von zwei *ungewohnten Ochsen, die noch nie einen Wagen gezogen, sollte fortfahren lassen und zwar ohne Führer. Wo die Ochsen dann still stünden, da solle man eine Kapelle bauen und alljährlich den Stiftungstag durch eine hl. Messe und ein großes Festessen feiern.* Die Ochsen brachen daraufhin in Calw auf und *standen erst auf dem jetzigen Remigiusberge bei Wurmlingen still,* (wo) *dann dem hl. Remigius zu Ehren die Kapelle gebaut worden ist.*

Die Entstehung des Sakralgebäudes wird um die Mitte des 11. Jh. datiert. Von der im ersten Drittel des 12. Jh. erbauten hochromanischen Basilika ist noch die Krypta erhalten geblieben, wo sich einst das Grab des Stifters befunden hat. Sie befindet sich unter dem Chor der heutigen Barockkapelle, ist aber leider nur selten geöffnet. Der von drei wuchtigen Rundsäulen in zwei Schiffe mit je vier Jochen geteilte halbdunkle Raum mit seinen Kreuzgratgewölben strahlt Ruhe und Würde aus und entrückt uns in eine längst vergangene Zeit. Die Bearbeitung der romanischen Würfelkapitelle weist auf stilistische Einflüsse der sogenannten Hirsauer Bauschule hin. Nach dem Wiederaufbau der Kapelle wurde eine Wallfahrt zum hl. Remigius ins Leben gerufen, die allerdings nach wenigen Jahrzehnten erlosch. Von der Innenausstattung der Oberkirche sind vor allem der Hauptaltar mit der Darstellung der Wundertaten des hl. Remigius, die Blätter der beiden Seitenaltäre und die gotisch-barocke Kreuzigungsgruppe bemerkenswert. (Den Schlüssel zur Kapelle, die sonntags offen ist, erhält man beim Kath. Pfarramt in Wurmlingen.)

Von der Remigiuskapelle gehen wir auf dem von Stationshäuschen gesäumten Wallfahrtsweg nach **Wurmlingen** hinab, biegen nach der kath. Pfarrkirche St. Briccius – einer ursprünglich klassizistischen Saalkirche mit eingezogenem rundem Chorabschluss – nach rechts in die Briccusstraße, dann bei der Kreuzung nach links in die Almenstraße und etwas weiter wieder nach links in den Hohenzollern-Radweg, der immer geradeaus durch Wiesen und Felder nach **Rottenburg** führt. Kurz vor dem Ortseingang sieht man links den spätgotischen Turm der kath. Sülchenkirche, der ursprünglichen Pfarrkirche von Rottenburg. Das zuerst St. Martin, seit 1513 Johannes Baptista, geweihte Gotteshaus wurde wahrscheinlich schon im 6. Jh. gegründet. Zum Pfarrsprengel gehörte der größte Teil des Stadtgebiets von Rottenburg. Seit 1868 dient sie als Grablege der Bischöfe von Rottenburg-Stuttgart. Wir unterqueren die Landstraße (L 361), gehen durch die Jahnstraße an der Hochschule für Kirchenmusik und den Sportanlagen vorbei, wenden uns nach links in die Seebronner Straße und stoßen schließlich auf den Eugen-Bolz-Platz, in dessen Nähe das Römische Stadtmuseum steht. Von hier aus führt die Königstraße zu unserem Pilgerziel, dem Dom St. Martin, im Herzen der Stadt Rottenburg. Am Eingang befindet sich eine Kopie des von Erzherzogin Mechthild 1470 gestifteten Marktbrunnens, dessen schlanke, dreistufige Säule mit weltlichen und religiösen Figuren ausgeschmückt ist.

Die heutige Bischofskirche ist eine nach 1424 erbaute dreischiffige Basilika, in der die verschiedensten Stilrichtungen ihre Spuren hinterlassen haben. Seit der letzten Renovation von 2001/02 ist sie heller, freundlicher und weiter geworden. Ihre Lichtführung und künstlerische Ausstattung wollen den Besucher die sakrale Atmosphäre des Raumes spüren und erkennen lassen. Unter den zwölf Aposteln auf den Pfeilervorlagen des Mittelschiffs ist auch eine Statue Jakobus d. Ä. als Jakobspilger zu finden.

In Rottenburg gabelt sich der Jakobusweg. Geradeaus über den Marktplatz, die Königsstraße und dann rechts durch das Kalkweiler Tor geht es auf dem Kinzigtäler Jakobusweg über Horb und den Schwarzwald in Richtung Freiburg. Wir aber wenden uns nach links, gehen die belebte Marktgasse zum Neckar hinun-

Rottenburg, Kirchenfenster im Dom St. Martin

*Rottenburg,
Domplatz mit Dom
St. Martin*

Rottenburg am Neckar

Der 1264 erstmals urkundlich erwähnte Ort liegt an der Stelle der römischen Siedlung Sumelocenna, einem Hauptort zwischen Rhein und Donau an der alten Fernstraße Cannstatt-Schweiz. Die frühmittelalterliche Besiedelung beginnt nicht auf dem zerstörten antiken Stadtgelände, sondern nordöstlich in Sülchen (Mittelpunkt des frühma. Sülichgaus) und rechts des Neckars, in Ehingen. Im 12. Jh. ist der Ort Sitz der Edelfreien von Rotenburg. Von ihren Rechtsnachfolgern, den Grafen von Hohenberg, wird zwischen 1274 und 1280 die „neue Stadt" *(nova civitas)* auf den Ruinen der untergegangenen Römerstadt erbaut. Nach dem Verkauf an Österreich, 1381, ist Rottenburg Herrschafts- und Verwaltungszentrum der Grafschaft Hohenberg. Unter Mechthild von der Pfalz, Gemahlin Erzherzog Albrechts VI., erlangt die Stadt als fürstliche Residenz und „Musenhof" von 1454 bis 1482 große geistes- und kulturgeschichtliche Bedeutung. Nach dem Übergang an Württemberg (1806) bleiben der Stadt bis 1938 die zentralörtlichen Funktionen einer Oberamts- bzw. Kreisstadt. Seit 1938 ist sie Teil des Landkreises Tübingen. Im Zuge der Gemeindereform erfolgte seit 1971 die Eingemeindung von 17 umliegenden Ortschaften. Seit 1972 ist Rottenburg Große Kreisstadt mit rund 42.000 Einwohnern. Nach dem Anschluss an das württembergische Eisenbahnnetz 1861 begann im letzten Drittel des 19. Jh. die Ansiedlung der ersten Industrieunternehmen (1873: Fa. Fouquet & Fauz; 1898: Uhrenfabrik Junghans). Mit der Gründung des Bistums Rottenburg-Stuttgart 1821 wurde die Stadtpfarrkirche zum Dom erhoben.

Sehenswürdigkeiten: Marktplatz mit Dom St. Martin, Marktbrunnen u. Rathaus, Neckarpromenade, Stiftskirche St. Moriz, Römisches Stadtmuseum Sumelocenna, Diözesanmuseum, Barocke Wallfahrtskirche Weggental   *FM*

Rottenburg, Blick auf die Morizkirche in Ehingen

ter, überqueren den majestätisch dahinfließenden Strom und besuchen die kath. Pfarrkirche St. Moriz im Stadtteil Ehingen, deren Silhouette am rechten Neckarufer schon von weitem zu erkennen ist.

Die im 14./15. Jh. entstandene ehemalige Stiftskirche ist für ihre einzigartigen Wandmalereien (15. Jh.) bekannt. Die Anfänge des Gotteshauses gehen wahrscheinlich noch ins 10. Jh. zurück. Nach der Grün-

Rottenburg, Wandmalereien in der Morizkirche

dungslegende wurde die erste Kirche für die Reliquien des hl. Mauritius errichtet, die von Bischof Ulrich von Augsburg vom Grab des Heiligen in St. Maurice (Wallis/Schweiz) vermittelt worden seien. Aufgrund der Reliquien wurde die Kirche zu einem vielbesuchten Wallfahrtsort. An die Gründung eines Chorherrenstifts durch die Grafen von Hohenberg (1330) erinnern die drei Grabmäler des Hohenberger Grafenhauses an der südwestlichen Langhauswand. Den hl. Jakobus entdecken wir am Ölbergaltar im nördlichen Seitenschiff und als Apostelbild am Chorgestühl (Anfang 18. Jh.).

Kirche am Jakobsweg

Die Hitze des Tages
spült mich in das kühle Dunkel
der alten Kirche am Weg,
ich komme zur Ruhe.

Bunte Glasfenster
künden
das Geheimnis meines Glaubens:
die Geburt des HERRN,
den Weg seines Leidens
und seine Auferstehung.

Der Glanz des österlichen Halleluja
bricht sich
im romanischen Gewölbe und
ist Nahrung für die Seele.

JK

2. Etappe: Rottenburg – Hechingen 19,1 km

Dettingen (Teilort von Rottenburg)
Bechtoldsweiler (Teilort von Hechingen)
Stein (Teilort von Hechingen)
Hechingen:
Bürger- und Tourismusbüro der Stadt Hechingen, Kirchplatz 12,
72379 Hechingen, Tel.: 07471-940-211 bis 214; e-mail: tourist-
info@hechingen.de; Bildungshaus St. Luzen, Klostersteige 6,
72379 Hechingen, Tel.: 07471-93410; e-mail: mail@luzen.de

Die Fortsetzung des Jakobsweges führt rechts an der Morizkirche vorbei. Man überquert den Ehinger Platz und die Bahnlinie, geht gleich darauf die links abzweigende Schadenweiler Straße bis zur Anhöhe hinauf, unterquert die Landstraße (L 370) und folgt zunächst der auch als Radwanderweg markierten Straße zum **Schadenweiler Hof** (Hochschule für Forstwirtschaft). Etwa 50 m nach der Abzweigung zum Hof biegt der Weg rechts ab. Die auch als Hauptwanderweg 3 ausgezeichnete Pilgerroute verläuft zuerst durch eine Streuobstwiese, dann leicht bergan durch schattigen Wald und biegt schließlich scharf nach links in Richtung Dettingen ab (aufpassen!). Unweit von hier, auf dem 554 m hohen Berggipfel, erhob sich einst die Rotenburg (heute Weilerburg), von der man annimmt, dass sie der Geburtsort der Gräfin Anna von Hohenberg, der Gemahlin König Rudolfs von Habsburg, gewesen ist.

Auf dem Höllstein

Nach etwa 200 m biegen wir erneut links ab und steigen den etwas schweißtreibenden, dafür aber wildromantischen Waldpfad auf den **Höllstein** hinauf. Oben angekommen, überqueren wir das Teersträßchen und wandern durch Streuobstwiesen den ausgeschilderten Pfad ins Tal hinab. Direkt vor uns, am Fuße des Rammert, liegt **Dettingen.** In der Ferne erkennt man die Umrisse der Nachbarorte Hemmendorf, Hirrlingen und

Frommenhausen. Hemmendorf, von 1281 bis zum Ende des Alten Reichs (1803) im Besitz der Johanniterkommende von Rothenburg ob der Tauber, war möglicherweise Zwischenstation für Jakobspilger. Auf dem Friedhof von Hirrlingen befindet sich der Grabstein des Jakobus-Pilgers Jakob Beyter aus Frommenhausen. Eine Variante des Jakobsweges führt über Hirrlingen und Rangendingen nach Hechingen.

Ungefähr 50 m nach dem Wegkreuz biegt unser Weg durch die Wiesen links ab. Durch die von der Landstraße nach rechts abzweigende Hechinger Straße gelangen wir ins Ortszentrum von Dettingen. Nach einem Besuch der kath. Pfarrkirche St. Dionysius (erbaut 1912) und einem Blick

Gotisches Beinhäusle in Dettingen

auf das schön renovierte gotische Beinhaus von 1493 gehen wir auf der Hechinger Straße weiter und kommen am Ortsausgang in das ausgedehnte Waldgebiet des Rammert, der auch der „kleine Bruder des Schönbuch" genannt wird. Der Pilgerweg führt zunächst auf asphaltierter Straße den Bergrücken hinauf, dann schnurgeradeaus an dem aus Sturmholz von Künstlern gestalteten, sehenswerten Skulpturenpark Dettinger Wald vorbei und biegt bei der sog. Pelagiustanne rechts ab, bis man im Schellentäle die Landstraße (L 389) überquert. Auf dem gleich darauf links abzweigenden Weg wandert man durch die idyllische Talaue in Richtung **Bechtoldsweiler**. Nach ca. 2 km stoßen wir auf einen Wirtschaftsweg. Hier wenden wir uns nach rechts und gleich darauf wieder nach links und folgen dann dem abenteuerlich anmutenden, schmalen Waldpfad, der über Stock und Stein auf die Hochfläche von Bechtoldsweiler führt.

Vom Waldrand aus präsentiert sich hier erstmals die majestätische Burg Hohenzollern, deren erhebender Anblick uns über viele Kilometer mit immer neuen Farbschattierungen und -stimmungen begleitet und bezaubert. Auf dem Weg durch das Dorf machen wir kurz in der kath. Kirche St. Wendelin Station. Sie wurde 1812 anstelle einer alten Kapelle im Stil des Klassizismus erbaut. An der Chorwand erblicken wir die Holzfigur des Kirchenpatrons St. Wendelin (18.Jh.) und des hl. Rochus in der Tracht der Jakobspilger. Von der Kirche aus geht es durch die Rathausstraße am Kriegerdenkmal und Friedhof vorbei durch eine Talmulde, von der ein Weg zum römischen Gutshof führt, nach **Stein** hinunter. Etwa 1 km westlich des Ortes befindet sich die teilweise rekonstruierte römische Gutsanlage Hechingen-Stein aus dem 1. bis 3. Jh. n. Chr. Wir unterqueren die Landstraße (L 410), gehen durch die Rosen- und Staigstraße, biegen bei der

Baumskulptur im Skulpturenpark Dettingerwald

Römisches Freilichtmuseum Hechingen-Stein

Etwa 1 km westlich von hier befindet sich das römische Freilichtmuseum Hechingen-Stein. Die ersten Mauerreste der imposanten Gutshofanlage wurden 1973 auf der Suche nach einem mittelalterlichen Weiler entdeckt. Es handelt sich um eine sog. Villa rustica, die zu Beginn der römischen Besiedelung gegen Ende des 1. Jh. entstand und bis zum Anfang des 3. Jh. in drei Perioden ausgebaut wurde. Das Hauptgebäude war eine Portikusvilla mit Eckrisaliten. Die vordere Front gliederte sich in zwei herausragende Ecktürme mit einer dazwischen liegenden, nach vorne offenen Säulenhalle (Portikus). Das von einer Hofmauer umschlossene Gutshof-Areal hatte eine Ausdehnung von ca. 4 ha. Außerhalb der Hofmauer befand sich der Tempelbezirk, in dem 1995 ein Venuskopf ausgegraben wurde. Die Anlage des Gutshofes muss im Zusammenhang der Römerstraße gesehen werden, die vom Kastellort Burladingen über Hechingen nach Rottenburg führte. Zwischen 1985 und 1991 wurden einige Teile der Gutsanlage nach baulichen Überresten selbst und antiken Vorbildern rekonstruiert. *FM*

Einmündung in die Römerstraße nach rechts und gelangen durch die nach 100 m links abzweigende Antoniusstraße zur kath. Kirche St. Martin südlich der Starzel. Nach dem Besuch der 1832 erbauten klassizistischen Kirche gehen wir nach rechts durch die Kirchstraße bis zur Starzelbrücke, dann beim Feuerwehrhaus wieder rechts durch die Mühläckerstraße, passieren ein Wohngebiet und wandern nach der Turn- und Festhalle auf dem teils neben der Starzel, teils neben der Landstraße verlaufenden Radweg in die Stadt hinein. Etwa 200 m nach den Sportanlagen folgen wir der links abbiegenden Max-Eyt-Straße und gelangen durch die kurz vor der Bahnlinie rechts abzweigende Ermelesstraße zum Bahnhof der Hohenzollerischen Landesbahn. Von hier aus führt die Bahnhofsstraße und Gutleuthausstraße ins Stadtzentrum von **Hechingen.**

Wasser und Himmel

Wasser des Lebens
aus tiefen Quellen geboren
quillt auf zu immer neuen Höhen,

durchfließt die offenen Tore der Krisis
und wässert die Felder der Tugend
zu reicher Frucht.

Wasser des Lebens,
du suchst und findest
den seit ewigen Zeiten
vorausbestimmten Weg:
Du lässt das Haus des ewigen Vaters
im Himmelsgebirge
erstrahlen
im Licht der Güte und Barmherzigkeit.

JK

Hohenzollerischer Jakobsweg

1. Etappe: Hechingen – Burladingen 20,3 km

Hechingen:
Bürger- und Tourismusbüro, Kirchplatz 12, 72379 Hechingen,
Tel.: 07471-940211 bis 214, e-mail: tourist-info@hechingen.de;
Bildungshaus St. Luzen, Klostersteige 6, 72379 Hechingen,
Telefon 07471-9341-0; mail@luzen.de
Jungingen:
Gemeinde Jungingen, Lehrgasse 3, 72417 Jungingen,
Tel.: 07477-8730; e-mail: info@jungingen.de
Burladingen und Teilorte (Killer, Ringingen, Gauselfingen):
Rathaus Burladingen, Hauptstraße 49, 72393 Burladingen,
Tel.: 07475-892-170, e-mail: info@burladingen.de;
Kath. Pfarramt 07475-351

Ausgangspunkt unserer Pilgerfahrt ist die Stifts- und Stadtpfarrkirche St. Jakobus, deren hoch emporragender Kirchturm vor der malerischen Kulisse des Hohenzollern schon von weitem zu erkennen ist.

Die heutige Pfarrkirche wurde 1779–1783 als Meisterwerk des Klassizismus vom franz. Architekten Pierre Michel d'Ixnard anstelle des mit-

Kath. Stifts- und Stadtkirche St. Jakobus, Hechingen

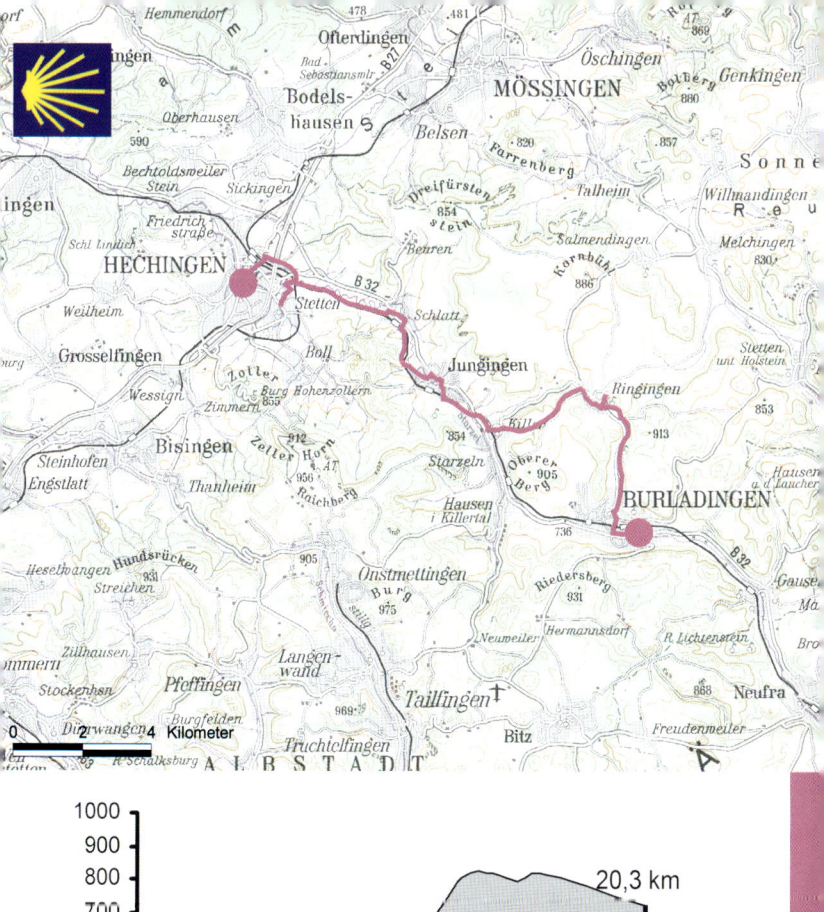

telalterlichen Gotteshauses erbaut. Im Inneren der sowohl feierlich als auch kühl und zurückhaltend wirkenden Hallenkirche sind mehrere Bildnisse des hl. Jakobus zu finden: ein Wandbild des Apostels als Jakobspilger, eine spätgotische Statue und das Altarbild am Evangelienaltar (rechter Seitenaltar), das den Heiligen auf dem Weg zur Hinrichtung zeigt. Am Epistelaltar (linker Seitenaltar) ist der Tod des hl. Nepomuk dargestellt. Die Verehrung des hl. Jakobus wurde durch die Grafen von Zollern besonders gefördert. Bereits 1435 wird neben einer Liebfrauenkapelle eine Sankt Jakobskapelle erwähnt, die möglicherweise als Pilgerstation für die auf der alten Reichsstraße über Hechingen ziehenden

Jakobusstatue in der Stadtkirche St. Jakobus

Jakobspilger erbaut worden ist. Mit der Gründung des Kollegiatstifts zu St. Jakob 1495 an der neugebauten Liebfrauenkapelle wird die Stiftskirche auch zur Pfarrkirche der Residenzstadt und kirchlicher Mittelpunkt der Zollerngrafschaft. Deshalb wurde der hl. Jakobus auch als Patron des Landkapitels verehrt.

Nach dem Verlassen der Stadtkirche wenden wir uns nach rechts, gehen über den großräumigen Marktplatz und gelangen durch das von Graf Eitelfriedrich IV. 1579 erbaute Untere Tor auf der steil abfallenden Staig in die Unterstadt. Gleich nach der Starzelbrücke geht es links in die Hospitalstraße zum ehemaligen Spital mit der noch 1602/03 in gotischem Stil erbauten Spitalkirche zum Heiligen Geist. Wir folgen anschließend der Gutleuthausstraße bis zur Einmündung in die Bahnhofstraße, im Volksmund auch „Klösterle" genannt. An der Fassade des rechten Eckhauses befindet sich ein Wandbild mit einer Inschrift. Sie sollen daran erinnern, dass sich an dieser Stelle schon 1435 ein Seuchenhospital für unheilbar Erkrankte befunden hat. Der Name Gutleuthaus leitet sich vom Gebet der Aussätzigen für das Seelenheil ihrer Wohltäter ab.

Wir überqueren die Bahnhofstraße bei der kleinen Immaculata-Kapelle von 1720 und erreichen auf dem von hohen Linden beschirmten Stationenweg das Franziskanerkloster **St. Luzen.**

Wer die 1586–1589 erbaute Kloster und Wallfahrtskirche betritt, ist sehr überrascht. Nach außen wirkt das Gotteshaus einfach und schlicht, doch ihre Innenausstattung ist ein Juwel. In den muschelförmigen Nischen der mit Stuckdekoration reich gegliederten Langhauswände ist unter den überlebensgroßen Apostelstandbildern auch Jakobus d. Ä. mit einem Artikel aus dem Credo zu sehen. Als Vorbilder haben die Kupferstiche der Apostelmartyrien des Niederländers Hendrik Goltzius (1558–

Stadt Hechingen

Vor der Gründung der Stadt gab es zwei Siedlungen, von denen eine 786/787 erstmals erwähnt wird. Die Stadt wurde im Anschluss an einen zollerischen Herrensitz in der 1. Hälfte des 13. Jh. planmäßig gegründet. Nach der Zerstörung der Burg Hohenzollern (1423) entwickelte sich die Stadt zur gräflichen, ab 1623 fürstlichen Residenz und zum Mittelpunkt von Verwaltung und Wirtschaft der Grafschaft Zollern, ab 1623 des Fürstentums Hohenzollern-Hechingen. Das 1577–1595 neu errichtete zollerische Stadtschloss wurde 1813/14 abgerissen und an dessen Stelle 1816/19 das neue Schloss erbaut (heute Sparkasse). Nach dem Übergang von Stadt und Fürstentum Hohenzollern-Hechingen an Preußen (1850) blieben der Stadt zentrale Funktionen (Sitz des Oberamts, später Landratsamt bis 1972). Hechingen hatte seit dem 16. bzw. 18. Jh. bis ins 20. Jh. eine bedeutende Judengemeinde (1790: von 2194 Einwohnern waren 396 Juden). In der Zeit der nationalsozialistischen Unrechtsherrschaft wanderte ein Teil der jüdischen Bürger aus, 32 wurden deportiert und ermordet.

Sehenswürdigkeiten: Stifts- u. Stadtpfarrkirche St. Jakobus; Ev. Johanneskirche; Burg Hohenzollern; Hohenzollerisches Landesmuseum; Unterer Turm; Marktplatz mit Rathaus; Alte Synagoge; Villa Eugenia; Kath. Spitalkirche *AZ*

1617) gedient. An der südlichen Langhausseite steht die Antoniuskapelle mit dem Wallfahrtsaltar. Sankt Luzen war die erste Pfarrkirche von Hechingen. Kirchenpatron ist der hl. Lucius, ein rhätischer Glaubensbote, der nach der Legende hier schon im 6. Jh. eine Klause gegründet hat. Das Kloster war auch Wallfahrtsstation für Jakobspilger. Darauf weist der seltene archäologische Fund eines nur 3,4 cm großen Jakobusfigürchens hin, das in einer der Vitrinen des Hohenzollerischen Landesmuseums aufbewahrt wird. Es handelt sich um einen sogenannten „Azabache", der 1957 im Klostergarten von St. Luzen gefunden wurde und seitdem zu den kunst- und kulturgeschichtlichen Raritäten des Hohenzollerischen Landesmuseums gehört. Der vor allem in Nordwestspanien vorkommende schwarze Halbedelstein Gagat (span. *azabache*) wurde für die Herstellung kunstgewerblicher Objekte, insbesondere Schmuck, Amulette und Devotionalien, verwendet. Santiago de Compostela war ein Zentrum der Gagatschneider, an dem seit dem Mittelalter auch zahllose Jakobus-Devotionalien wie der vorliegende „Azabache" hergestellt worden sind. Die im Klostergarten von St. Luzen geborgene Figur

Franziskanerkloster St. Luzen

Bei der 1318 erwähnten Pfarrkirche St. Luzen bestand von ca. 1372 bis 1485 eine Schwesternklause. 1586 stiftete Graf Eitelfriedrich I. von Hohenzollern-Hechingen (1545–1605) das Kloster St. Luzen als Franziskanerniederlas-

Kath. Klosterkirche St. Luzen, Hechingen

sung. Im 18. Jh. entwickelte sich St. Luzen zu einem viel besuchten Wallfahrtsort mit einem 1731/33 neu angelegten Kreuzweg. In der Klosterkirche wurde ein „Prager Jesuskind" aus Wachs verehrt und an Weihnachten stellten die Franziskaner eine Krippe mit großen Figuren auf. Diese Tradition wird noch heute fortgesetzt. Infolge des Reichsdeputationshauptschlusses erfolgte die Aufhebung des Konvents. In dem Klostergebäude war im 19. u. 20. Jh. eine Brauerei untergebracht. In den 1970er Jahren erwarb die kath. Kirchengemeinde das Gebäude, die es 1985 dem Allgemeinen Kath. Kirchenfonds für Hohenzollern überließ, der dort 1987 ein Bildungshaus einrichtete.

Eine besondere kunsthistorische Bedeutung erlangte die Klosterkirche, die 1586–1589 im Renaissancestil neu gestaltet worden war und die ein gegenreformatorisches Programm erhielt. Wegen der fast vollständig erhaltenen Stuckausstattung und der singulären Raumdekoration mit einer farbenprächtigen Ausmalung kommt der Kirche ein besonderer Wert als eines der bedeutendsten Renaissancebauwerke des deutschen Südwestens zu. *AZ*

entspricht dem ikonographischen Typ des *Jacobus peregrinus*. Sie zeigt einen bärtigen Pilger in langem, schlichtem Gewand mit Stab, Tasche und Pilgerhut, von dem allerdings die vordere Krempe mit der Jakobsmuschel abgebrochen ist. Das Figürchen ist seitlich durchlöchert und wurde entweder als Anhänger am Rosenkranz oder als Anstecker an Hut oder Mantel getragen. Aus deutschen Museen sind insgesamt vier „Azabaches" bekannt. Die Bandbreite ihrer Datierung reicht vom 15. bis ins 19. Jh. In Bönnigheim bei Heilbronn wurde ein ganz ähnlicher „Azabache"-Jakobus aus dem 15./16. Jh. auf dem ehemaligen Friedhof entdeckt. Wann und auf welche Weise das Hechinger Jakobusfigürchen in den Klostergarten von St. Luzen gelangte, ist schwer zu sagen, da weder über die Fundsituation selbst noch über das Alter der Figur genauere Angaben überliefert sind. Mit Sicherheit stammt das Figürchen aber von einem Jakobspilger, der die wertvolle Devotionalie als Zeichen seiner vollzogenen Wallfahrt nach Santiago de Compostela vom Grab Apostels Jakobus mitgebracht hat.

Die Säkularisation brachte das Ende des Franziskanerklosters. Seit 1987 dient es als kath. Bildungshaus mit einer idyllischen Gartenanlage, von der man eine herrliche Aussicht nach Hechingen genießt. Im Vorhof der Kirche empfängt uns ein Brunnen,

„Azabache" von Hechingen. Hohenzollerisches Landesmuseum Hechingen

dessen leises Plätschern, wenn man das Ohr an die gusseiserne Brunnenschale hält, wie feiner, singender Glockenklang widerhallt.

Wir verlassen Hechingen auf dem St. Luzenweg, folgen auf einer Asphaltstraße der Bahnlinie, unterqueren die Bundesstraße (B 27) und B 32 und gelangen zunächst zum Kieswerk. Kurz danach überqueren wir die Starzel und stoßen auf eine Eisenbahnbrücke. Geradeaus, durch die Unterführung, gelangen wir durch den Walkenmühleweg sowie die Holger-Crafoord- bzw. Zinkenstraße (links) ins Dorfzentrum zum ehemaligen Dominikanerinnenkloster **Stetten im Gnadental.**

Die einschiffige Kirche ist ein von einem kleinen Dachreiter bekrönter gotischer Bau mit zu 5/8 geschlossenem Chor. Von ihrer Ausstattung ist das ca. 9 m hohe gotische Sakramentshäuschen vom Ende des 15. Jh. und ein Rosenkranzbild, das „Stettener Gnadenbild" (um 1610), besonders bemerkenswert. Ihre wertvollen gotischen Glasfenster befinden sich seit 1823 in der St. Michaelskapelle auf der Burg Hohenzollern.

Nach unserem Abstecher kehren wir zur Starzelbrücke zurück, wenden uns nach rechts und überqueren die Schienen der Hohenzollerischen Landesbahn. Gemächlich geht es nun zwischen Wiesen und Feldern zum

Kloster Stetten im Gnadental

Ein Kloster ist in Stetten bereits 1264 belegt. 1267 gründeten Graf Friedrich V. von Zollern und seine Ehefrau das spätere Dominikanerinnenkloster, das 1287 in den Orden aufgenommen wurde. Das Kloster war Hauskloster und bis 1488 Grablege der Zollerngrafen. Dem Kloster gehörte ein weit gestreuter, umfangreicher Besitz. 1802 wurde es aufgehoben. Im 19. Jh. diente das Gebäude u. a. als Kaserne, Schuhfabrik und Wohnraum. Von 1868 bis 1875 befanden sich nochmals Franziskanerinnen im Kloster. 1898 brannte das Klostergebäude nieder. Erhalten blieb die dem hl. Johannes geweihte und wahrscheinlich um 1280 erbaute ehemalige Klosterkirche mit der seitlich neben dem Chor gelegenen St. Johanneskapelle. Sie geht höchstwahrscheinlich auf eine um 1230 erbaute Vorgängerkirche zurück. Der Ostteil der Kirche blieb weitgehend unverändert, während der westliche Teil mit Nonnen- und Orgelempore ein Um- bzw. Erweiterungsbau aus der Mitte des 18. Jh. ist. Die Kirche ist seit 1990 im Eigentum der kath. Kirchengemeinde St. Johannes, Hechingen-Stetten und Filialkirche der Pfarrei St. Jakobus, Hechingen. *AZ*

Ehemalige Klosterkirche St. Johannes im Gnadental, Hechingen-Stetten

alten, Anfang des 12. Jh. erstmals erwähnten Dörfchen **Schlatt** am Ausgang des Killertals. Auf einer Anhöhe über dem Ort grüßt schon von weitem die ehemalige Pfarrkirche und jetzige Friedhofskapelle, die wegen ihrer spätgotischen Fresken und des mittelalterlichen Taufsteins (13. Jh.) besuchenswert wäre. Der Brunnenweg führt durch ein Neubaugebiet zur kath. Kirche St. Dionysius an der alten stark befahrenen Verkehrsachse Hechingen-Sigmaringen. Das neugotische Gotteshaus von 1899/1900 erstrahlt nach der jüngsten Renovation in neuem Glanz. Die beiden wertvollen Statuen der Muttergottes und des hl. Dionysius sind möglicherweise Arbeiten des „Meisters des Heinstetter Altars" aus der alten Friedhofskirche.

Etwa 200 m nach der Pfarrkirche biegen wir von der B 32 in den Ständelweg ein, der in einen Feldweg mündet. Wir schwenken beim Strom-

Jungingen

Das 1075 erstmals erwähnte edelfreie Geschlecht der Herren von Jungingen besaß seine Burg südlich des Dorfes. Der 1501 ausgestorbenen Familie gehörten die beiden Deutschordenshochmeister Konrad (1383–1407) und Ulrich (1407–1410) an. Die Burg und der Besitz im Killertal kamen vor 1300 an den Johanniterorden, der ihn 1300 an Württemberg vertauschte. 1473 erwarben die Zollern den Ort, der fortan zur Grafschaft Zollern gehörte (ab 1576 Hohenzollern-Hechingen, ab 1850 preuß. Oberamt, 1925 Lkr. Hechingen). *AZ*

Pfarr- und Wallfahrtskirche St. Sylvester, Jungingen

leitungsmast nach links und wandern zwischen Eisenbahnlinie und Wald mit schönen Ausblicken ins Killertal. Ein kleiner Abstecher (500 m) führt auf halber Wegstrecke zum Wasserfall Weilerschrofen. In weniger als einer Stunde erreichen wir **Jungingen**. Von der B 27 geht es in der Ortsmitte den Kirchrain zur kath. Pfarrkirche hinauf.

Gotische Bodenfliese mit der Inschrift „Tritt mich", St. Annakapelle, Jungingen

Spätgotische Jakobusstatue (um 1500),
St. Annakapelle, Jungingen

Das mittelalterliche Gotteshaus wurde 1819–1821 durch das heutige Gebäude ersetzt. Es ist eine schlichte Saalkirche mit eingezogenem halbrundem Chor und im Kern spätgotischem Turm. Die Kirche ist seit 1935 ein Marienwallfahrtsort. Ziel der Wallfahrt ist eine Marienplastik, eine Nachbildung der Schwarzen Madonna von Einsiedeln. Im Mittelalter wurde jedoch besonders der hl. Jakobus verehrt. Darauf weisen das Patrozinium, der sogenannte Junginger Jahrtag und die Gründung einer Jakobsbruderschaft in Killer und Jungingen hin. Als erster Schutzheiliger wird 1437 der hl. Jakobus neben Pankratius und Silvester genannt. Der Junginger Jahrtag wurde alljährlich am Festtag des hl. Jakobus mit sechs bis acht Priestern des Landkapitels Trochtelfingen gehalten und soll von den *edlen und vesten Junkherren von und zu Jungingen* zum Seelenheil ihrer Vorfahren gestiftet worden sein. Er wird 1464 erstmals erwähnt. Die 1488 gegründete Jakobsbruderschaft war jedoch keine Gemeinschaft von Jakobspilgern, sondern eine Gebets- und Totengedenkbruderschaft.

Zur Ausstattung der Pfarrkirche gehören einige wertvolle Kunstwerke aus der Hechinger Schlosskapelle, z. B. das Abendmahlsrelief des Überlinger Künstlers Vigilius Moll von 1593 am Hochaltar oder die um 1600 entstandene Apostelgruppe im Chorraum, die den hl. Jakobus mit weitem Mantel und ausdrucksvoller Miene als Jakobspilger zeigt. Ein Glasfenster zeigt den hl. Franz-Xaver mit einer Jakobsmuschel auf der Brust. Eine spätgot. Jakobusfigur befindet sich in der 1500 erstmals erwähnten St. Anna-Kapelle auf der Lehr. Vor dem Altar liegen einige alte Bodenfliesen, in die die kuriose Inschrift *Tritt mich* eingraviert ist. Sie laden auch den heutigen Pilger zum Eintreten und Verweilen ein. Den Schlüssel zur Kapelle erhält man auf dem Rathaus.

Killer

Im Mittelalter war das 1255 erstmals erwähnte Killer Pfarrort mit einem umfangreichen Sprengel, dessen Name zur Bezeichnung des oberen Starzeltals als Killertal wurde. Nördlich des alten Dorfkerns lag die abgegangene Wasserburg der Herren von Killer; um 1375 war Heinrich von Killer, gen. „Affenschmalz", Reiterführer in Italien. Die Oberhoheit lag seit dem 14. Jh. bei den Grafen von Zollern. Nachdem der Ort zu Beginn des 15. Jh. teilweise an Württemberg gelangt war, erwarben ihn die Zollern 1473 zurück und gliederten ihn der Grafschaft Zollern ein (ab 1576 Hohenzollern-Hechingen; ab 1850 preuß. Oberamt, 1925 Lkr. Hechingen). Die Eingemeindung nach Burladingen erfolgte 1973.

Sehenswürdigkeiten: Deutsches Peitschenmuseum, geschichtl. Sammlung Killer   *AZ*

Hinter der Pfarrkirche geht es weiter. Wir passieren das alte Schulhaus, überqueren die Gleise der Hohenzollerischen Landesbahn, wenden uns in der Hochmeisterstraße nach links und biegen nach ca. 200 m rechts in einen Hohlweg ein, der zur Ruine der Burg Hohenjungingen auf dem Bürgle, dem Stammsitz der Herren von Jungingen, hinaufführt. Nach kurzem Anstieg gabelt sich der Weg. Wir biegen links ab und wandern oberhalb der Bahnlinie in Richtung **Killer**. Am Ende des Weges überqueren wir eine große Wiese, gehen auf dem angrenzenden Wirtschaftsweg links zur B 32 hinab und erreichen nach ca. 100 m die ersten Häuser von Killer. In Anknüpfung an die mittelalterliche Pilgertradition wurde hier 2004 wieder eine Jakobsbruderschaft gegründet, die durchwandernde Pilger beherbergt.

Ritter Heinrich von Affenschmalz

Die bis auf wenige Reste abgegangene Burg Ringelstein (1409) zwischen Ringingen und Burladingen wird 1180 erstmals erwähnt (heute Aloisschlössle). Sie war namensgebender Sitz eines zollerischen Ministerialengeschlechts, das sich auch nach seiner Wasserburg in Killer benannte. Von den Angehörigen der Familie ist heute noch Heinrich von Killer mit dem Beinamen „von Affenschmalz" bekannt. Die Herkunft des originellen Namens ist trotz verschiedener Deutungsversuche nicht endgültig geklärt. Heinrich zeichnete sich als Marschall des deutschen Ritterheeres in Italien im Kampf für die römische Kirche aus und wurde dafür 1475 in einem Schreiben Papst Gregors XI. besonders gelobt. In Deutschland verließ ihn das Kriegsglück. Am 14. Januar 1413 wurde er im Kampf mit Rottweiler Söldnern von einem Pfeil tödlich verwundet und anschließend in der St. Martinskirche in Ebingen beerdigt.

Mitten in Killer, etwa auf halber Talhöhe, steht die Filial- und Wallfahrtskirche Zur Schmerzhaften Mutter Gottes, die bis um 1530 die Pfarrkirche des ganzen Killertales gewesen ist. Hier wurde im Jahre 1488 vom damaligen Pfarrer Kaspar Schuler eine Jakobsbruderschaft gegründet, an die heute noch die um 1500 entstandene Jakobusstatue an der Südwand erinnert.

Jakobspilger auf dem Chorfresko in Killer. Ausschnitt aus dem Chorfresko von Franz Ferdinand Dent (1778)

Jakobusstatue (um 1500), kath. Pfarr- und Wallfahrtskirche Mater Dolorosa, Killer. Der Einwurfschlitz über dem Knie weist darauf hin, dass die Plastik einst als Opferstock diente.

Sie diente ursprünglich als Opferstock. Darauf weist nicht nur der Einwurfschlitz auf dem Oberschenkel, sondern auch eine schmiedeeiserne Kassette in der Rückenhöhlung hin. Die Deckengemälde stammen von Franz Ferdinand Dent (1778). Auf dem Chorfresko ist auf der Darstellung der Anbetung des Allerheiligsten Sakraments ein Jakobspilger zu sehen, der uns jedoch den Rücken zukehrt. Das Gnadenbild, eine um 1500 datierte Pieta, befindet sich auf dem südlichen Seitenaltar. Die Kirche steht an einem interessanten und geheimnisvollen Ort. Sie wurde 1776–1778 nach Plänen von Christian Großbayer auf gotischen und romanischen Fundamenten errichtet, doch reicht ihre Geschichte vermutlich viel weiter zurück. Im Chorraum wurde nach dem schweren Erdbeben von 1978 bei Bauarbeiten eine vor unbekannter Zeit versiegte und längst vergessene Quelle entdeckt. Ob sich an dieser Stelle wohl eine Heilquelle oder sogar vorchristliche Kultstätte befunden

Ringingen

Der 799 erstmals erwähnte Ort gehörte im 12. Jh. den Herren von Ringingen, die ihre Burg auf dem Nehberg hatten (Bergfried erhalten). Der Ort, der im 13./14. Jh. verschiedene Besitzer hatte, gehörte im 15./16. Jh. teils den Grafen von Werdenberg (1490), teils den Grafen von Zollern (1507/08): 1534/1584 gelangte Ringingen an die Grafen von Fürstenberg, den Erben der Werdenberger, und gehörte bis 1806 zur fürstenbergischen Herrschaft Trochtelfingen, als Ringingen an das Fürstentum Hohenzollern Sigmaringen kam (1850 preuß.; 1925 Lkr. Hechingen). Die Eingemeindung nach Burladingen erfolgte 1974. *AZ*

hat, die bei der Christianisierung in ein Marienheiligtum umgewandelt worden ist? Auf diese Weise entstanden viele Wallfahrtskirchen, in deren Nähe eine Quelle gefasst wurde oder in denen eine Quelle entspringt. Leider ist über die ortsgeschichtlichen Anfänge von Killer nichts bekannt. Nur der Nachweis der Quelle, die Marienwallfahrt und der ursprüngliche Ortsname Kirchweiler berechtigen zu der Annahme, dass die ehemalige Pfarrkirche auf dem Bergsporn an einem sehr alten, kultgeschichtlich bedeutsamen Platz erbaut worden ist.

Hinter der Pfarrkirche führt der Weg auf der ehemaligen alten Killerstraße nach **Ringingen.** Wir folgen zunächst der leicht bergan steigenden Katha-

Mehlbeerbäume am Weg von Killer nach Ringingen

Kath. Pfarrkirche St. Martin, Ringingen

Gnadenbild der Maria vom Guten Rat, Ringingen

rinenstraße und erreichen schließlich nach ungefähr 2 km durch einen schattigen Hohlweg die leicht gewellte Hochfläche der Alb. Von hier aus geht es geradeaus weiter: erst durch eine Allee aus knorrigen alten Mehlbeerbäumen, dann am Berghang entlang mit herrlichem Ausblick über das Heufeld bis zur Wallfahrtskapelle St. Anna auf dem Bergkegel westlich von Salmendingen. Die Mehlbeerbäume sollen nach der Überlieferung von Brautleuten bei ihrer Hochzeit gepflanzt worden sein.

Der Ort liegt in einer sanften Talmulde. Am südlichen Dorfrand, an der alten Straße von Ringingen nach Burladingen, stand das um 1530 genannte, jedoch 1661 abgegangene *Sankt Jakoben-Käppele auf dem Staig*, das wohl im Verlauf des späten Mittelalters als Andachtsstation für die auf der Hochalb über Ringingen ziehenden Jakobspilger erbaut worden ist. Zur Erinnerung daran wurde 1988 unterhalb der Steige, an der Einmündung der Helschlochstraße in die Bachstraße, neben einem Brunnen der heutige Bildstock mit der Statue des Pilgerpatrons aufgestellt.

Die Pfarrkirche des 799 erstmals urkundlich erwähnten Dorfes hat zwar den hl. Martin als Patron, doch ist auch die Verehrung des hl. Jakobus bezeugt. In der Kirche befindet sich ein interessantes Marienbild. Unter dem von einer Feuer- und Rauchsäule flankierten Bildnis der Gottesmutter Maria mit dem Jesuskind ist eine Pilgerschar bei der Überquerung eines Meeres zu sehen. Dargestellt ist die Übertragung des Gnadenbildes der Maria vom Guten Rat, das nach der Legende 1427 auf wunderbare Weise von frommen Albanern über das Meer nach Genazzo in Mittelitalien gerettet wurde. Das Motiv der Feuer- und Rauchsäule stammt aus dem Alten Testament (Exodus, 13, 21-22): So wie Gott, der Herr, den Israeliten auf ihrer Flucht aus Ägypten tags in Gestalt einer Rauchsäule und nachts als Feuersäule vorauszog, so folgen die als Jakobspilger dargestellten Personen mit Hilfe der Mutter Gottes auch dem Gnadenbild auf der Flucht vor den Türken trockenen Fußes über das Adriatische Meer. Maler und Entstehungszeit des Bildes waren bisher unbekannt, doch stammt es möglicherweise von Ambrosius Reiser aus Gammertingen (1730–1815), der um 1762 das in Komposition, Stil und Farbe ganz ähnliche Bild der Jungfrau vom Guten Rat auf dem linken Seitenalter der Hochbergkapelle im benachbarten Neufra gemalt hat.

Wer sich in der Umgebung noch ein wenig aufhalten möchte, dem sei ein kleiner Ausflug zur weithin sichtbaren **Salmendinger Kapelle** auf

Die Kornbühlkapelle bei Salmendingen

Die erstmals 1507 erwähnte St. Annakapelle auf dem Kornbühl bei Salmendingen war wohl bereits vor 1651 ein beim Volk beliebter Ort, zu dem vielleicht schon vor diesem Zeitpunkt jährlich mehrere Prozessionen führten, wie sie für die spätere Zeit belegbar sind. Im 18. Jh. predigten dort Franziskaner von St. Luzen in Hechingen. Als Wallfahrtskapelle wird St. Anna 1737 bezeichnet. Ein Kreuzweg wurde 1886/87 errichtet, der vom Fuß des Bergkegels zur Kapelle führt. Der Altar in der Kapelle datiert vermutlich vom Ende des 17. Jh. ebenso wie die Plastiken (Hl. Anna Selbdritt, Hl. Wendelin, Hl. Veronika). Eine stehende Muttergottes mit dem Kind auf der Mondsichel stammt aus der Zeit um 1600 und wurde evtl. von Joachim Taubenschmid geschaffen. Bereits vor 1706 bestand ein Bruder- oder Mesnerhäuschen bei der Kapelle, das von einem Eremiten, dem sogenannten Kornbühlbruder, bewohnt wurde. Bis 1818, als der letzte Eremit starb, sind mehrere Einsiedler namentlich belegt. 1807 gingen Kapelle und Bruderhäuschen in den Besitz der Gemeinde Salmendingen über. Nach 1818 bewohnten Laien als Kornbühlmesner das Bruderhaus. 1872 wurde es abgebrochen. *AZ*

Blick von der Kornbühlkapelle

dem 886 m hohen Kornbühl ca. 4 km nördlich von Ringingen auf dem unterhalb der Pfarrkirche beginnenden Wanderweg empfohlen. Die Marienkapelle mit ihrer herrlichen Deckenausmalung von F. F. Dent am nördlichen Dorfausgang von Ringingen ist ebenfalls sehenswert.

Wir verlassen Ringingen durch die Staige, biegen auf der Anhöhe nach rechts ein in die sogenannte Heerstraße, die heutige Kreisstraße 7161 nach Burladingen, überqueren sie kurz darauf beim Parkplatz unterhalb der Burgruine Hohenringingen und gelangen bald darauf am *Käppele-staig* zu einem Rastplatz, in dessen unmittelbarer Nähe die ehemalige Bernhardskapelle gestanden hat. An ihrer Stelle wurde 1934 der heutige Bildstock mit der Statue des hl. Bernhard von Clairvaux errichtet. Von hier aus sind es bis nach Burladingen 4,5 km. Zwischen dem Bild-

Ehemalige kath. Pfarrkirche St. Georg, Burladingen

stock und Feldkreuz gehen wir den parallel verlaufenden Waldweg zur Kreisstraße 7161 hundert Meter bergauf und biegen dann rechts in den Traufweg ein, der uns mit schönen Ausblicken ins Tiefental direkt nach **Burladingen** führt.

Wir wandern durch den Traufweg und die Ambrosius-Heim-Straße in den Ort hinein, über-

Verklärung Jesu auf dem Berg Tabor. Deckenfresko von Franz Ferdinand Dent (1772), St. Georg, Burladingen

queren die Gleise der Hohenzollerischen Landesbahn, biegen bei der Verkehrsinsel nach links in die Hauptstraße und gelangen nach 200 m durch die Josengasse ins Stadtzentrum von Burladingen. Hinter der Eisdiele geht es durch den alten Dorfkern „Im Gässle" zunächst bis zur ehemaligen kath. Pfarrkirche St. Georg. Die Kirche wird zwar erst 1275 urkundlich erwähnt, gehört aber zu den frühesten, noch in der Zeit der Christianisierung gegründeten Gotteshäusern Südwestdeutschlands und der Zollernalb. Bei einer archäologischen Grabung im Jahre 1982

Burladingen

Der Ort ist 772 anlässlich einer Schenkung an das Kloster Lorsch erstmals erwähnt. Im 12./13. Jh. gehörte er den edelfreien Herren von Burladingen, anschließend den Grafen von Zollern, die ihn zeitweilig verpfändeten. Anfang des 15. Jh. war Burladingen württembergisch, bis es 1473 auf dem Tauschweg endgültig zur Grafschaft Zollern kam und mit ihr 1576 an die Linie Hohenzollern-Hechingen. 1492 errichtete der Augsburger Bischof Friedrich von Zollern ein Jagdschloss bei der St. Georgskirche (1925 abgebrannt). In der 2. Hälfte des 19. Jh. war Burladingen das bevölkerungsstärkste Dorf Hohenzollerns (1890: 1745 Einw.). 1978 wurde Burladingen zur Stadt erhoben.

Sehenswürdigkeiten: Kath. Kirche St. Georg; Römerkastell   *AZ*

wurden die Grundmauern von drei Steinkirchen freigelegt, deren älteste um 700 entstanden ist. Sie war eine kleine Saalkirche von ca. 11,30 x 5,20 m mit eingezogenem rechteckigem Chor. Das heute hauptsächlich als Konzertsaal genutzte Kirchengebäude wurde 1769 unter Einbeziehung romanischer Bauteile von Christian Großbayer im Barockstil erbaut. Die drei Deckengemälde stammen von Franz Ferdinand Dent (1772). Auf dem „Ölberg" im Langhaus und bei der „Verklärung Christi auf dem Berge Tabor" über der Empore ist unter den Jüngern Jesu auch der hl. Jakobus dargestellt. Zu den wertvollen Plastiken (heute im Depot der Kirchengemeinde) gehört auch eine seltene Skulptur des Konstanzer Bistumsheiligen Pelagius.

Herberge

Das Haus am Weg
noch fremd und unbekannt
wartet auf mich.

Ein Zimmer,
das Bett
und ein Platz für meine Sachen,
etwas Wärme und Sauberkeit.

Wichtig –
ein Mensch, der mich begrüßt
und einen „guten Weg" wünscht,
wenn ich gehe.

Ort der Geborgenheit
für eine Nacht.

JK

2. Etappe: Burladingen – Veringenstadt 19,8 km

Gammertingen:
Bürger- und Tourismusbüro, Hohenzollernstr. 5, 72501 Gammertingen,
Tel.: 07574-406-35 oder 36, e-mail: buergerbuero@gammertingen.de
Hettingen:
Stadt Hettingen, Schloss, 72513 Hettingen, Tel.: 07574-9310-0;
e-mail: info@hettingen.de; Kath. Pfarramt St. Martin 07574-2208;
Hermentingen (Teilort von Veringenstadt)
Neufra:
Gemeindeverwaltung Neufra, Im Oberdorf 41, 72419, Tel.: 07574-9310-0;
e-mail: info@neufra.de
Veringenstadt:
Stadtverwaltung, Im Städtle 116, 72519 Veringenstadt,
Tel.: 07577-930-0, e-mail: info@veringenstadt.de

„Beim Schlössle", an der Stelle des ehem. Jagdschlosses der Grafen von Zollern gegenüber der Georgskirche, geht's weiter. Wir überqueren die Straße Zur Fehlabrücke, gehen bis zur Spedition Barth am Ortsende und wandern von hier aus auf einem asphaltierten Rad- und Wanderweg meist neben der Bahnlinie und der jungen Fehla nach **Gauselfingen**.

Wir passieren den Ort durch die Recksteinstraße und wandern auf dem Fahrradweg teilweise am Wald entlang talwärts nach Neufra. Auf den bewaldeten Höhen standen einst mehrere Ritterburgen. Etwa 3 km vor Neufra führt ein kurzer Anstieg zur Burgruine Vorder- und Unterlichtenstein, von der jedoch nur noch wenige Mauerreste zu sehen sind.
Nach etwa einer Stunde erreichen wir den im idyllischen Talgrund gelegenen Ort Neufra.

Gauselfingen
Der im Jahre 722 erstmals erwähnte Ort wurde 1478/1482 von den Grafen von Zollern erworben. Er gehörte danach zur Grafschaft Zollern (ab 1576 Hohenzollern-Hechingen; ab 1850 preuß. Oberamt, 1925 Lkr. Hechingen). Die Eingemeindung nach Burladingen erfolgte 1974. Die kath. Filialkirche St. Peter und Paul wurde am 29. Okt. 1967 geweiht.   *AZ*

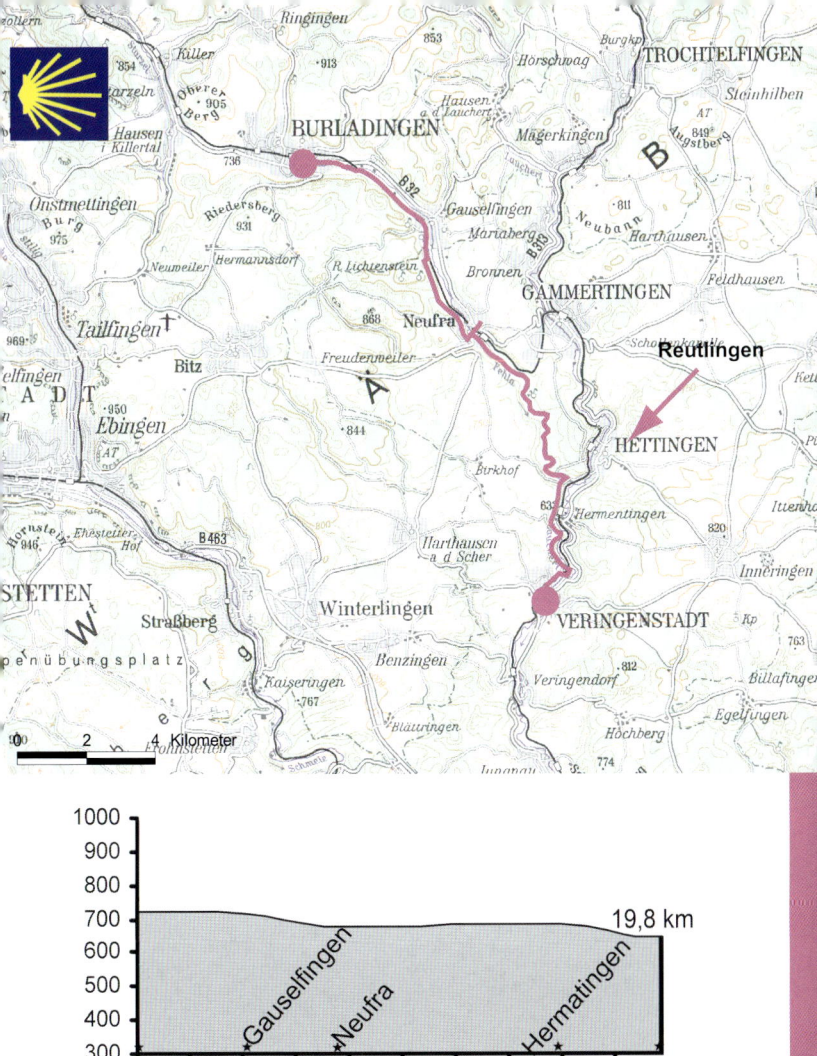

Mitten im Dorf erhebt sich die neugotische Pfarrkirche St. Mauritius von 1860/62, in der einige reich verzierte Grabmale der ehemaligen Orts- herren von Neufra, der Speth von Zwiefalten, aus der mittelalterlichen Kirche und Grablege mit teilweise sinnigen und humorvollen Inschriften aufgestellt sind. Am Südrand des Dorfes lädt die 1591 errichtete Mutter- gotteskapelle zum Verweilen ein. Das nach außen schlicht erscheinende spätgotische Kirchlein mit den ornamentierten Bodenfliesen aus der Bau- zeit überrascht uns mit seiner reichen Ausstattung. Am eindrucksvollsten ist der Hochaltar mit der Darstellung der Heiligen Dreifaltigkeit (Gnaden- stuhl) von 1592 aus dem Umkreis des Überlinger Bildhauers Hans Ulrich

Neufra

Das um 1138 erstmals erwähnte Neufra ist im Spätmittelalter herrschaftlich zweigeteilt. Seit 1447 und endgültig 1474 teilte der bevölkerungsreiche Ort das Schicksal der Herrschaft Gammertingen-Hettingen, zuletzt seit 1524 für 300 Jahre unter dem ritterschaftlichen Geschlecht der Speth von Zwiefalten, die in

Das „Schlössle" in Neufra

der frühen Neuzeit in Neufra zeitweilig mit einer eigenen Linie vertreten sind und 1690 im Dorf ein Schlössle errichten. Mit der Mediatisierung der Reichsritterschaft geht Neufra 1806 an den Fürsten von Hohenzollern-Sigmaringen über. Nach dem Anschluss an die hohenzoller. Landesbahn 1907/08 wandelt sich Neufra mit der Ansiedlung v.a. von Textilbetrieben zur Industriegemeinde.

Sehenswürdigkeiten: Kath. Pfarrkirche St. Mauritius, Schlössle, Marienkapelle, Hochbergkapelle, Burgruine Vorder- und Hinterlichtenstein   *EEW*

Sankt Jakobus als Pilger. Fresko (um 1600) in der Muttergotteskapelle, Neufra

Glöckler. Über dem rechten Seitenaltar grüßt der Hirten- und Pilgerpatron St. Wendelin. Auf dem Apostelfresko über der Westempore ist auch der hl. Jakobus mit Pelerine, Stab und Rosenkranz als Jakobspilger dargestellt. Östlich des Dorfes führt ein 1866 errichteter Stationenweg von der Alten Steige zur malerisch gelegenen Wallfahrtskapelle auf dem Hochberg.

In einigen Bildern des Barockheiligtums wird auf das Motiv der Pilgerschaft hingewiesen: In der Lünette des rechten Seiten-

Hochbergkapelle Neufra

Die Hochbergkapelle ist eine Votivgabe der Neufraer Bevölkerung. Sie wurde 1751 nach vierzehn schweren Hageljahren erbaut und 1762 konsekriert. Der Hochaltar wurde zu Ehren des Hl. Kreuzes geweiht, der linke Seitenaltar zu Ehren der seligen Jungfrau Maria

Hochbergkapelle, Neufra

vom guten Rat und der rechte Seitenaltar zu Ehren der volkstümlichen Bauernheiligen Eulogius und Wendelin sowie anderen Heiligen. Die barocke Kreuzigungsgruppe befindet sich heute aus Sicherheitsgründen in der Neufraer Pfarrkirche. Die Hochbergkapelle gehörte zu den wenigen Gnadenorten in Baden-Württemberg mit einer Heilig-Kreuz-Wallfahrt, die vor allem im 19. Jh., nicht zuletzt durch eine Reihe von echter Frömmigkeit beseelter Geistlicher, ihren Höhepunkt hatte. Über 200 Jahre blieb die Kapelle ein bedeutender Wallfahrtsort, wovon bis heute zahlreiche volkstümliche Votivbilder zeugen.   *EEW*

Idyllische Landschaft mit dem hl. Wendelin im Kreis seiner Herde, Hochbergkapelle, Neufra

Pilger im Gnadenbild der Maria vom Guten Rat, Hochbergkapelle, Neufra

altars ist eine idyllische Landschaft mit dem hl. Wendelin im Kreis seiner Herde abgebildet. Der linke Seitenaltar zeigt oben das Gnadenbild der Maria vom Guten Rat und darunter – wie in Ringingen – die legendäre Übertragung des Marienbildes nach Genazzo über das Mittelmeer.

Wieder zurück, verlassen wir das Dorf durch die Bahnhofstraße, gehen am Friedhof und Klärwerk vorbei und wandern etwa eine Stunde an der Fehla entlang, die sich in zahlreichen Windungen durch das stille unberührte Wiesental schlängelt. Nach etwa 2 km führt eine Abzweigung des Wanderweges mit dem Zeichen der gelben Gabel zur Burgruine Baldenstein und nach Gammertingen. Wir folgen jedoch der gelben Jakobsmuschel auf blauem Grund und erreichen nach 8 km unterhalb der Albforellen-Fischzuchtanlage das Ende des Tals.

Hier, unweit der Einmündung der Fehla in die Lauchert, stößt der Hohenzollerische Jakobsweg auf den von Reutlingen kommenden Jakobsweg, der entlang der heutigen Bundesstraße 312 bzw. 313 über die Alb Richtung Bodensee führt. Mehrere Kultindizien weisen auf eine Pilgerroute hin. In der Stadtkirche von **Reutlingen** finden wir

Landschaft an der Fehla

den hl. Jakobus als Altarpatron. An der Landstraße zwischen Groß-
engstingen und Trochtelfingen, direkt auf der Grenze zwischen Württemberg und Hohenzollern, steht die kleine, von den Grafen von Werdenberg erbaute, gotische **Haidkapelle**. Sie wurde 1474 zu Ehren der
Gottesmutter Maria geweiht und war sicherlich auch als Andachtsstation für Jakobspilger auf ihrer beschwerlichen Wallfahrt gedacht. Zu
ihrer Ausstattung gehört u. a. eine Statue des hl. Jakobus, die den Apostel mit Buch und Pilgerstab zeigt. Weitere Kultbelege finden sich in
Trochtelfingen, Gammertingen und Hettingen. In der Pfarrkirche von
Trochtelfingen haben wir einen Jakobusaltar (1417), eine Jakobuspfründe (1421) und eine Jakobuskaplanei (1533). In **Gammertingen**
wurde der zweite große Pilgerheilige, St. Jodok, als Altarpatron ver-

Gammertingen

Gammertingen ist eine der ältesten Siedlungen im Landkreis Sigmaringen. Im
Hochmittelalter erscheint das 1101 erstmals genannte, links der Lauchert um die
Pfarrkirche St. Leodegar gelegene Dorf
Gammertingen im Besitz verschiedener
Hochadelsgeschlechter, darunter der
Grafen von Gammertingen. Die Gründung der Stadt jenseits der Lauchert geht
nach neueren Forschungen auf die Grafen von Veringen in der zweiten Hälfte
des 13. Jh. zurück. Nach deren Niedergang und Aussterben zu Beginn des 15.
Jh. gehen Gammertingen und die damit
verbundene Herrschaft Gammertingen-
Hettingen in rascher Folge an die Herren

Stadtpfarrkirche St. Leodegar,
Gammertingen

von Rechberg, Württemberg und die Herren von Bubenhofen über,
1524 für mehr als 300 Jahre an die Niederadelsfamilie Speth von
Zwiefalten. Neben der stets dominanten Ortsherrschaft erfährt das
Ackerbürgerstädtchen eine nur bescheidene gewerbliche und kom-
munale Entwicklung. Mit der Mediatisierung der Reichsritterschaft
erfolgt 1806 der Übergang an Hohenzollern-Sigmaringen, der verblie-
bene Speth'sche Feudal- und Eigenbesitz gelangt 1827 durch Kauf an
den Sigmaringer Fürsten.
Sehenswürdigkeiten: Ehem. Speth'sches Schloss (heute Rathaus), kath. Pfarrkirche St. Leodegar, Michaelskapelle   *EEW*

Schloss Hettingen

Hettingen

Hettingen ist das Musterbeispiel einer Adelsresidenz, die ihrer Funktion als Herrschaftssitz nahezu alles verdankt. Neben dem um 1135 erstmals genannten Dorf Hettingen entsteht im Anschluss an die 1267 belegte Burg eine Burgsiedlung, die erst 1407 als Stadt Erwähnung findet und in Spätmittelalter und Frühneuzeit über den Status einer quasidörflichen Niederlassung mit kleinbäuerlicher Wirtschaftsverfassung, feudaler Abhängigkeit und eingeschränkter kommunaler Autonomie nicht hinausfindet. Die dynamischen Impulse setzen die dominierenden Stadtherren: Die Grafen von Veringen im 13. und 14. Jh. mit dem Ausbau der wehrhaften Burg nebst Schild- und talwärts ziehenden Flügelmauern, die Herren von Bubenhofen Ende des 15. Jh. mit der Errichtung einer bau- und kunstgeschichtlich bedeutenden Stiftskirche und Grablege, die 300 Jahre lang von 1524 bis 1827 die Ortsherrschaft ausübenden Herren Speth von Zwiefalten mit dem barocken Ausbau des Schlosses. 1806 geht Hettingen an Hohenzollern-Sigmaringen über und regrediert nach dem Verlust der Herrschafts- und Verwaltungsfunktionen zur dörflichen Handwerker- und Kleinbauernsiedlung.

Sehenswürdigkeiten: Kath. Pfarrkirche St. Martin, Schloss, Sebastianskapelle, Marienkapelle   *EEW*

Gallusquelle in Hermentingen

ehrt (1439) und in **Hettingen** ist die Verehrung des hl. Jakobus sowohl durch einen Altartitel (1518) in der Stadtpfarrkirche als auch durch ein Wandbild und eine Statue aus der Barockzeit in der hoch über dem Städtchen gelegenen Sebastianskapelle bezeugt. Rechts der Lauchert, zwischen Mägerkingen und Bronnen, befindet sich das ehemalige Kloster Mariaberg, aus dem jedoch keine Kulthinweise zum hl. Jakobus überliefert sind.

Nach einem kurzen Stück auf geteerter Straße überqueren wir nach der Fischzuchtanlage die Fehla und biegen nach etwa 200 m links in einen gut geschotterten Radwanderweg ein, der neben der Bahnlinie und Lauchert nach **Hermentingen** führt.
Wir erreichen nach etwas mehr als einem Kilometer den idyllischen Ort und besuchen die am Berghang gelegene Galluskirche.
Das Dorf wird 1138, die Pfarrkirche 1275 erstmals erwähnt, doch weist das Patrozinium des hl. Gallus auf ein wesentlich älteres Gotteshaus hin. Das heutige wohl im 15. Jh. erbaute Gotteshaus mit seinen pastellfarbenen, spätgotischen Wandmalereien und dem dunklen Kirchengestühl strahlt große Ruhe aus. Die Fresken stammen aus dem 14. und 15. Jh. An der Chorsüdwand erkennt man Szenen aus der Kindheitsgeschichte Jesu, darunter u. a. die Höllenfahrt Christi, und im Langhaus eine

Bildfolge mit Szenen aus der Passion. Der barocke Säulenaltar zeigt ein Ölbild der Schmerzensmutter mit dem toten Christus (um 1680). Die Skulptur der der hl. Anna Selbdritt stammt aus der 2. Hälfte des 14. Jh., die der Pietà im barocken Strahlenkranz aus der 2. Hälfte des 15. Jh.

Eine köstliche Erfrischung bietet die Gallusquelle am Ortsausgang. Sie gilt als eine der bedeutendsten Karstquellen Deutschlands und größte Quelle von Hohenzollern, die bis zu 50.000 Menschen mit Trinkwasser versorgt.

Auf dem Radweg geht es weiter. Er führt mit immer neuen Ausblicken auf den verschlungenen Lauf der Lauchert mit ihrem fischreichen, kristallklaren Wasser in einer Stunde nach **Veringenstadt**.

Andacht am Pilgerweg

Worte
der Heiligen Schrift,
am Wegesrand
im Kreis gesprochen.
Leer von liturgischem Glanz
und gewagt
hinein in die Unendlichkeit
der zahllosen Schritte.

Das Amen soll dauern
den ganzen Tag
und ein Leben.

JK

3. Etappe: Veringenstadt – Sigmaringen 13,7 km

Veringendorf (Teilort von Veringenstadt):
Stadtverwaltung, Im Städtle 116, 72519 Veringenstadt,
Tel.: 07577 / 930-0, Fax. 07577 / 1681, info@veringenstadt.de
Jungnau (Teilort von Sigmaringen)
Sigmaringen:
Stadtverwaltung Sigmaringen, Fürst-Wilhelm-Straße 15,
72488 Sigmaringen, Tel.: 07571-106-0; Tourismusbüro U. Sieber,
Tel.: 07571-106-224, tourismus@sigmaringen.de

Bevor wir in die historische Altstadt mit ihren winkligen Gassen und malerischen Fachwerkhäusern gelangen, machen wir einen kleinen Abstecher zur **Wallfahrtskirche Maria Deutstetten**, etwa 800 m nördlich von Veringenstadt.

Wallfahrtskirche Maria Deutstetten in Veringenstadt

Wallfahrtskirche Maria Deutstetten

Eine erste Kapelle wird hier bereits 1250 urkundlich genannt. Sie ist den Heiligen Erhard und Walburga geweiht. Anfang des 15. Jh. entsteht ein zweiter Bau als Wallfahrtskirche. Nach dem Erlöschen des Ortes Deutstetten zu Anfang des 16. Jh. fallen die Pfarrrechte an die Mutterpfarrei Veringendorf. Erst im Jahre 1821 wird Veringenstadt eigenständige Pfarrei. Die heutige Barockkirche, ein einfacher Saalbau mit stark eingezogenem Chor, errichtet man 1751. Auf dem um 1730 geschaffenen Hauptaltar steht das Gnadenbild, eine wohl Ende des 15. Jh. geschnitzte spätgotische Pietà. Nach einer Errettung des Ortes Veringenstadt aus einem Hochwasser beginnt vermutlich im Februar 1417 die Wallfahrt. Im 18. Jh. und in der 1. Hälfte des 19. Jh. erreicht sie eine Blüte, von der die noch erhaltenen mehr als 50 Votivtafeln aus dem Zeitraum von 1713 bis 1830 eindrucksvoll Zeugnis ablegen. *EEW*

Beim Betreten des schlichten einschiffigen Kirchenraumes fallen die prächtigen Barockaltäre vom Anfang des 18. Jh. und die zahlreichen Votivbilder ins Auge. Hinweise auf den Apostel Jakobus gibt es nicht. Dafür entdeckt der Pilger aber an der Nordwand ein ehemaliges Altarblatt mit dem Bildnis des berühmten Reichenauer Mönchs und Gelehrten Hermanns des Lahmen unter der Madonna (1. Viertel 18. Jh.).

Hermann der Lahme (Hermannus Contractus)

Hermann von Reichenau wurde am 18. Juli 1013 als Sohn der Grafen von Altshausen geboren. Er litt seit frühester Kindheit an einer spasti-

Veringenstadt

Veringenstadt

Die 1251 erstmals genannte Stadt entwickelt sich aus der Burgsiedlung unterhalb der ausgedehnten Burganlage, die die Grafen von
Veringen im 12. Jh. als Herrschaftssitz auf dem Bergsporn über dem
Laucherttal erbauen. Die Nennung eines Schultheißen 1251 und
von „cives" (Bürger) 1274 sowie die Verleihung des Marktprivilegs
1285 verweist auf eine von den Veringer Grafen geförderte frühe
und erfolgreiche Stadtentwicklung, die indessen nach dem Übergang von Stadt und Grafschaft an Habsburg 1291 im 14. und 15.
Jh. zunehmend stagniert. Als Hauptort der österreichisch lehenba-
ren und landsässigen Grafschaft Veringen untersteht das Ackerbürgerstädtchen seit 1535 der Ortsherrschaft der Grafen und späteren
Fürsten von Hohenzollern-Sigmaringen.

Sehenswürdigkeiten: Burganlage, St. Nikolauskirche, Petrus-
kapelle, Got. Rathaus, Strübhaus, Heimatmuseum, Göpfelstein-
höhle, Mühlberghöhle   *EEW*

schen Lähmung, weshalb er nur schwer verständlich sprechen konnte
und zeitlebens an den Tragstuhl gefesselt war. Mit sieben Jahren wurde
er dem Kloster Reichenau übergeben. Hier entwickelte er sich trotz seiner Behinderung zu einem hervorragenden Lehrer, bedeutenden
Gelehrten und universellen Schriftsteller. Er war Astronom und Mathe-
matiker, konstruierte unter anderem ein Astrolabium, verfasste ein Lehr-
buch der Musik, schrieb hagiographische und liturgische Werke, schuf
eine Neubearbeitung des Martyrologs Notkers von St. Gallen und eine

Blick von der Burgruine Veringen ins Laucherttal

von der Geburt Christi bis 1054 reichende Weltgeschichte. Zu seinen lyrischen Gedichten gehören die Mariensequenz „Ave praeclara maris stella" und das „Salve regina". Hermann starb am 24. September 1054 und wurde in der Familiengrablege zu Altshausen bestattet.

Durch die Deutstetter Straße kommen wir in die denkmalgeschützte Stadt, die wohl im 13. Jh. von den Grafen von Veringen im Schutz ihrer Burg angelegt worden ist.

Beim Strübhaus, einem um 1500 entstandenen Fachwerkbau, in dem die unter dem Namen der sog. Meister von Meßkirch, Sigmaringen und Veringen, bekannte Künsterfamilie Strüb gelebt und gearbeitet hat, gehen wir zur Nikolauskirche und Burganlage hinauf („Am Kirchberg"). Die heutige kath. Stadtpfarrkirche wurde 1821 zur Pfarrei erhoben und 1862 in neugotischem Stil erbaut. Von der 1316 erstmals erwähnten St. Nikolauskapelle sind lediglich der spätromanische Turmstumpf und das Rundbogenportal erhalten geblieben. Oben auf dem Bergsporn genießt man einen herrlichen Rundblick über das von der Lauchert umschlungene Städtchen und das von wild zerklüfteten Karstfelsen flankierte romantische Tal. Wir betreten die Burganlage durch einen Torbogen aus mächtigen Bossenquadern. Südlich des Turmstumpfes steht die schlichte **Peterskapelle**, in der auch einige Hinweise auf die Verehrung des hl. Jakobus zu finden sind.

Krönung Mariens durch die Hl. Dreifaltigkeit. Wandmalerei von Hans und Jakob Strüb (1535), Peterskapelle, Veringenstadt

Im Gewölbe der Konche ist die von musizierenden Engeln, den Aposteln, Propheten und Vierzehn Nothelfern begleitete Krönung Mariens durch die Hl. Dreifaltigkeit dargestellt. Unter den Brustbildern der Zwölf Apostel im blassgrauen Wolkenkranz, der die majestätische Krönungszeremonie umschwebt, ist auch der hl. Jakobus als Jakobspilger zu sehen. Hans und Jakob Strüb haben laut Inschrift 1515 das Wandbild gemalt. Die Skulpturengruppe stellt vor spätgotischer Hintermalung Jesus mit seinen drei Jüngern Petrus, Jakobus und Johannes im Garten Gethsemane dar. Jesus kniet mit emporgerichtetem Blick und gefalteten Händen, die drei Jünger in der Felsnische wirken in Schlaf versunken und teilnahmslos. Im Hintergrund übersteigt Judas mit den Häschern einen geflochtenen Weidenzaun, um Jesus zu verhaften.

Brückenfigur „Neandertaler", Veringenstadt

Im Städtchen verdienen besonders das Rathaus als ältestes Rathaus von Hohenzollern mit dem Heimatmuseum und das spätgotische Spitalgebäude unsere Auf-

Kath. Pfarrkirche St. Michael, Veringendorf

Veringendorf

Das 1238 erstmals genannte Veringendorf geht nach 1120 an die Grafen von Altshausen über, die seit 1134/37 als Grafen von Veringen auftreten und die Burg Veringen anlegen. Veringendorf teilt das Schicksal der Grafschaft Veringen mit dem Übergang 1291 an die Habsburger und nachfolgenden vielfachen Verpfändungen des österreichischen Lehens, zuletzt 1535 an die Grafen von Zollern. Mit der an der Lauchert gelegenen zweitürmigen Pfarrkirche St. Michael besitzt Veringendorf ein herausragendes Kulturdenkmal.

EEW

merksamkeit, in dem 1429 eine „Bruderschaft zur gegenseitigen Hilfe in Not" gegründet wurde. Hier hat vielleicht auch mancher Jakobspilger eine vorübergehende Bleibe gefunden.

An der Lauchertbrücke verabschiedet uns die Skulptur des Neandertalers (100.000–60.000 v. Chr.), dessen Spuren in zahlreichen Höhlen der Jurafelsen entdeckt worden sind. Wenige Meter nach Ortsende biegen wir auf einer kleinen Brücke rechts ab, unterqueren die B 32 und wandern mal links, mal rechts der hohenzollerischen Bahnlinie durch die weite Talmulde nach **Veringendorf**.

Wir überqueren beim Bahnhof zunächst die stark befahrene B 32, gehen gleich darauf beim Rathaus links über die Lauchertbrücke ins Oberdorf und gelangen auf der Oberdorf- und Kirchstraße zur Pfarrkirche St. Michael, die die Dächer des beschaulichen Dorfes wie ein Wahrzeichen

Sankt Jakobus als Pilger auf dem Antependium des nördlichen Seitenaltars, St. Michael, Veringendorf (18. Jh.)

weithin überragt. Unterwegs stoßen wir auf den mit einer spitzen Haube bekrönten Nepomukturm, an dessen Stelle im Jahre 1640 die im Oberdorf wütende Pest aufgehört haben soll.

Das auf einem Hügel über der Lauchert inmitten eines Friedhofs stehende Gotteshaus wurde Anfang des 11. Jh. als dreischiffige Pfeilerbasilika erbaut. Von der romanischen Kirche sind noch die dreiapsidiale Choranlage und die Türme über den Nebenchören erhalten. Anfang des 14. Jh. wurde die Mittelapside abgebrochen und ein fast quadratischer Chor angefügt. 1723 erfolgte der Abbruch des romanischen Langhauses und der Neubau der heutigen einschiffigen Saalkirche mit den zwei kreuzförmig angelegten Seitenkapellen. Die Atmosphäre des Innenraums wird „vom Kontrast zwischen dem romanisch-gotischen Ostteilen und dem hellen weiten Schiff aus der Barockzeit bestimmt" (Dehio). Von der Ausstattung

Christus in der Mandorla im Kreis der vier Evangelistensymbole. Fresko im Chorgewölbe, St. Michael, Veringendorf (um 1330)

der St. Michaelskirche sind der um 1100 entstandene Taufstein, das monumentale Triumphkreuz mit der hoheitsvollen Gestalt Christi aus der Mitte des 13. Jh., vor allem aber die eindrucksvollen, 1320/30 entstandenen Fresken im tonnenüberwölbten Presbyterium bemerkenswert. In den Bildzonen sind unter anderem Szenen aus dem Leben Jesu, die Zwölf Apostel, allegorische Gestalten, Reste eines Schöpfungsbildes und Heiligenmartyrien dargestellt. Auf dem unteren Fries ist wieder Hermann der Lahme abgebildet. Der Reichenauer Gelehrte kniet mit betend erhobenen Händen vor der Himmelskönigin und bringt ihr das „Salve Regina" dar.

Fresken im Chor der Pfarrkirche St. Michael (1330), Veringendorf

Veringendorf ist ein Ort mit einer sehr alten und intensiven Jakobusverehrung. 1440 wird erstmals ein Jakobusaltar mit einer Jakobuspfründe, 1444 eine Jakobuspflegschaft, 1515 ein Altar der Gottesmutter Maria und des hl. Jakobus und 1697 eine Jakobuskapelle erwähnt, die möglicherweise in der Aufklärungszeit abgegangen ist. Auch ikonographisch ist der Kult des Apostels belegt. Aus der Zeit um 1730 stammt eine inzwischen leider verschwundene Apostelstatue in Pilgertracht. Doch nicht alle Spuren sind verloren gegangen: Auf dem Antependium des nördlichen Seitenalters befindet sich in einem von zwei üppigen Blumenvasen umrahmten Medaillon eine Abbildung des Heiligen in typischer Pilgertracht. Sie erinnert noch heute daran, dass Veringendorf einst Zwischenstation vieler Jakobspilger im Laucherttal und Stätte einer weit ins Mittelalter zurückreichenden Jakobusverehrung gewesen ist.

Wir verlassen das alte Pfarrdorf durch die Hochbergstraße, biegen nach 1 km in einer Linkskurve rechts ab und gelangen auf dem zuerst links, dann rechts der Eisenbahnlinie entlang führenden Wanderweg in ca. einer halben Stunde nach **Jungnau**.
Schon von weitem ist der mächtige Bergfried neben der St. Annakirche auf dem ehemaligen Burghügel zu erkennen, der sich wie eine Insel aus

Blick auf Jungnau im Laucherttal

Jungnau

Das Gebiet der späteren, 1333 erstmals genannten Siedlung Jungnau ist im 13. Jh. als Lehen der Herrschaft Gammertingen im Besitz der Herren von Schiltau. 1316 erfolgt der Verkauf des Schiltauer Besitzes an die Herren von Jungingen, die unweit der Schiltau eine zweite Burg errichten und von Jungingen ihren Stammsitz sowie ihren Namen auf den neuen Herrschaftssitz übertragen. 1367 erwerben die Herren Reischach die Herrschaft Jungnau mit den Burgen Jungnau und Schiltau und bauen die mittlerweile gewachsene Burgsiedlung zu einem „Städtlein" und zum Mittelpunkt einer Herrschaft von zehn Dörfern und Weilern aus. 1418 erfolgt der Übergang an die Grafen von Werdenberg, nach deren Aussterben 1534 an die Grafen von Fürstenberg, die in der zum Schloss ausgebauten Burg ein Obervogteiamt für ihren Besitz an Lauchert und Donau einrichten. 1806 kommt Jungnau unter die Landeshoheit von Hohenzollern-Sigmaringen.

Sehenswürdigkeiten: Bergfried der Burg Jungnau, Kath. Pfarrkirche St. Anna   *EEW*

dem unteren Laucherttal erhebt. Nur 80 m südlich stand einst eine weitere Burganlage, die schon um 1200 erwähnte Burg Schiltau. Während Burg Schiltau wahrscheinlich schon im 15. Jh. verfiel, wurde der auch als „Schlössle" bezeichnete Burgsitz der Junginger erst 1842 beim Neubau des Schulhauses teilweise abgerissen. Auf einer noch kurz zuvor, um 1830 entstandenen Aquatinta-Radierung von W. Scheuchzer, ist die ehemalige Burganlage noch gut zu erkennen. Die heutige von einem achteckigen Dachreiter mit Zwiebelhaube bekrönte Pfarrkirche ist aus der 1433 erstmals erwähnten Burgkapelle hervorgegangen. Sie wurde 1738 unter der Leitung des Fürstlich Fürstenbergischen Hofbaumeisters Georg Brix aus Meßkirch im Barockstil erbaut. Von der Innenausstattung sind das Fürstenberg-Sulz'sche Allianzwappen an der Chorbrüstung, die Kanzel und beiden Seitenaltäre (Sebastian und Pietà) besonders bemerkenswert, in deren Aufsatz Sankt Rochus und Wendelin in Pilgertracht zu sehen sind.

Auf der südlichen Talseite geht es weiter nach **Sigmaringen**. Wir überqueren die B 32, gelangen in die Paradiesgasse und gehen links die steil ansteigende Scheibenbergstraße hinauf, die dem Verlauf einer alten Römerstraße folgt. Die drei Pestkreuze auf der Anhöhe wurden von Ferdinand Wittner auf Wunsch seiner sterbenden Mutter zur Erinnerung an seine Wallfahrt ins Heilige Land 1895 gestiftet und 1947 und 1981 renoviert. Zunächst wandern wir am Talhang entlang, halten uns bei der nächsten Weggabelung links und bleiben dann auf dem gut befestigten Radwanderweg, der erst durch die Talaue, dann, leicht ansteigend, durch hohen Tannenwald führt. Nach etwa 4 km unterqueren wir die B 32, schwenken gleich darauf nach links und gelangen unweit des Verkehrskreisels zu einer Gaststätte. Hier biegen wir rechts ab und gehen auf dem Fürstensträßle durch ein idyllisches Wiesental, wo in der Ferne das Erzbischöfliche Kinderheim Haus Nazareth am nördlichen Stadtrand von Sigmaringen zu erkennen ist. Kurz vor der Unterquerung der B 32, am Eingang zum Antoniustäle, stoßen wir rechts auf eine mit Blumen

Ansicht von Schloss Sigmaringen

Sigmaringen

Das 1077 erstmals genannte Sigmaringen geht auf eine Burg zurück, die ein in Sigmaringendorf ansässiges Hochadelsgeschlecht in der zweiten Hälfte des 11. Jh. donauaufwärts auf einem strategisch günstig gelegenen Felssporn anlegte. Aus der Burgsiedlung erwuchs in der zweiten Hälfte des 13. Jh. eine planmäßig angelegte Stadt, die bis in das 19. Jh. auf dem Stand einer bescheidenen Ackerbürgersiedlung ohne nennenswertes Gewerbe und Handel verharrte. Auf den Übergang der Herrschaft an die Habsburger um 1290 folgten Verpfändungen von Burg, Stadt und der damit verbundenen Herrschaft (seit 1460 Grafschaft) u. a. 1323 an Württemberg und von diesem 1399 an die Grafen von Werdenberg. Nach deren Aussterben werden Stadt und Grafschaft Sigmaringen als österreichisches Lehen an die Grafen von Zollern verliehen, die in der neu erworbenen Residenz im ausgehenden 16. Jh. eine eigene Linie begründen. Nach dem überraschenden Aufstieg der beiden hohenzollerischen Fürstentümer zu souveräner Staatlichkeit 1806 erfolgt durch fürstliche Initiative in den 1840er Jahren der Ausbau Sigmaringens zu einer repräsentativen Residenz- und Landeshauptstadt, die nach dem Übergang an Preußen 1849/50 zum Verwaltungszentrum des neu gebildeten Regierungsbezirks der Hohenzollernschen Lande wird und mit der Anbindung an das Eisenbahnnetz seit 1873 auch wirtschaftliche Impulse, indessen keine Industrialisierung erfährt. Am Ende des 2. Weltkrieges war die Stadt für sechs Monate Sitz der frz. Vichy-Regierung unter Marschall Pétain. Über alle staatlichen und verwaltungsmäßigen Umbrüche hat sich Sigmaringen bis heute den Charakter einer Beamten- und Schulstadt bewahrt.

Sehenswürdigkeiten: Schloss Sigmaringen, Stadtpfarrkirche St. Johannes Ev., Rathausplatz mit Rathaus, Fidelishaus, Ständehaus, Prinzenbau, Runder Turm mit Heimatmuseum, Alter Schlachthof, Leopoldplatz, Josefskapelle, Ehem. Franziskaner-Klosterkirche Hedingen   *EEW*

geschmückte Bildtafel zu Ehren des hl. Antonius von Padua, die von den Sigmaringer Dienstagswanderern im Jahre 2003 restauriert worden ist. Wir unterqueren die B 32, wenden uns nach rechts in die Jungnauer Straße und erreichen nach etwa 100 m bei der Brauerei Zoller Hof mit ihren imposanten Kupferkesseln das Stadtgebiet von Sigmaringen. Durch die Jungnauer Straße und Käppeleswiesen gelangt man an die Donau. Doch bevor wir uns auf dem idyllischen Uferweg nach Laiz begeben, besuchen

Jakobus als Pilger. Altarbild unbekannter Provenienz, Fürstliches Museum Sigmaringen

Jakobus d. Ä. und Johannes Baptista,
Statuen im Flügelaltar der Schlosskapelle
Sigmaringen (um 1530)

wir die vom hoheitsvollen Schlossbau weithin überragte Innenstadt.

Die aus einer kleinen Siedlung im Schutze der Herrenburg herangewachsene heutige Kreisstadt hat ihren Charakter als fürstliche Residenz- und Hauptstadt in der ersten Hälfte des 19. Jh. erhalten, nachdem sich das dank Napoleon souverän gewordene Fürstentum durch die Säkularisation kirchlicher Besitzungen und Mediatisierung adeliger Herrschaften erheblich vergrößert hatte. Doch trotz der enormen Veränderungen hat der Ort immer noch etwas vom Flair eines verwinkelten mittelalterlichen Städtchens bewahrt.

Unser Besuch gilt zuerst der Schlosskapelle und dem Kunstmuseum auf Schloss Sigmaringen mit bedeutenden Werken schwäbischer Meister des 15. und 16. Jh. Aus eigenem Besitz und nach 1800 hinzugewonnenem Säkularisationsgut sind auch einige ikonographische Zeugnisse der Jakobusverehrung aus den hohenzollerischen Landen in die Fürstlichen Sammlungen gelangt, ohne dass ihre Provenienz immer eindeutig geklärt werden kann. Eindrucksvollstes Beispiel ist der um 1530 entstandene Flügelaltar in der Schlosskapelle, in dessen halbkreisförmigen Nischen mit Maßwerkfenstern die Figuren der hll. Jakobus, Johannes Baptista und Judas Thaddäus aufgestellt sind. Jakobus und Johannes sind auch auf der linken Innenseite eines Altarflügels vom Anfang des 16. Jh. im Fürstlichen Museum zu sehen. Sie erscheinen unter vergoldetem Rankenwerk auf goldgemustertem Hintergrund. Das Tafelbild gehört zu einem Altarschrein unbekannter Herkunft. Die beiden Flügel und die Predella mit der Darstellung des auferstandenen Christus im Kreise der elf Apostel stammen aus dem Augustinerchorfrauenkloster Inzigkofen.

Die um 1500 datierte Jakobusstatue in der Hauskapelle des Erzbischöflichen Kinderheims Nazareth weist ebenfalls nach Inzigkofen hin. Sie

Die verhinderte Wallfahrt zum Heiligen Fidelis von Sigmaringen

Die Ausbildung einer Fideliswallfahrt wurde durch die 1770 einsetzende kirchliche Aufklärung gegen die überkommenen barocken Formen der Heiligenverehrung verhindert. Die Fidelisverehrung konnte jedoch unter dem Schutze des Fürstl. Hauses Hohenzollern überleben. Die Fürsten Karl Friedrich (1769–1785) und Anton Aloys (1785–1831) verpflichteten zur Feier des Fidelisfestes am 24. April in Sankt Johann jeweils berühmte Kanzelredner ihrer Zeit. Die Säkularfeier der Kanonisation des Landespatrons wurde 1846 auf obrigkeitliche Anordnung in allen Pfarreien des Fürstentums Hohenzollern-Sigmaringen feierlich begangen. Die Verehrung des hl. Fidelis erfuhr durch die Erneuerung der Kirche in der zweiten Hälfte des 19. Jh. mächtigen Auftrieb, aus dem sich jeweils am Fidelisfest prächtige Prozessionen zu Ehren des Stadtheiligen entwickeln sollten. Trotz alledem kam es auch diesmal nicht zur Ausbildung einer Fideliswallfahrt.

FEW

Wiege des hl. Fidelis in der Stadtpfarrkirche St. Johann, Sigmaringen

zeigt den Apostel lediglich mit Wanderstab auf einem Felssockel. Die reiche Ausstattung des 1869 erbauten neugotischen Gotteshauses mit spätgotischen Heiligenfiguren wurde wahrscheinlich durch den Gründer des Waisenhauses, Thomas Geiselhart (1811–1891), vermittelt, der der letzte Beichtvater der Chorfrauen gewesen ist.

An der Ecke Wilhelm- und Fidelisstraße steht das Fidelishaus. Nach der Tradition soll hier der hl. Fidelis, der erste Märtyrer des Kapuzinerordens und wohl „berühmteste Sohn Sigmaringens" (Manfred Hermann), im Jahre 1577 geboren worden sein, der 1622 beim Versuch der Rekatholisierung Graubündens in Seewies, nördlich von Chur, von kalvinistischen Bauern erschlagen wurde. Die kleine, 1856 eingerichtete Kapelle wird auch von Wallfahrern aufgesucht. Zur Ausstattung der Kapelle zählen auch einige Apostelbilder (Öl auf Holz). Unter ihnen befindet sich eine Darstellung der hll. Jakobus und Thomas aus dem Anfang des 16. Jh.

Zum Abschluss unseres Aufenthaltes besuchen wir die auf halber Höhe zwischen Schloss und Stadt erbaute Stadtpfarrkirche St. Johannes Evangelist, die ursprünglich eine Burgkapelle und Filiale der Mutterkirche in Laiz gewesen ist.

Das heutige Gotteshaus wurde 1757–1761 als repräsentativer Wallfahrtsort zu Ehren des hl. Fidelis errichtet, nachdem die 1580 erbaute spätgotische Kirche nach seiner Heiligsprechung im Jahre 1746 vermutlich zu klein geworden war. Der Gesamteindruck des Innenraums wird von der reichen und beschwingten Bilder- und Formensprache des Rokoko geprägt. An der Ausstattung haben bedeutende Künstler der Zeit mitgewirkt wie Johann Jakob Schwarzmann (Stuckaturen), Johann Michael Feuchtmayer (Altäre) und Johann Georg Weckenmann (Heiligenfiguren). Die eindrucksvollen Deckengemälde schuf der berühmte Sigmaringer Maler Meinrad von Au. Ihre Thematik verrät noch immer den Geist der Gegenreformation: Die Deckenbilder der Querschiffarme veranschaulichen das Martyrium der hll. Fidelis und Johannes Nepomuk. Auf dem großen Deckenfresko des Langhauses wird die triumphierende Kirche verherrlicht, für die der hl. Fidelis als Märtyrer gestorben ist. Unter den Aposteln auf dem leicht geschwungenen Wolkenkranz ist auch der hl. Jakobus in der für ihn gewohnten Pilgertracht dargestellt. Am Fidelisaltar befindet sich die Fideliswiege, in der nach altem Brauch auch heute noch die neu getauften Kinder gesegnet werden.

Brücke am Weg

Seit vielen Jahren
überspannt sie
das Flüsschen
und die reißende Strömung,
die alte Brücke
vor der Stadt.

Sie ist ein Gleichnis
für das Leben,
eine Brücke des Lebens,
das zu anderen Ufern
unterwegs ist.

JK

4. Etappe: Sigmaringen – Meßkirch 18,8 km

Laiz (Ortsteil von Sigmaringen)
Inzigkofen:
Gemeindeverwaltung Inzigkofen, Ziegelweg 2, 72514 Inzigkofen,
Tel.: 07571-7307-0; e-mail: post@inzigkofen.de; Volkshochschulheim
Inzigkofen e.V., Parkweg 3, 72514 Inzigkofen; e-mail: info@vhs-heim.de
Vilsingen (Ortsteil von Inzigkofen)
Engelswies (Ortsteil von Inzigkofen)
Meßkirch:
Tourist-Information, Schlossstraße 1, 88605 Meßkirch,
Tel.: 07575-206-46; e-mail: info@Messkirch.de

Unser Weg beginnt im Stadtzentrum beim Verkehrsamt. Wir gehen
durch die Fürst-Wilhelm-Straße nach links bis zum Gasthof Bären, gelangen über die dort nach rechts abzweigende Burgstraße zur Brücke über
die Donau und wandern gleich nach der Brücke auf dem direkt am Fluss
entlang führenden Fußweg nach **Laiz.** Schon von weitem grüßt uns die
Pfarrkirche, die sich auf einer steilen Anhöhe nordwestlich des Dorfes
stolz über den alten Ort erhebt. Die Gemarkung ist seit der frühen Bron-
zezeit besiedelt. In einem Grabhügel der Hallstattkultur soll der Sage
nach gar das Grab König Attilas verborgen sein. Unter den Römern besaß
Laiz überregionale Bedeutung, da sich in der Nähe der heutigen Donaubrücke ein alter Flussübergang als Schnittpunkt vier wichtiger Römer-
straßen befand. Römische Guts-
höfe sind nachgewiesen, ein
zur Sicherung der Donaugrenze
angenommenes Grenzkastell
wurde aber bisher noch nicht
entdeckt. Die Pfarrkirche wird
erst 1231 erwähnt, doch geht
ihre Gründung wahrscheinlich
noch in die Zeit der Christianisierung zurück. Aus einer
Klause neben der Kirche ging im
14. Jh. das Kloster der Franziskanerinnen hervor. Steigt man
von Süden den verwinkelten
Treppenaufgang zur Pfarr- und
Wallfahrtskirche St. Peter und

Pfarr- und Wallfahrtskirche Maria Laiz

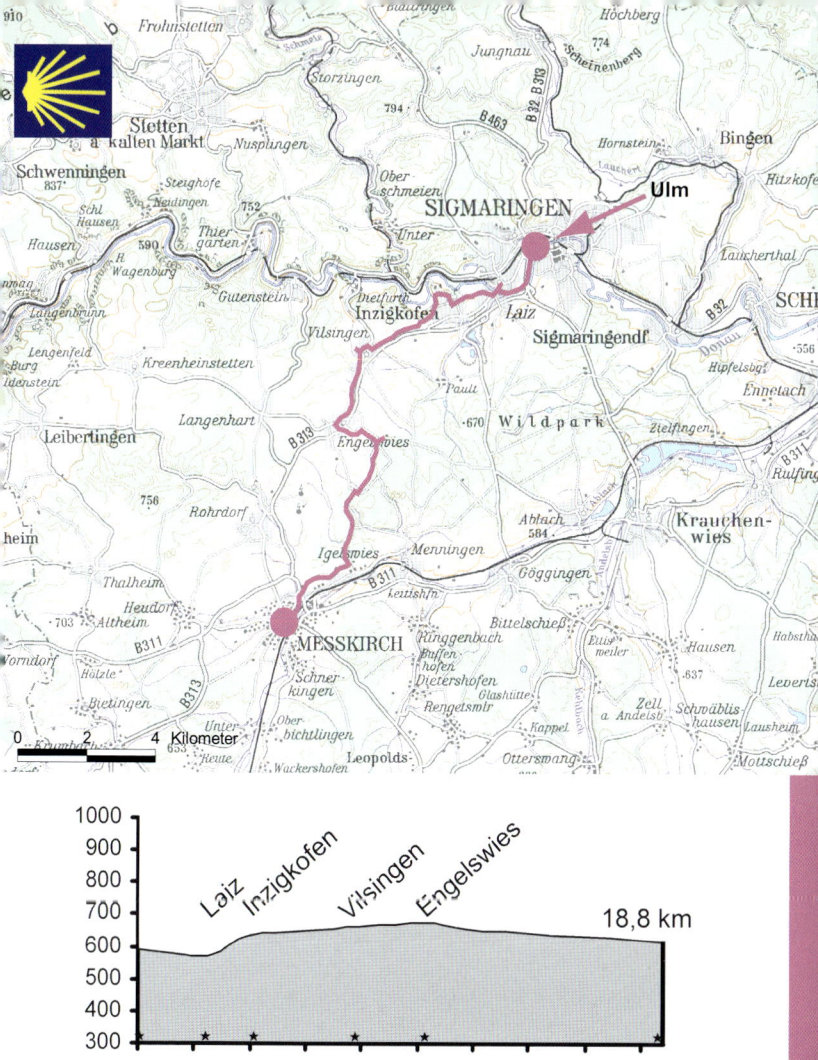

Paul empor, so fällt der Blick auf die hünenhafte Gestalt des hl. Christophorus mit dem Jesuskind an der Choraußenwand.

Das heutige Kirchengebäude wurde im Verlauf der Jahrhunderte mehrfach verändert und 1765–1768 im Stil des Spätbarock umgestaltet. Der Innenraum des hohen, dreischiffigen Langhauses mit den flach gewölbten Arkaden zwischen den freistehenden Pfeilern und dem dreipassförmigen Triumphbogen wirkt hell, warm und licht. An der Ostwand des Chores ist ein spätgotischer Freskenzyklus mit Szenen aus dem Leben Jesu zu sehen, die Wandmalereien des Langhauses zeigen Bilder aus dem

Marienleben von Meinrad von Au von 1768. Auf dem Altar der unteren Empore befindet sich das Gnadenbild, eine spätgotische Pietà (um 1435), die 1586 vor den Bilderstürmern der Reformation in einer abenteuerlichen Flucht aus dem Franziskanerinnenkloster Ebingen nach Laiz gebracht worden ist. Durch sie wurde die Pfarrkirche zum Wallfahrtsort und gab sich das Kloster den Namen Maria-Laiz. Die Franziskanerinnen haben der Kirche einen reichen Schatz alter Plastiken hinterlassen, darunter eine Skulptur des hl. Wendelin von ca. 1730/40, auf dessen Pelerine zwei Jakobsmuscheln angeheftet sind. In Rottweil und Hechingen befinden sich die Überreste eines um 1220/30 entstandenen Laizer Schnitzaltars, von dessen acht Figuren jedoch nur Christus, Petrus und Johannes eindeutig zu erkennen sind.

Laizer Apostel aus einem um 1220/30 entstandenen Schnitzaltar. Hohenzollerisches Landesmuseum Hechingen

An der Donaubrücke nehmen wir die Pilgerroute wieder auf. Wir überqueren den Fluss und verweilen kurz auf der anderen Seite beim Christophorusbrunnen, an dem sich der Pilger erquicken kann. Unweit von hier befindet sich das ehemalige Siechenhaus, eines der ältesten Bauwerke in Laiz, das 1999 zu einem Kunstmuseum umgebaut wurde. Gleich nach der Brücke biegen wir rechts ab, gehen ein Stück weit an der Donau entlang, dann leicht bergan am Sportplatz und Sportheim vorbei und gelangen auf einem gut ausgebauten Wirtschaftsweg durch Wiesen und Felder in einer Stunde nach **Inzigkofen**. Etwa auf halber Strecke, mit schönem Ausblick über das sich weitende Donautal, lädt uns ein mit Blumen geschmücktes Feldkreuz, das „Kreuz der Begegnung", zu einer stillen Rast ein. Auf dem Kreuz findet sich folgende Inschrift:

Einmal nur am Tage ein Weilchen stille sein
und einmal nur am Tage mit Deinem Gott allein.
Das löst Dir manche Frage,
das lindert manches Leid.
Dies Weilchen nur am Tage
hilft Dir zur Ewigkeit.

Nach kurzem Anstieg erreichen wir das Augustinerchorfrauenstift Inzigkofen, dessen wildromantisches Gelände über der hohen Felskulisse des Donautales zu den schönsten Plätzen an der oberen Donau gehört.

Nach der Legende sollte das Kloster ursprünglich direkt am Ufer, auf dem steil aufragenden Blaufels, dem heutigen Amalienfelsen, gegründet werden. Doch mitten in der Nacht wurde das Baumaterial von Engeln bei himmlischem Licht nach Inzigkofen getragen, wo daraufhin *der heilige Bau* unter den Händen der beiden frommen Sigmaringer Bürgerstöchter Irmgard und Mechthild entstand. In der Klosterchronik wird das Jahr 1354 als Gründungsdatum genannt. Die heutige Klosteranlage mit ihrem hufeisenförmigen Grundriss wurde im Wesentlichen 1659–1680 vom vorarlbergischen Baumeister Michael Beer errichtet. Die 1728/29 zusammen mit der ca. 900 m langen Klostermauer erbaute barocke Einsiedlerkapelle ist seit 1955 Grablege des herzogl. Hauses Mecklenburg-Strelitz. Die ehemalige Klosterkirche St. Johannes Baptist steht auf der Südseite des Kreuzgangs. Sie wurde im Jahre 1780 nach Plänen des Haigerlocher Baumeisters Christian Großbauer auf den Grundmauern der

Der hl. Jakobus im Kreis der Apostel. Predella eines Altars aus dem Augustinerchorfrauenstift Inzigkofen (Anf. 16. Jh.), Museum Fürstl. Hohenzoll. Sammlungen, Sigmaringen

Kloster Inzigkofen

Die der Klosterchronik zufolge 1354 von zwei Sigmaringer Bürgertöchtern gegründete Frauengemeinschaft erlebt im Spätmittelalter einen durchaus ungewöhnlichen Aufstieg von einer armen Beginenklause zu einem vornehmen und geistlich angesehenen Chorfrauenstift, das 1394 die Augustinerregel annimmt. Möglich wurde die Inzigkofer Erfolgsgeschichte zum einen durch die Protektion und Förderung adliger, stadtpatrizischer und geist-

Ehemalige Klosterkirche St. Johannes der Täufer, Inzigkofen

licher Stifter und Wohltäter, zum anderen aber auch durch das besondere spirituelle Prestige und Profil, das die Gemeinschaft durch die Pflege einer mystisch bestimmten Frömmigkeit im 15. und 16. Jh. gewinnt und zunehmend auch für Frauen aus dem Adel sowie dem wohlhabenden städtischen Bürgertum attraktiv macht. Mit diesem sozialen und geistlichen Aufstieg verbunden ist ein wachsender Wohlstand des Chorfrauenstifts, das im 17. und 18. Jh. solide materielle Grundlagen für ein strenges Klosterleben in der Klausur und Kontemplation besitzt. Der materielle Erfolg dokumentiert sich auch in der Entstehung einer „Klosterstadt" mit Kirche, Konvents- und Wirtschaftsgebäuden vom 15. bis ins 18. Jh., die zu den herausragenden Kulturdenkmalen im Landkreis Sigmaringen zählen. Mit der Säkularisation von 1803 wird das Stift mit seinen rund 40 Chorfrauen und Laienschwestern aufgehoben. Der reiche Besitz fällt an den Fürsten von Hohenzollern-Sigmaringen, der mit seiner Familie das zu einem klassizistischen Schlösschen umgestaltete klösterliche Amtshaus in der ersten Hälfte des 19. Jh. als Sommer- und Nebenresidenz nutzt und den angrenzenden Hangbereich zu beiden Seiten der Donau zu einem romantischen Landschaftsgarten umgestaltet.

Sehenswürdigkeiten: Klosterkirche Inzigkofen, Klosteranlage mit Einsiedlerkapelle, Fürstlicher Park *EEW*

Jakobus und Johannes auf dem Brüstungsgitter der Nonnenempore, Klosterkirche Inzigkofen

Beer'schen Kirche von 1665 neu erbaut. Wir betreten die Kirche durch den mit einer Zwiebelhaube bekrönten Glockenturm und erleben einen Raum, der von spätbarocken Altären, den klaren, klassizistischen Linien der gelblich getönten Wandpilaster, vor allem aber von dem überaus reich stuckierten Abschlussgitter auf der Brüstung der Nonnenempore geprägt ist, die sich über die Hälfte des Langhauses erstreckt. Das aus Wein- und Rosenstöcken als Sinnbilder Christi und Mariens bestehende Gitterwerk haben die Nonnen in kunstvoller Handarbeit aus Haselstöcken und Pappmaché angefertigt. Auf dem leicht geschwungenen Sims mit den Statuen der Zwölf Apostel ist auch der hl. Jakobus in seiner charakteristischen Pilgertracht zu erkennen. Die Apostelstatue auf der Chorbrüstung ist jedoch nicht der einzige Kulthinweis in Inzigkofen. Der um 1530 entstandene oben erwähnte Flügelaltar im Fürstlichen Museum von Sigmaringen und die wahrscheinlich ebenfalls aus Inzigkofen stammende

Barock überdachter Terracotta-Christus von 1463, Kloster Inzigkofen

Holzplastik in der Hauskapelle des Erzbischöflichen Kinderheims Haus Nazareth weisen darauf hin, dass der Apostel auch von den Augustinerchorfrauen stark verehrt worden ist.

Nordöstlich der Klosteranlage liegt der Inzigkofer Park, den Fürstin Amalie Zephyrine von Hohenzollern-Sigmaringen unter dem Eindruck der Gartenideen Rousseaus („Zurück zur Natur") auf dem abschüssigen und zerklüfteten Areal des säkularisierten Augustinerinnenklosters zu beiden Seiten der Donau geschaffen hat. Wer den durch ein ausgeklügeltes Wegenetz erschlossenen einzigartigen Landschaftspark besucht, wird auf den steilen und verschlungenen Pfaden durch den Anblick einer bizarren Landschaftskulisse und immer neuer überraschender Ausblicke belohnt. Besonders eindrucksvoll sind die „Teufelsbrücke" über die „Höll" und der „Amalienfelsen" am rechten Donauufer, dessen Inschrift an die Fürstin Amalie Zephyrine erinnert.

Nach dem Besuch der Klosterkirche wenden wir uns nach links, gehen am Ostflügel des Klosters mit dem ehemaligen Refektorium und Gästehaus von 1475 vorbei, überqueren einen großen Innenhof und gelangen durch ein Tor in den von einer hohen Klausurmauer umschlossenen Klostergarten mit einer reichen Vielfalt an Kultur- und Heilpflanzen. Die in die innere Klausurmauer baulich integrierte Kapelle der Muttergottes von Einsiedeln oberhalb des Kräutergartens wurde 1728/29 erbaut. Sie dient seit 1955 als Grablege des herzoglichen Hauses Mecklenburg-Strelitz. Die herrliche Lindenallee ist 1841 von Erbprinz Karl

Kräutergarten mit Blick auf die Einsiedlerkapelle

Pilger auf dem Weg von Inzigkofen nach Vilsingen

Anton bei der Erweiterung der Parkanlagen gepflanzt worden. Wir verlassen den Klosterbereich durch ein kleines Gittertor, wandern hart an der Talkante entlang und folgen nach etwa 500 m zunächst der Asphaltstraße, die zum Nickhof hinunterführt. Nach 200 m biegen wir bei einem Feldkreuz links ab, überqueren eine Wiese und erreichen auf schmalem Waldpfad das „Känzele", einen exponierten Felsvorsprung mit weiten Ausblicken über das von hohen Steilwänden flankierte Donautal. Hier halten wir uns links, steigen auf felsigem Pfad leicht bergan, stoßen nach 200 m auf den Weg mit der roten Gabel, der nach Dietfurt, Gutenstein und Tiergarten führt, passieren eine Neubausiedlung und erreichen nach etwa 300 m den Ortsrand von Inzigkofen.

Hinter uns liegt das enge, tief eingeschnittene Donautal, vor uns das wellige und flachhügelige Altmoränenland, das der Rheingletscher während der vorletzten Eiszeit (Risseiszeit) geschaffen hat. In der Ferne erwarten uns die nächsten Pilgerstationen, Vilsingen und Engelswies, und bei klarer Sicht winken die schneebedeckten Gipfel der Alpenkette am weiten Horizont.

Noch etwa 200 m verläuft der Weg an einem Waldrand entlang, dann folgen wir dem links und gleich wieder rechts abzweigenden Radwanderweg, der durch das freie Feld nach **Vilsingen** führt. Wie ein Dom ragt der Kirchturm der 1871 erbauten neugotischen Pfarrkirche Johannes und Paulus aus dem kleinen hohenzollerischen Dorf zum Himmel empor.

Am südlichen Ortsrand, hinter den Dächern der behäbigen Bauernhöfe verbirgt sich die frühere Pfarrkirche und heutige Friedhofskapelle, in der auch die Jakobusverehrung einige Spuren hinterlassen hat. Vom Ortseingang geht es zuerst 50 m nach rechts, dann links durch die Gässlestraße bis zur Linde (ca. 150 m) und hier wieder rechts ins Unterdorf zur „alten Kirche" hinab.

Vilsingen

Das bereits 793 erstmals genannte Vilsingen ist im 14. Jh. unter den Herren von Reischach Bestandteil der Herrschaft Dietfurt, die 1421 an die Grafen von Werdenberg und 1534 an die Grafen und späteren Fürsten von Fürstenberg übergeht. 1806 gelangt Vilsingen unter die Souveränität des Fürstentums Hohenzollern-Sigmaringen. Nachdem für Vilsingen bereits 875 und abermals 1275 und 1324 eine Pfarrkirche genannt wird, sinkt die Ortschaft im Spätmittelalter zur Filiale der Nachbarpfarrei Gutenstein herab, ehe 1816 die Ortschaft wieder eine eigene Pfarrei erhält. Seine agrarisch-bäuerliche Prägung behält das Dorf bis weit über die Mitte des 20. Jh.
Sehenswürdigkeiten: Friedhofskirche, neugotische Pfarrkirche, Burgruine Dietfurt   *EEW*

Sie wird schon im Jahre 875 in einer sanktgallischen Urkunde genannt und zählt damit wie die Friedhofskirche St. Peter und Paul in Nusplingen zu den ältesten Gotteshäusern zwischen Neckar und Bodensee. Das heutige Kirchengebäude wurde wohl erst im 15. Jh. erbaut, wahrscheinlich geht aber ein Teil seiner Grundmauern auf ein noch vor 875 errichtetes frühmittelalterliches Heiligtum zurück.

Treten wir über den Friedhof in das Kirchenschiff ein, so empfängt uns ein hoher Raum mit dreiseitig geschlossenem Chor. Die Wände sind mit zahlreichen Fresken, u. a. den Passionsszenen Christi, den Klugen und Törichten Jungfrauen und einem Apostelzyklus geschmückt. An der südlichen Langhauswand sind Christus und einige Apostel zu sehen, darunter auch die erhabene Gestalt des hl. Jakobus im Pilgerkleid. Die rechteckige Schrifttafel zu seinen Füßen enthält seinen Namen und einen Satz aus dem Glaubensbekenntnis: *Sanct Jacobus Maior. Der Empfangen ist von dem Heilligen Geist, geboren Aus Maria die reine Junckhfrau*. Die Kombination der Apostelfiguren mit dem Credo geht auf eine frühchristliche Legende zurück, nach der das Glaubensbekenntnis von den Aposteln formuliert worden sei. In vielen Kirchen findet man deshalb den Apostelpersönlichkeiten einzelne Sätze des Credo zugeordnet. (Den Schlüssel erhält man in der Nachbarschaft.)

Von der Friedhofskirche aus folgen wir zunächst der Dorfstraße, besuchen eventuell die heutige Pfarrkirche St. Johannes und Peter, deren neugotische Ausstattung noch weitgehend erhalten ist und wandern auf dem Fahrradweg neben der B 313 etwa 2 km nach **Engelswies.** Dabei

Apostelbilder mit Credo-Artikel in der Friedhofskirche St. Peter und Paul, Vilsingen (um 1600)

überschreiten wir kurz vor dem Dorf die ehemals badisch-hohenzolle-rische Landesgrenze.

Der Ort ist schon über 1200 Jahre alt. Merowingische Grabfunde und die erste Erwähnung in einer sanktgallischen Urkunde von 793 weisen auf eine frühe, vielleicht noch alemannische Ansiedlung hin. Doch was wäre ohne die Wallfahrt daraus geworden?! Allein der bis ins hohe Mittelalter belegten Doppelwallfahrt zur Schmerzhaften Muttergottes und hl. Verena ist es zu verdanken, dass der zeitweilig völlig verwüstete und verödete Ort immer wieder neu besiedelt worden ist.

Die heutige Pfarr- und Wallfahrtskirche wurde 1721–1723 vom fürsten-bergischen Hofbaumeister Johann Georg Brix (1665 Öttingen im Ries–1742 Meßkirch) anstelle einer kleineren gotischen Kirche von 1516/17 erbaut. Es ist ein ungewöhnlich großes und stattliches Gebäude, mit dem der oberschwäbische Himmel zwischen Sigmaringen und Meßkirch bereichert worden ist. Über dem breiten Eingangsportal steht in einer Mauernische das Standbild der Schmerzhaften Muttergottes, der Schutzpatronin des Heiligtums. Der weite Innenraum ist mit fünf prächtigen Barockaltären und einer Kanzel aus der Werkstatt des Überlinger Bildhauers Johann Georg Greysing ausgestattet. Am eindrucksvollsten erscheint der mächtige Hochaltar mit dem kleinen gotischen Gnadenbild in der Muschelnische, auf das seit jeher die Blicke und Hoffnungen der Pilger gerichtet sind. Der linke Seitenaltar ist der zweiten Schutzpatronin der Wallfahrtskirche, der hl. Verena geweiht, die mit ihren charakte-

Pfarr- und Wallfahrtskirche Engelswies (Inzigkofen)

Die Doppelwallfahrt steht in enger Beziehung zur Geschichte des Dorfes Engelswies. Der Ort geht im 13. Jh. und abermals im 15. Jh. gleich zweimal ab, um in der Folge im Anschluss an die wunderbare Wiederbelebung der Wallfahrt jeweils wieder aufgebaut zu werden. In der Frühen Neuzeit ent-

Pfarr- und Wallfahrtskirche Mater Dolorosa und St. Verena, Engelswies

wickelt sich Engelswies zu einem weit ausstrahlenden Wallfahrtszentrum, zu dem im 18. Jh. zeitweise bis zu 70 Gemeinden der Umgebung alljährlich in feierlicher Prozession mit Kreuz und Fahnen pilgern. Zahlreiche Berichte und Votivtafeln künden von wunderbaren Gebetserhörungen, vor allem bei Leibs- und Hodenbrüchen, Gehbehinderungen und Lähmungen, Krebserkrankungen, Schlaganfällen und Stummheit. Dank seiner erfolgreichen Wallfahrt erlangt der bisherige Meßkircher Filialort 1714 einen Ortsvikar und 1721 eine vor allem durch Stiftungen des Fürstenhauses Fürstenberg-Meßkirch finanzierte prächtige Barockkirche. 1849 wird Engelswies zu einer selbständigen Pfarrei erhoben. Nach einem vorübergehenden Niedergang der Wallfahrt im Gefolge der Aufklärung und der wessenbergischen Reformen erfolgt seit der Mitte des 19. Jh. eine bis heute anhaltende Wiederbelebung. *EEW*

ristischen Attributen, Kamm und Krug, auf dem Altarblatt abgebildet ist. Auf dem Altar befindet sich ein wertvoller Schrein, der eine Reliquie vom Kopf der Heiligen enthält. Die vermutlich vom Bregenzer Bildhauer Franz Anton Kuen (1679–1742 Weingarten) stammende St. Nepomukstatue gegenüber der Kanzel geht auf die starke Verehrung des Barockheiligen an der Meßkircher Pfarrkirche zurück, für die Fürst Froben Ferdinand von Fürstenberg 1731 nach dem Erhalt einer Reliquie auf der Nordseite der Kirche eine eigene Kapelle errichten ließ. Spätestens seit der Neugründung des Dorfes im 16. Jh. gilt Engelswies als Filiale von Meßkirch. Die pastorale Betreuung der Gemeinde und Wallfahrer oblag dem Kaplan am St. Jakobs Altar der Stadtpfarr kirche in Meßkirch.

Verenastatue (um 1360), Engelswies

Nach dem Besuch der Pfarrkirche gehen wir etwa 20 m zurück, überqueren die Bundesstraße, betreten den Verenaweg und wandern an einigen Bauernhöfen vorbei aus dem Dorf hinaus durch Wiesen und Felder zur etwa 2 km entfernten St. Verenakapelle. Nach ca. 300 m gabelt sich der Weg, wir halten uns zunächst links, schwenken 200 m weiter beim Feldkreuz nach rechts und erreichen nach ca. 500 m bei einer knorrigen, doppelstämmigen Eiche den Waldrand, wo der Weg links zum „Käppele" und rechts weiter nach Meßkirch führt.

Nach kurzer Zeit stehen wir vor dem kleinen, von zwei hohen Linden beschirmten Wallfahrtsheiligtum, in dessen Nähe der heute allerdings versiegte Verenabrunnen gesprudelt hat, dessen Wasser angeblich große Heilkraft besaß.

Die Legende führt die Entstehung der Quelle auf ein Wunder der hl. Verena zurück. Sie soll einst an dieser Stelle einen „Schurz Wasser" ausgeleert haben, um einen um Hilfe flehenden Hirtenknaben vor dem Verdursten zu retten, wodurch ein Brunnen entsprungen sei. („...*allwo augenblickhlich entsprungen ein Brunnquell, (den) Maria mit ihrem Stab berührt und benediciert hat.*") Sein Wasser wurde früher vornehmlich gegen Augenleiden und verschiedene körperliche Krankheiten geschöpft.

Die heutige Kapelle geht auf einen Umbau von 1730 zurück. Es ist ein schlichtes, rechteckiges Gebäude mit einer kleinen, nischenförmigen Apsis. Auf dem Altar steht eine Kopie der gotischen Verenastatue von 1320/1340. Die Wände sind mit den vierzehn Kreuzwegstationen geschmückt. Die Dekoration der Decke ist einfach, jedoch von tiefer symbolischer Bedeutung. In einem stuckierten Rahmen ist auf einer von mehreren „kosmischen" Ringen umschlossenen goldenen Scheibe ein Dreieck als Sinnbild der hl. Dreifaltigkeit zu erkennen. Aus ihm schaut wie aus dem Himmelsgewölbe das Auge Gottes auf den Pilger herab.

Ob sich wohl am Standort der heutigen Verenakapelle schon eine heidnische Kultstätte befunden hat, die „von den Missionaren in ein christliches Heiligtum umgewandelt wurde" (Jakob Ebner)? Sankt Verena zählte bei den Alemannen zu den populärsten Heiligen. Ihre Verehrung geht an einigen Landkirchen bis in die Zeit der Christianisierung zurück. Schon 843 wird in Straßberg zwischen Sigmaringen und Ebingen eine Kirche der hl. Verena genannt. Eine reichenauische Handschrift berichtet von einer adeligen Dame namens Swanahild, die, von der oberen Donau kommend, um 923 über Mindersdorf und Kloster Reichenau eine Wallfahrt zum Grab der hl. Verena in Zurzach unternahm. Leider können wir über die Entstehung der Wallfahrtsstätte nur rätseln und vermuten, dass der schon 793 urkundlich genannte Ort *Kelteswis* (= Engelswies) ursprünglich im „Kaltenbrunnen" bei der Verenakapelle gestanden hat.

Wir kehren anschließend zum Waldrand zurück, gehen zunächst auf dem asphaltierten Menninger Sträßle, dann auf dem rechts abzweigenden geschotterten Weg am Wald entlang und werfen zum Abschied noch einen Blick zurück auf die Dorfsilhouette und Wallfahrtskirche von Engelswies. Vor uns erhebt sich der Mast des Bodenseesenders Rohrdorf. Nach 1 km geht's in den Wald hinein. Wir folgen dem ausgeschilderten Wanderweg, verlassen nach 3 km beim Jägerhaus das Waldrevier, halten uns rechts und wandern mit herrlichen Ausblicken auf die umliegende Landschaft auf dem sanft abfallenden Höhenrücken noch etwa 2 km bis **Meßkirch**. Bei der B 313 erreichen wir das Stadtgebiet. Wir überqueren auf einer Brücke die Bundesstraße, biegen nach links in die Bahnhofstraße, passieren den ehemaligen Bahnhof und gelangen beim Verkehrskreisel rechts durch die als Fußgängerzone ausgewiesene Hauptstraße zur Stadtpfarrkirche St. Martin (siehe S. 156).

Zwei Schritte

Zwei Schritte eng
ist der Weg des Pilgers
nach Santiago,
nach Rom,
nach Jerusalem.

Zwei Schritte eng
ist der Weg des Menschen
im Gehäuse seines Leibes,
denn hier entscheidet er sich
zwischen Tugend und Laster
zwischen Leben und Tod.

Zwei Schritte breit
und unendlich weit
ist der Weg.
Und das Herz singt
in der Freude der Liebe.

JK

Beuroner Jakobsweg

1. Etappe: Hechingen – Balingen 20,1 km

Wessingen (Teilort von Sigmaringen)
Bisingen:
Gemeindeverwaltung Bisingen, Heidelbergstraße 9, 72406 Bisingen,
Tel.: 07476-896-0; e-mail: info@Bisingen.de
Engstlatt (Teilort von Balingen):
Evang. Kirchengemeinde Engstlatt, Hechinger Str. 11, 72336 Balingen,
Tel.: 07433-21666; e-mail: pfarramt@engstlatt-evangelisch.de
Balingen:
Tourismusinformation Balingen, Färberstraße 2, 72336 Balingen,
Tel.: 07433-170261; e-mail: schul.kultur.sportamt@balingen.de;
Jugendherberge

Wandbild des hl. Jakobus am Kirchplatz, Hechingen, J. Schulz-Lorch

Hechingen war ein bedeutendes Zentrum der Jakobusverehrung (siehe S. 64 ff). Unser Ausgangspunkt ist die Stadtpfarrkirche St. Jakobus. Der Weg führt zunächst nach links durch die südliche Vorstadt über den Obertorplatz und die Zollernstraße zur ev. Pfarrkirche. Das 1856/57 erbaute neugotische Gotteshaus entstand nach einem Entwurf des preußischen Stararchitekten Friedrich August Stüler, nach dessen Plänen auch die Burg Hohenzollern zwischen 1850 und 1867 wieder aufgebaut worden ist. Zum Kirchenschatz der ev. Kirchengemeinde zählt die Kopie eines Bronzekruzifixes des 12.

Sankt Jakobus als Pilger, Apostelscheibe in der kath. Stadtkirche St. Jakobus, Hechingen

Jh. aus dem Domschatz zu Aachen, das der Kirche 1857 vom königlichen Bauherrn, Friedrich Wilhelm IV. geschenkt worden ist. Etwa 50 m weiter überqueren wir die Zollernstraße und gehen durch den Fürstengarten an der Villa Eugenia und dem Billardhäuschen (Weißes Häusle) vorbei, neben

dem sich ein Gedenkstein für Friedrich von Steuben befindet, der vor seinem Dienst in der amerikanischen Revolutionsarmee von 1764 bis 1775 Hofmarschall der Fürsten von Hohenzollern-Hechingen war. Wir verlassen den Garten durch eine prächtige alte Lindenallee und wandern immer geradeaus rechts an der Bahnlinie entlang.

Wir überqueren die Bisinger Straße am Ende des Wohngebiets, bleiben zunächst rechts neben der Bahnlinie, wenden uns dann nach links, überschreiten die Bahngleise und gehen gleich wieder nach rechts am Bahnhof Zollern vorbei, der 1874 als Endpunkt für kaiserliche Hofzüge im Stil

Bronzener Kruzifixus in der ev. Johannes-kirche, Hechingen

der Burg Hohenzollern errichtet wurde. Der Weg mündet in die Hechinger Straße. Hier wenden wir uns nach rechts, unterqueren erst die Bundesstraße (B 27), gleich darauf wieder rechts die Eisenbahnlinie und wandern durch die Dorfstraße zur kath. Kirche St. Wolfgang in die Ortsmitte von **Wessingen**. Das Kirchlein wurde wohl gegen Ende des 18. Jh. erbaut. Die im Stil des Expressionismus gemalten Fresken der beiden Heiligen Wolfgang und Christophorus im Chor sind Reste einer Innenausmalung von Albert Birkle (1925/26). Anschließend gehen wir zurück, folgen der Dorfstraße nach links und wandern kurz vor dem Ortsausgang geadeaus auf dem geteerten Wirtschaftsweg Taläcker weiter, der zum Gelände des ehemaligen Konzentrationslagers **Bisingen** im Kuhloch führt.

Im KZ Bisingen – einem von zehn KZ-Außenlagern des Konzentrationslagers Natzweiler – wurde im Rahmen des Unternehmens „Wüste" in der Endphase des 2. Weltkrieges in Zwangsarbeit Ölschiefer zur Gewinnung von Treibstoff abgebaut. Von insgesamt 15.000 Häftlingen, darunter 1.000 Juden, verloren allein in Bisingen 1.187 Gefangene unter der unmenschlichen Behandlung ihr Leben. Heute wird durch eine Dauerausstellung des Heimatmuseums Bisingen als KZ-Gedenkstätte und durch einen Geschichtslehrpfad an dieses schreckliche und traurige Kapitel der deutschen Geschichte erinnert.

Angst

Wir gehen auf dem ausgeschilderten Weg durch das von Büschen und Bäumen überwachsene ehemalige KZ-Gelände und wandern beim Sportplatz des FC-Bisingen rechts die Schelmengasse hinauf. Am Ortseingang von Bisingen folgen wir links der Reutestraße, dann dem Iris- bzw. Altenweg und gelangen auf der Fußgängerüberführung zum Bahnhof. Hier wenden wir uns nach rechts und gehen bis zum Ende der Bahnhofstraße. Links führt die Hauptstraße ins Gemeindezentrum zur kath. Pfarrkirche St. Nikolaus. In der 1786 erbauten und 1900/02 vergrößerten Kirche ist die von einem Rosenkranzmedaillon umrahmte spätgotische Bisinger Madonna besonders sehenswert.

Zur Fortsetzung unseres Pilgerweges gehen wir die Hauptstraße zurück. Kurz vor der Eisenbahnbrücke zweigt links eine neben der Bahnlinie verlaufende schmale Gasse zum Schulzentrum ab. Auf der anderen Seite der Bahnlinie liegt der Ortsteil Bisingen-Steinhofen mit der kath. Pfarrkirche St. Peter und Paul (1794/95). Die Bronzeplastik des Postillons am Dorfbrunnen erinnert daran, dass Nikolaus Lenau hier 1832 auf der Durchreise sein gleichnamiges Gedicht geschrieben hat.

Wir passieren das Schulgelände, gehen die Anhöhe bis zum Friedhof hinauf, biegen gleich danach rechts ab und wandern auf dem asphaltierten Wirtschaftsweg weiter, der über freies Feld Richtung Engstlatt führt. Vor uns sehen wir das langgestreckte „blaue Band" der Schwäbischen Alb, hinter uns die romantische Burgkulisse des Hohenzollern, die uns schon seit dem Aufbruch in Hechingen begleitet hat. Nach ca. 600 m biegen wir erst links, dann, in der Linkskurve, rechts ab und wandern auf einem Feldweg weiter. Wir passieren den Freizeitpark Alpen- und Seerosengarten und stoßen schließlich auf einen Fahrweg, der rechts durch die Wertenbachstraße nach Engstlatt führt. Links geht es auf direktem Wege nach Balingen. Ein kurzer Abstecher nach **Engstlatt** ist trotz des Umwegs wegen der ev. Peterskirche mit ihren wertvollen spätgotischen Fresken unbedingt zu empfehlen.

Lindenallee auf dem Weg nach Wessingen

Bisingen

786 wird der Ort anlässlich einer Besitzschenkung an das Kloster St. Gallen erstmals erwähnt. Seit Ende 12. Jh. hatten vermutlich die edelfreien Walger von Bisingen die Ortsherrschaft inne, die 1342 an die Grafen von Zollern überging. Der Ort gehörte zur Grafschaft Zollern (ab 1576 Hohenzollern-Hechingen; ab 1850 preuß. Oberamt, 1925 Lkr. Hechingen). Mitte des 19. Jh. setzte die Industrialisierung ein. Die kath. Pfarrkirche St. Peter und Paul in Bisingen-Steinhofen war kirchlicher Mittelpunkt des Kirchspiels, in das Bisingen und andere Orte bis ins 18./19. Jh. eingepfarrt waren.

Sehenswürdigkeiten: Heimatmuseum Bisingen, Geschichtslehrpfad, Deutsches CB-Funkmuseum   *AZ*

Das auf dem Kirchhügel stehende Gotteshaus thront wie eine Wehrkirche über dem Dorf. Ihr besonderer Schmuck ist das um 1470 entstandene Chorfresko, auf dem in einer realistischen Landschaftsszenerie die Kreuzigung Christi dargestellt ist. Auf den Berggipfeln im Hintergrund sind die wichtigsten Burgen der Region (Hohenzollern und Schalksburg), davor die befestigte Stadt Balingen mit Stadttor, Stadtkirche, Friedhofskirche und Siechenkapelle zu erkennen. Nach Ingrid Helber ist das von einem unbekannten Meister geschaffene Wandbild „das qualitativ herausragendste Gemälde im Zollernalbkreis".

Wir kehren auf derselben Strecke bis zur Abzweigung nach Balingen zurück, biegen erst bei der Kneippanlage, dann, nach 200 m, wieder

Spätgotisches Chorfresko (um 1470) in der ev. Peterskirche, Balingen-Engstlatt

rechts ab und wandern auf dem asphaltierten Radwanderweg den Bergrücken hinauf und dann immer geradeaus am Hangenhof vorbei ins Tal nach **Balingen** hinunter. Unser Weg stößt auf einen Verkehrskreisel, verläuft ein Stück nach links an der Kreisstraße (K 7126) entlang, unterquert die Kreis- und Bundesstraße und führt dann am Au-Stadion und immer an der munter sprudelnden Eyach entlang in die Stadtmitte von **Balingen**.

In Balingen gabelt sich der Jakobsweg erneut. Eine Strecke verläuft über Dotternhausen und Schömberg nach Rottweil (Palmbühl-Pilgerweg) und stößt hier auf den von Dettingen bei Horb kommenden Fernweg (Neckar-Baar-Jakobusweg), der über Villingen-Schwenningen und Blumberg nach Schaffhausen und Einsiedeln weiter geht. Wir bleiben jedoch auf dem Beuroner Jakobsweg, der über den Lochenpass nach Tieringen auf die Alb, dann durch das Bäratal nach Kloster Beuron und von hier aus weiter zum Bodensee führt.

Die 1255 auf dem linken Ufer der Eyach von den Grafen von Zollern gegründete Stadt Balingen wurde durch mehrere Brände fast völlig zerstört und nach dem letzten Stadtbrand von 1809 auf schachbrettartigem Grund-

Stadt Balingen

Das 863 erstmals erwähnte Dorf Balingen lag an der heutigen Friedhofskirche, der früheren Balinger Pfarr-kirche, auf dem rechten Eyachufer. Im Jahre 1255 gründete Graf Friedrich von Zollern die Stadt Balin-gen 200 m oberhalb des Dorfes auf dem linken

Das Zollernschlössle in Balingen

Eyachufer. 1288 kam die Stadt an die Grafen von Zollern-Schalks-burg, die hier das Zollernschloss errichteten (1935–1937 abgetra-gen und rekonstruiert). 1403 wurde Balingen zusammen mit der Herrschaft Schalksburg an Württemberg verkauft. Die Stadt, die schon unter den Zollern Mittelpunkt der Herrschaft Schalksburg gewesen war, wurde württembergische Amtsstadt, in der seit Ende des 15. Jh. die Obervögte bzw. Oberamtmänner (Vorläufer der Landräte) im sog. Zollernschloss ihren Amtssitz hatten. Die zentral-örtliche Funktion als Amts- und Oberamtsstadt, dann Kreisstadt blieb bis zur Gegenwart erhalten. 1516 wurde die heutige ev. Stadt-kirche zur Pfarrkirche erhoben und 1534 die Reformation einge-führt. 1809 vernichtete ein Stadtbrand einen großen Teil der Stadt. Die Industrialisierung setzte in der zweiten Hälfte des 19. Jh. ein.
Sehenswürdigkeiten: Stadtkirche, Zollernschloss, Heimatmuseum Zehntscheuer, Marktplatz, kath. Heilig-Geistkirche, Siechenkapelle
AZ

Turm der ev. Stadtkirche Balingen

riss wieder aufgebaut. Ältestes Bauwerk ist die 1255 erstmals bezeugte Dorfkirche Unserer Lieben Frau auf dem rechten Ufer der Eyach. Das Langhaus mit seinen gotischen Spitzbogenfenstern und Stützpfeilern wurde im 14. Jh. gebaut, der romanische Flankenturm stammt möglicherweise noch aus dem 11. Jh. Besonders bemerkenswert sind der achteckige gotische Taufstein, ein überlebensgroßes Fresko des hl. Christophorus (um 1350) und ein spätgotisches Wandbild mit einer Teilansicht von Balingen. Mitten in der Stadt steht die evangelische Stadtpfarrkirche. Sie wurde zwischen 1443 und 1541 nach dem Entwurf von Aberlin Jörg anstelle der ehemaligen St. Nikolauskapelle erbaut und gilt als größtes gotisches Bauwerk des Zollernalbkreises. Es ist eine dreischiffige Hallenkiche mit überhöhtem Mittelschiff, mächtigen Stützpfeilern und einem über dem Chor errichteten achteckigen Turm. Er wurde nach dem Vorbild des Rottweiler Kapellenturmes gestaltet, nach einem „der schönsten gotischen Türme von Prag bis Paris" (Dehio), dessen Obergeschoss ebenfalls Alberlin Jörg zugeschrieben wird. Wir werden ihm auf unserem Pilgerweg noch einmal in **Nusplingen** begegnen. Besonders eindrucksvoll ist das Chorgewölbe. Auf den Schlusssteinen sind die Patrone der ehemaligen Kapelle Maria und Nikolaus sowie die Wappen des Bistums Konstanz, der Grafschaft Württemberg und der Stadt Balingen dargestellt. Im südlichen Seitenschiff ist auch der hl. Jakobus zu finden. Er gehört zu den Apostelbüsten unter den Gurtbögen, auf denen auch im übertragenen Sinne die Kirche ruht.

Ankunft am Abend

Der Fuß ist wund,
die Beine schwer;
Staub und Schweiß
verkleben Hemd und Haar.

Gebet und Gedanke
sind verbrannt
in der Hitze,
das Herz ist müde,
der Kopf nun leer.

Leib und Seele
zerschunden,
verlangen
nach Ankunft und Ruhe
und
nach einem freundlichen Wort.

JK

2. Etappe: Balingen – Nusplingen 23,6 km

Tieringen (Ortsteil von Meßstetten):
Gemeindeverwaltung Tieringen, Rathausgasse, 72469 Meßstetten-Tieringen, Tel.: 07436-366, e-mail: stadt@messstetten.de; Evangelische Tagungsstätte – Haus Bitterhalde, 72469 Meßstetten-Tieringen, Tel.: 07436-494; e-mail: Haus-Bitterhalde@t-online.de; Feriendorf Tieringen, Im Oberdorf, 72469 Tieringen, Tel.: 07436-92910; e-mail: info@feriendorf-tieringen.de; Jugendherberge Lochen-Balingen
Oberdigisheim (Ortsteil von Meßstetten)
Unterdigisheim (Ortsteil von Meßstetten)
Nusplingen:
Gemeindeverwaltung Nusplingen, Marktplatz 8, 72362 Nusplingen, Tel.: 07429-9310920; e-mail: info@nusplingen.de; Gästehaus Panorama, Panoramastr. 33, 72362 Nusplingen, Tel.: 07429-910211, e-mail: info@gaestehaus-panorama.eu

Nach dem Besuch der Stadtpfarrkirche wenden wir uns nach rechts, folgen erst der breiten, belebten Friedrichstraße, dann der Schillerstraße, überqueren nach ca. 100 m auf einer kleinen Holzbrücke die Steinach und wandern dann immer geradeaus auf dem Radwanderweg nach **Endingen.** Beim Bahnübergang biegen wir links ab, überqueren die Schömberger Straße (B 27), gehen auf der Dorfstraße Am Weltbach bis zum Ortsende und wandern auf dem links abzweigenden Wirtschaftsweg am Schäfer- und Barghof vorbei durch Wiesen und Felder hinüber nach **Weilstetten.** Beim Erreichen der Anhöhe erhebt sich vor unseren Augen majestätisch der Albtrauf, und in der Ferne verlieren sich die Höhenzüge der Schwäbischen Alb.

Büste des hl. Jakobus. Ev. Stadtkirche Balingen

Kurz vor **Weilstetten** überqueren wir die L 442, dann die Tieringer Straße (L 440), wandern auf der Hauptstraße an der ev.

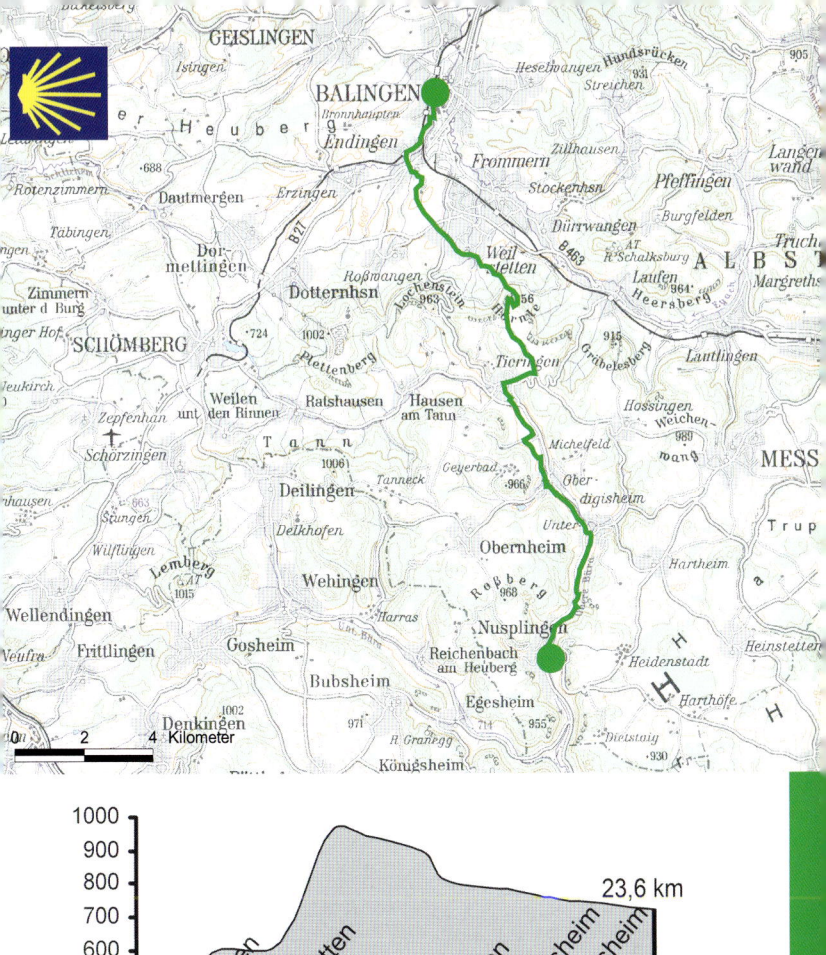

23,6 km

Dionysiuskirche vorbei, überschreiten den Lochenbach und gelangen dann durch die Lindenstraße zum Sport- und Wanderparkplatz am anderen Ortsende. Hier beginnt der Anstieg zum Lochenhörnle. Nach etwa 100 m biegen wir links ab und wandern auf dem stetig ansteigenden Wirtschaftsweg weiter, bis wir die Abzweigung des Hänsel- und Gretel-Wegs erreichen. Dort geht es auf schmalem, teilweise feuchtem und morastigem Waldpfad steil bergan. Er überquert einen Fahrweg, steigt noch weiter nach oben bis zu einem weiteren Wirtschaftsweg, der zur Weilstetter Schutzhütte mit Rastplatz führt. Von hier aus geht es durch die archaisch anmutende Landschaft des Felsenmeeres in schweiß-

Im Felsenmeer

treibenden Serpentinen zum **Lochenhörnle** (956 m) hinauf.

Oben angekommen, wird der anstrengende Aufstieg mit einer herrlichen Aussicht über das weite Umland belohnt: Tief unter uns erstreckt sich das liebliche Eyachtal, rechts erhebt sich der Böllat mit Burgfelden und Ruine Schalksburg, links grüßen die schroffen Felskliffe vom Schafberg und Lochenstein (963 m), und bei klarer Witterung sind in der Ferne die dunklen Hänge des Schwarzwalds und schneeglänzenden Gipfel der Alpen zu erkennen. Der Lochenstein oder die Lochen, wie die Einheimischen sagen, zählt zu den eindrucksvollsten Erhebungen der Schwäbischen Alb. Das steil abfallende Felsplateau war bereits in der Ur- und Frühgeschichte bewohnt. Um die wild zerklüfteten Felsen haben sich im Laufe der Zeit einige Sagen gerankt. Sie erzählen vom wilden Wotansheer, das in den zwölf dunklen Raunächten (zwischen Weihnachten und Dreikönig) tosend und lärmend über das Land hinwegbraust und von drolligen Erdleutlein, die in der ganzen Gegend merkwürdige Echos verbreiteten. Sie hausten zwischen den Felsen der Lochen, besuchten die Spinnstuben im Nachbardorf **Tieringen**, halfen den Menschen bei der Arbeit und trieben im Wald aber auch so manchen Schabernack.

Tieringen

Der im Jahre 1138 erstmals erwähnte Ort gehörte im 12. Jh. den Herren von Tieringen, die Ministerialen der Herren von Hohenberg waren. Über verschiedene Veräußerungen gelangte Tieringen 1418 an Württemberg und wurde damit in der Reformationszeit evangelisch. Ab 1912 erfolgte die Ansiedlung von Industriebetrieben, doch war der Ort bis in die 1960er Jahre überwiegend landwirtschaftlich geprägt. Ab 1965 entstand ein Feriendorf mit der evangelischen Tagungsstätte Haus Bitterhalde. Die Eingemeindung nach Meßstetten erfolgte 1974. *AZ*

Vom Lochenhörnle schreiten wir auf einem Grasweg durch das Natur-schutzgebiet Hülenbuchwiesen in Richtung Tieringen. Der Weg führt über eine von Büschen und Baumgruppen aufgelockerte, wellige Wie-senhochfläche, auf der seltene und bedrohte Pflanzenarten wie die Berg-flockenblume, Kugelige Teufelskralle, Kugel-Rapunzel, Haselwurz, Wilde Akelei und das Gefleckte Knabenkraut zu finden sind. Im Früh-jahr entfalten die goldgelb leuchtenden Schlüsselblumen, der tiefblaue Frühlingsenzian und unzählige Traubenhyazinthen eine herrliche Blütenpracht. Zum Schutz der einzigartigen Pflanzenwelt ist jegliches Düngen untersagt (Magerwiesen).

Nach etwa 3,5 km, an einem Parkplatz, stoßen wir auf die Kreisstraße (K 7143), die von Tieringen nach Hossingen führt. Wir biegen kurz davor rechts ab und wandern in einer schmalen Talrinne durch ein Neubau-gebiet ins Dorf **Tieringen** hinab.

Tieringen ist ein bekannter Ferien- und Luftkurort auf der Hochfläche des Großen Heubergs im Naturpark Obere Donau. Er liegt auf beiden Seiten der Europäischen Wasserscheide zwischen Bära und Schlichem und zählt zu den ältesten Siedlungen der Schwäbischen Alb. Das Dorf wird urkundlich 1138 erwähnt. Der auf -ingen endende Ortsname und ein frühmittelalterliches Gräberfeld weisen jedoch auf eine Gründung in der alemannischen Landnahmezeit hin. Im Zentrum des Ortes, inmit-ten des beinahe idyllisch anmutenden Friedhofs, steht die evangelische Pfarrkirche. Sie ist von einer fast 3 m hohen und über 1,4 m starken Mauer umgeben, deren Mäch-tigkeit einen wehrhaften Ein-druck erweckt. Vielleicht hat die mittelalterliche Kirchenan-lage auch als Wehrkirche zum Schutze der Dorfbewohner gedient. Das heutige Gottes-haus wurde unter Einbeziehung mittelalterlicher Bauteile 1595 gebaut. Von der Inneneinrich-tung sind die flache Holzfelder-decke, die Chororgel (Prospekt von 1749), die Kanzel mit den geschnitzten Evangelistenfigu-ren und der achteckige Tauf-stein besonderes bemerkens-wert, der möglicherweise noch

Ev. Kirche Tieringen

Im oberen Bäratal

aus dem 12. Jh. stammt. Als Patronin der 1275 erstmals erwähnten Pfarrei und Kirche wird Unsere Liebe Frau am Anfang des 14. Jh. genannt.

Wir verlassen die Pfarrkirche Auf der Wasserscheide. Die Straße trägt ihren Namen zurecht, denn hier befindet sich ein Haus, von dessen Dach das Wasser zur einen Hälfte in die Schlichem, also in den Neckar,

Oberdigisheim

Der 1253 erstmals gesichert erwähnte Ort gehörte spätestens seit Ende 14. Jh. zur Herrschaft Zollern-Schalksburg und gelangte mit dieser 1403 an Württemberg und wurde damit in der Reformationszeit evangelisch. Ab 1898 erfolgte eine gewisse Industrialisierung mit der Gründung von Filialen Ebinger Firmen. Die Eingemeindung nach Meßstetten erfolgte 1974.   *AZ*

Romanischer Taufstein in der ev. Johanneskirche, Oberdigisheim

und zur anderen Hälfte in die Bära und damit weiter zur Donau fließt. Am Ende der Straße biegen wir rechts ab und folgen der Markt- und Brühlstraße (K 7143) bis zur Einmündung in die L 440, überqueren die Landstraße und befinden uns zunächst auf einem asphaltierten Wirtschaftsweg, der durch die Talaue in Richtung Oberdigisheim führt. Hier in den Wiesen, dicht unterhalb Tieringens, entspringt die Obere Bära, die dem nun vor uns liegenden Hochtal mit seinen sanften Berghängen ihren Namen gegeben hat. Das Teersträßchen mündet nach ca. 1 km wieder in die Landstraße. Wir bleiben aber noch 200 m auf dem parallel zu ihr verlaufenden Wirtschaftsweg. Bei der Einmündung des Fohbaches in die Obere Bära biegen wir scharf nach rechts, folgen etwa 250 m dem Bachlauf, stoßen auf dem links abzweigenden Feldweg nach etwa 500 m wieder auf die Landstraße und erreichen kurz darauf **Oberdigisheim.**

Hier besuchen wir die etwas abseits vom Ortskern gelegene kleine evangelische Johanneskirche. Das Langhaus des 1275 erstmals genannten Gotteshauses wurde 1655 umgestaltet, der polygonale Chor mit seinen Spitzbogenfenstern und dem eindrucksvollen Netzgewölbe stammt aber noch aus spätgotischer Zeit. Besonders bemerkenswert ist der romanische Taufstein, der von vier sitzenden Löwen getragen wird. Der Löwe ist in der romanischen Tierplastik stark verbreitet. Er gilt unter anderem als Sinnbild für Christus, durch dessen Auferstehung die Mächte der Finsternis besiegt worden sind.

Unterdigisheim

Der 1346 erstmals gesichert erwähnte Ort gehörte zur Herrschaft Werenwag, welche die Grafen von Hohenberg 1381 an Österreich verkauften. Die Herrschaft war nahezu dauerhaft an unterschiedliche Herren verpfändet oder als Lehen vergeben, seit 1702 an die Freiherren von Ulm-Erbach. Die Herrschaft blieb beim alten Glauben.

Apostelbild des hl. Jakobus (1793), Pfarrkirche St. Maria, Unterdigisheim

1810 kam der Ort an Württemberg. Die Eingemeindung nach Meßstetten erfolgte 1972. *AZ*

Der Weg nach **Unterdigisheim** ist nicht anstrengend. Wir wandern zunächst auf der Landstraße (L 440) aus Oberdigisheim heraus und folgen dann lediglich dem Radwanderweg, der auf der linken Seite der Landstraße verläuft. Schon von Ferne leuchtet aus dem grünen Talgrund der helle Zwiebelturm der kath. Pfarrkirche Unserer Lieben Frau.

Die am westlichen Ortsrand inmitten eines ummauerten Friedhofs gelegene Kirche wird 1451 erstmals als Kapelle erwähnt und war vielleicht eine Filialkirche von Oberdigisheim. Das heutige Kirchengebäude ist eine einfache barocke Saalkirche aus dem Jahre 1723. Ihre Ausstattung stammt bis auf den Taufstein von 1518 zum größten Teil aus dem 18. Jh. Am linken Seitenaltar befindet sich die Barockstatue der „Unterdigisheimer Madonna". Die Apostelbilder an der Emporenbrüstung hat Stanislaus Stegmüller 1793 gemalt. Unter ihnen ist auch der hl. Jakobus als Pilger dargestellt.

Anschließend wandern wir auf der Landstraße weiter bis zur Ortsmitte, wenden uns hier nach links in die Appentalstraße, gehen an einem aus Holz geschnitzten Wegkreuz vorbei, überqueren den Bach und biegen gleich nach der Mühltalstraße in den nach Nusplingen führenden Wanderweg ein. Bei einer kleinen Waldkapelle gabelt sich der Weg, wir halten uns rechts, verlassen damit den Rundwanderweg 3 und wandern noch 3 km bis nach **Nusplingen**.

Rast

Am kleinen Tisch
vier Stühle,
Kuchen und schwarzer Kaffee.

Die Spannung weicht von den Schultern,
das Gespräch ist knapp und stumm.
Wir schauen zu den Menschen,
die vorbeigehen
und auf den Weg
der vielen Schritte
im Innern.

Ich widerstehe
dem Sog der Hast
und genieße
die Süße der Weile.

JK

3. Etappe: Nusplingen – Beuron 15,4 km

Bärenthal (Teilort von Fridingen a.d. Donau):
Gemeindeverwaltung Bärenthal, Kirchstr. 8, 78580 Bärenthal.
Tel.: 07466-230; e-mail: info@baerenthal.de
Irndorf:
Gemeindeverwaltung Irndorf, Staigstraße 4, 78597 Irndorf,
Tel.: 07466-227
Beuron:
Bürgermeisteramt Beuron, Kirchstr. 18, 88631 Beuron, Tel.: 07579-92100,
e-mail: info@beuron.de; Gästepater der Erzabtei St. Martin, Abteistraße 2,
88631 Beuron, Tel.: 7466-17158, e-mail: gastpater@erzabtei-beuron.de

Die auf einer leichten Anhöhe über dem Dorf errichtete Alte Friedhofskirche St. Peter und Paul ist ein bedeutendes kunsthistorisches Kleinod.
Sie wurde von 1997 bis 2003 archäologisch untersucht, umfassend restauriert und gilt als eines der ältesten Gotteshäuser im alemannischen
Raum. Ihre historischen Wurzeln reichen bis in die Zeit der Christianisierung im 7. Jh. zurück. Bei den Ausgrabungen im Kirchengebäude
wurden außer den Pfostenlöchern einer ersten Holzkirche und vielen
Mauerzügen insgesamt 73 Bestattungen, u. a. spätalemannische Stein-
kistengräber, freigelegt. Die einschiffige Saalkirche wird von einem
wuchtigen, dreigeschossigen Chorturm mit romanischen Drillingsfens-
tern überragt. Die Atmosphäre des schlichten Innenraums wird durch

Alte Friedhofskirche St. Peter und Paul, Nusplingen

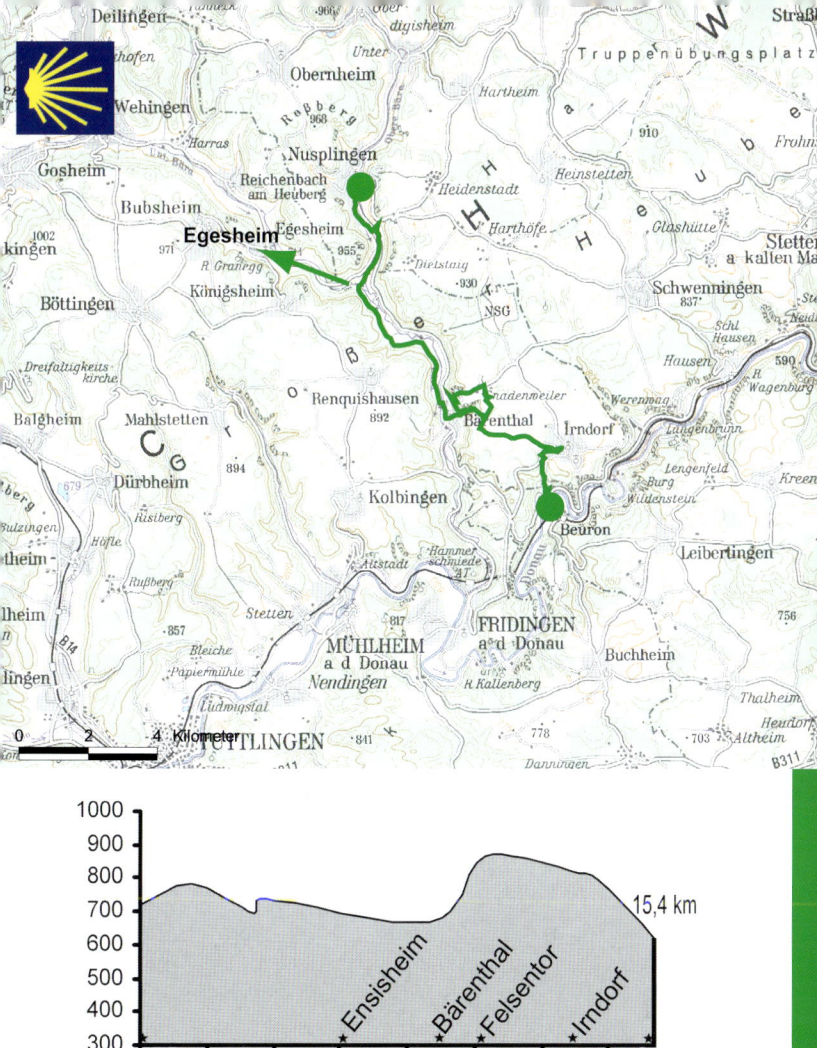

sein mildes Licht und die Pastelltöne der Wand- und Deckenmalereien bestimmt. Nord- und Südwand werden von den lebensgroßen Darstellungen Christi und der Zwölf Apostel beherrscht. Der hl. Jakobus ist sowohl an der Inschrift als auch an seinem typischen Attribut, dem Pilgerstab, zu erkennen. Auf dem oberen Drittel der Chorbogenwand sehen wir eine szenische Darstellung des Jüngsten Gerichts mit Christus als Weltenrichter. Die prächtige aus 45 Feldern bestehende Holzdecke im Langhaus stammt vom Konstanzer Maler Johann Rudolf Mohr (1711) und befand sich ursprünglich in der ehemaligen Katharinenkirche. Ein besonderes Kleinod ist der Altarschrein mit den spätgotischen

Inschrift in der alten Friedhofskirche St. Peter und Paul, Nusplingen

Holzfiguren: der Nusplinger Madonna, den hll. Katharina, Barbara sowie Petrus und Paulus auf dem Hochaltar. Die hl. Barbara trägt als Attribut eine Nachbildung des Rottweiler Kapellenturms, nach dem auch der Balinger Kirchturm gestaltet worden ist. Die Predella zeigt Christus im Kreise der Zwölf Apostel. Hier kann man den hl. Jakobus an der Jakobsmuschel erkennen, die an seinen Pilgerhut geheftet ist. In der nördlichen Chorwand befindet sich eine rätselhafte schmale Öffnung. Es handelt sich um ein sogenanntes Hagioskop, ein Heiliges Fenster, auch Lepraspalte oder Lepraloch genannt, durch das die Siechen oder Leprakranken von außen die Zelebration der hl. Messe verfolgen konnten.

1,13 m langer Meerengel Sqatina acanthoderma. Der rochenähnliche Hai gilt als „Wappentier" des Nusplinger Plattenkalks.

Eine Rarität sind die gotischen Tonfliesen vom Ende des 15. Jh. mit der Inschrift „maria hilf" oder „drit mich", die man bei Grabungen im Chor und Langhaus gefunden hat. Fast dieselben gotischen Fliesen hat man auch im Fußboden der St. Annakapelle in Jungingen gefunden.

Auf dem über 900 m hohen Bergrücken zwischen Nusplingen und Egesheim erstreckt sich der Westenberg, wo sich der bekannte Nusplinger Plattenkalk befindet. Er ist vor 150 Millionen Jahren durch die Ablagerung von feinstem Kalkschlamm in einer 80 m tiefen Lagune des Jura-Meers entstanden. In ihm wurden zahlreiche außergewöhnliche Fossilien wie z. B. Insekten, Ammoniten, Quastenflosser und Flugsaurier konserviert. Im Jahre 2004 hat Nusplingen durch die Entdeckung eines Meereskrokodils Schlagzeilen gemacht und die geologischen Untersuchungen der Universität Tübingen fördern immer neue, von der Fachwelt bestaunte Funde zutage.

Bei der Kirche gehen wir zunächst die Friedhofsstraße ins Dorf hinab und biegen kurz vor der Bära-Brücke mit der Statue des Brücken- und Pilgerpatrons St. Nepomuk nach links in die Kirchwiesenstraße ein. Sie mündet nach etwa 500 m in die Landstraße (L 440). Hier gehen wir etwa 200 m auf der linken Straßenseite in Richtung Bärenthal und folgen dann dem links abzweigenden Feldweg, der den Hang schräg hinauf zum Rundwanderweg führt. Oben angekommen, sind es noch 8 km bis **Bärenthal**. Auf der gegenüber liegenden Talseite grüßt der markante Tannenfels. Nach einer alten Sage soll hier einmal das Schloss des Tannenfräuleins gestanden haben. Eines Tages verwehrte sie jedoch einer Zigeunerin mit ihrem Säugling die Nachtherberge. *Da verwünschte sie das Schlossfräulein so lange, bis aus einem der dort wachsenden Felsenbäume eine Wiege gezimmert werde, in der ein Säugling gewiegt*

Nusplingen

Das vielleicht 842 erstmals erwähnte Dorf entstand in alemannischer Zeit links der Bära bei der Friedhofskirche St. Peter und Paul, wo vermutlich auch der Sitz der im 12. Jh. genannten edelfreien Herren von Nusplingen war. Um 1285 wurde eine Stadt rechts der Bära als geplante, quadratische Anlage gegründet. Stadtgründer war möglicherweise Graf Hugo von Werdenberg, damals Besitzer der Herrschaft Kallenberg, zu deren Mittelpunkt Nusplingen anstelle der abgelegenen Burg Kallenberg (im Donautal) wurde. Die Grafen von Hohenberg werden erstmals als Besitzer von Burg und Herrschaft Kallenberg genannt, zu der u. a. Nusplingen, Dormettingen und Obernheim gehörten, die 1381 mit der Grafschaft Hohenberg an Österreich überging und nahezu dauerhaft an unterschiedliche Herren verpfändet oder als Lehen vergeben war, seit 1702 an die Freiherren von Ulm-Erbach. Die Herrschaft blieb beim alten Glauben. 1806 ging der Ort an Württemberg über. In der frühen Neuzeit war Nusplingen ein Ackerbürgerstädtchen, dessen städtischer Charakter früh verloren ging.
Sehenswürdigkeiten: Alte Friedhofskirche, UNESCO-GeoPark, Nusplinger Plattenkalk (Lehrpfad,Klopfplatz) *AZ*

Maria erscheint dem hl. Jakobus auf einer Säule bei Zaragoza am Ebro und beauftragt ihn mit dem Bau einer Kirche. In Deutschland seltene Darstellung der Legende der „Virgen del Pilar" in der kath. Pfarrkirche Mariä Himmelfahrt, Egesheim

werden könne. Seitdem irrt das Tannenfräulein ruhelos in den Wäldern des Bäratales herum. Weiter geht es am Talhang entlang durch den schattigen Hochwald. Am Wegesrand blühen zahlreiche Pflanzen, die vornehmlich auf dem feuchten kalkhaltigen Waldboden gedeihen wie der Türkenbund, die Ährige Teufelskralle, das weiße Waldvögelein, Haselwurz, die Glockenblume, das Helmknabenkraut, wilder Liguster, Wolfsmilch, das Leintöpfchen und die Jakobsleiter.

Nach ca. 1 km gabelt sich der Pfad, wir halten uns rechts, stoßen gleich darauf auf die L 440, überqueren die Landstraße, folgen dem links in die Talaue führenden Wirtschaftsweg und befinden uns im Naturschutzgebiet Galgenwiesen, in dem die Obere Bära und die von Egesheim kommende Untere Bära zusammenfließen. Am Zusammenfluss von Oberer und Unterer Bära vereinigen sich der Beuroner Jakobusweg und der Heuberg-Pilgerweg, der von Westen, vom Dreifaltigkeitsberg, Bubsheim und Egesheim herüberkommt.

Auf der gegenüberliegenden Talseite angekommen, überqueren wir auf einem schmalen Steg den ehemaligen Mühlkanal, der von der Unteren Bära abzweigt, und steigen den steilen Hang bis zu einem breiten Forstweg hinauf. Hier wenden wir uns nach links, stoßen nach ca. 200 m auf eine von der L 440 kommende asphaltierte Straße, passieren nach 50 m das Wasserwerk Hammer und wandern zwischen Waldsaum und Bära das Tal hinab. Nach etwa 2,5 km erblicken wir auf der gegenüberliegenden Talseite die Schlösslemühle in **Ensisheim**, die mit Europas größtem oberschlächtigem Wasserrad aus Holz betrieben wurde. Auf dem Tuffsteinfelsen neben der Mühle stand einst die Burg der Herren von Ensisheim. Etwas weiter flussabwärts lädt ein schattiger Rastplatz zu einer Verschnaufpause ein. Anschließend gehen wir geradeaus weiter und erreichen nach 1 km die ersten Häuser von **Bärenthal**. Am Ortseingang empfängt uns ein altes Steinkreuz mit einer denkwürdigen Inschrift, die uns zu kurzem Verweilen mahnt:

Wanderer, Pilger, geh hier nicht vorbei. Denke an Gott und Deine Pflicht und vergiss auch die armen Seelen nicht.

Mitten im Ort steht unsere nächste Pilgerstation: die 1797/98 neu erbaute kath. Pfarrkirche St. Johannes Baptist. Ihre ursprüngliche Innenausstattung hat sich im Laufe der Zeit stark verändert. Gegen Ende des 19. Jh. wurde sie im sogenannten altchristlichen Stil der Beuroner Kunstschule völlig umgestaltet, 1959 erneut renoviert und anlässlich der 900-Jahrfeier der Gemeinde Bärenthal rebarockisiert. Besonders bemerkenswert ist das Bild über dem Gnadenaltar. Es zeigt eine Kopie der „Mutter vom Guten Rat" nach dem Original aus Genazzo. Der Hauptaltar stammt aus Veringendorf und ist ein Werk von Franz Beer II (1660–1726). Der achteckige Taufstein von 1574 ist aus der früheren Pfarrkirche übernommen.

Bärenthal

Das Dorf ist erstmals anno 1052 urkundlich erwähnt. Im Jahre 1751 verkaufte Hohenzollern-Sigmaringen den Ort an das Kloster Beuron. Die Hochgerichtsbarkeit und die Landeshoheit wurden von Österreich als Inhaber der Grafschaft Hohenberg beansprucht. Im Jahre 1803 fiel das Dorf zusammen mit dem Kloster Beuron an Hohenzollern-Sigmaringen. Kirchlich wurde Bärenthal bis zur Errichtung einer eigenen

Pfarrkirche St. Johannes Baptista, Bärenthal

Pfarrei 1820 von Kloster Beuron versehen. Seit der Kreisreform von 1973 gehört die Gemeinde zum Landkreis Tuttlingen.

Sehenswürdigkeiten: Pfarrkirche St. Johannes, Schlösslemühle, Vogelbühl   *H-JSch*

Kapelle „Maria, Mutter Europas", Gnadenweiler

Oberhalb der Pfarrkirche, zwischen dem Gasthof Ochsen und einem Haus, das mit dem Bild des hl. Christophorus geschmückt ist, geht es auf der Gnadenweiler Straße ziemlich bergan aus dem Dorf heraus. Nach ca. 1 km erreichen wir eine Haarnadelkurve. Hier zweigen die Straßen nach **Gnadenweiler** und **Irndorf** ab. Links geht es nach Gnadenweiler hinauf. In dem kleinen, erst 1832 gegründeten Ort wurde zur 175-Jahrfeier des Ortes 2007 die Kapelle „Maria Mutter Europas" geweiht. Die von Helmut Lutz (Breisach) nach der theologischen Grundkonzeption des Beuroner Benediktiner-Mönches P. Notker Hiegl entworfene Wallfahrtskapelle ist ein eindrucksvolles Kleinod am Jakobsweg. Sie soll ein „Zeichen der Gnade für den Erhalt und die Einigung Europas" sein.

Felsentor zwischen Bärenthal und Irndorf

Der Weg führt auf der wenig befahrenen Straße 1,7 km steil bergan. Nach dem Besuch der Wallfahrtskapelle folgen wir der kurvenreichen Straße und gelangen nach 1,2 km auf das Sträßchen, das vom Felsentor kommend über das Hard nach Irndorf führt.

Wer dem kleinen, aber lohnenswerten Umweg über Gnadenweiler nicht folgen möchte, geht durch den tief eingeschnittenen Hohlweg die Alte Talstaig hinauf, die zu einem wild zerklüfteten Felsmassiv, dem sog. Felsentor, führt. In der kleinen, als Lourdesgrotte dienenden Höhle soll während des Dreißigjährigen Krieges immer eine Näherin übernachtet haben, wenn sie zum Nähen nach Bärenthal kam. Deshalb wird der bizarre Felsrücken im Volksmund auch „Näherinnenfelsen" genannt. Der rechts abzweigende schmale Wanderweg wird von der gewaltigen Felswand wie von einer gewaltigen Zyklopenmauer überragt. Nach etwa 500 m haben wir die Hochebene erreicht. Wir biegen nach rechts in eine asphaltierte Straße ein, stoßen nach ca. 200 m auf eine Querstraße, biegen wieder rechts ab und folgen der asphaltierten Verbindungsstraße von Bärenthal nach **Irndorf**. Wir durchwandern nun das Naturschutzgebiet Irndorfer Hardt, eine weite, von Busch- und Baumgruppen aufgelockerte ehemalige Waldweide oder „Holzwiese", die wie eine parkähnliche Wiesenlandschaft erscheint. Es ist still hier oben. Ein hohes Steinkreuz säumt unseren Weg. Etwa 1 km vor Irndorf stoßen wir auf ein weiteres Kreuz. Hier zweigt der Wanderweg des Schwäbischen Albvereins Richtung Beuron ab. Wir gehen jedoch geradeaus weiter und kommen nach 1 km auf der Drei-Kreuze-Straße nach **Irndorf** hinein. Bei der Kreuzung gelangen wir durch die Johannes- bzw. Hauptstraße zur Pfarrkirche St. Petrus.

Landschaft bei Irndorf

Das Gotteshaus ist eine 1848/48 erbaute spätklassizistische Hallenkirche, die 1899 im Stil der Beuroner Kunstschule ausgestaltet worden ist. Von der ursprünglichen Ausmalung, der Darstellung des himmlischen Jerusalem, ist nach der Renovation von 1963–1967 u.a. noch der Engelsfries an den Seitenwänden und das Bild der strahlenden Sonne mit dem Opferlamm als Sinnbild für Christus als Licht der Welt übrig geblieben. Die alte spätgotische Pfarrkirche dient heute als Friedhofskapelle. Sie wurde um die Wende zum 20. Jh. ebenfalls von Vertretern der Beuroner Kunstschule ausgemalt.

Zuerst geht es auf der Hauptstraße zurück, dann links durch die Triebstraße bis zum Ortsende, wo der Wanderweg nach Beuron beginnt. Er führt zunächst über eine Wiese zu einer Kapelle und von dort auf serpentinenartigem, schattigem Waldweg bis zum Gäste- und Tagungshaus Maria-Trost und nach **Beuron** hinab.

Hier eröffnet sich ein weiter Ausblick ins Tal: Vor uns, in einer von Felsen begrenzten Flussschlinge der jungen Donau, liegt Kloster Beuron, eines der bedeutendsten Benediktinerklöster Deutschlands, das 1863 in

Benediktinerabtei St. Martin im Donautal

Gnadenkapelle in der Klosterkirche Beuron

In den ersten Jahrhunderten nach seiner Gründung um 1080 kannte das Augustinerchorherrenstift Beuron noch keine Wallfahrt. Erst nach dem 30jährigen Krieg wurde eine bis dahin von den Chorherren privat im Konvent verehrte Pietà des frühen 15. Jh. zur öffentlichen Verehrung auf einem Kreuzaltar unter dem Chorbogen der Klosterkirche volksnah aufgestellt. Seit 1863 fand sie ihren Platz in

Hauptdeckenfresko mit der Gründungslegende, Kloster Beuron

der Nische des linken Seitenaltars, um nach der Errichtung der Gnadenkapelle 1898–1904 dorthin zu übersiedeln.

Mit der Aufhebung des Chorherrenstifts 1802 erlosch auch die blühende Wallfahrt zur Beuroner Schmerzensmutter und geriet diese völlig in Vergessenheit. Nach der zwangsweisen Einstellung der Wallfahrt im preußischen Kulturkampf 1875–1887 und der damit verbundenen Vertreibung der Benediktiner aus Beuron erlebte sie seit 1888 einen ungeheuren Aufschwung. Nicht einmal die Naziherrschaft vermochte die Wallfahrt trotz Behinderungen zu unterdrücken. *EEW*

dem ehemaligen Augustinerchorherrenstift gegründet worden ist. Nach der Legende soll dem schwäbischen Grafen Peregrinus von Hosskirch auf der Jagd ein großer Hirsch mit leuchtendem Geweih in der abgelegenen Einöde des Tales erschienen sein und eine Stimme befohlen haben, an dieser Stelle ein Kloster zu bauen. Wie die mittelalterliche Klosteranlage mit der Kirche einmal ausgesehen hat, zeigt ein Ölbild, das am Anfang des 18. Jh. entstanden ist. Die heutigen Klostergebäude wurden gegen Ende des 17. Jh., die Barockkirche 1732–1738 gebaut. Wir überqueren auf der überdachten Holzbrücke von 1803 den Fluss, steigen die Anhöhe hinan, gelangen in den Vorhof und schreiten über eine breite Freitreppe zur **Kloster- und Wallfahrtskirche St. Martin** hinauf.

Enthauptung des hl. Jakobus, Fresko im südl. Chorgewölbe, Kloster Beuron

Beim Betreten der Basilika empfängt uns ein heller, von einer Galerie umschlossener, einschiffiger Raum, der mit prächtigen Altären, herrlichen Deckengemälden und reicher Stuckierung ausgestattet ist. Die beiden Seitenaltäre (Josefsaltar und Benediktusaltar) stammen von Joseph Anton Feuchtmayer und Johann Georg Dirr. Der ursprünglich auch von ihnen geschaffene Hochaltar wurde unter dem Einfluss der Beuroner Kunstschule stark verändert, jedoch nach dem 2. Weltkrieg rebarockisiert. Das Altarblatt mit der Darstellung der Krönung Mariens wurde von P. Gabriel Wüger und P. Lukas Steiner gemalt. Die üppigen Stuckaturen mit Kartuschen, Ranken und Gitterwerk, Blumengirlanden und Muschelmotiven sind ein Werk von Johann Schütz aus Landsberg und Pontian Gigl aus Wessobrunn. Besonders eindrucksvoll sind die Deckenfresken von Joseph Ignaz Wegscheider aus Riedlingen. Das mittlere Langhausgemälde stellt in einer romantischen Waldlandschaft die Gründungslegende von Beuron dar. Der Schimmel des Jägers fixiert den Besucher mit seinem Blick und scheint vom Gewölbe herabzuspringen. Im Bildprogramm der Klosterkirche ist auch der hl. Jakobus vertreten. Ein Fresko im südlichen Chorgewölbe veranschaulicht in einer dramatischen Szene, wie der Apostel von einem römischen Soldaten auf dem Schafott enthauptet wird. In der Krypta der Gnadenkapelle sind fünf Beuroner Erzäbte beigesetzt.

Begegnung auf dem Weg

Hinter mir schreitet
einer,
der den Weg hat
wie ich.
Schuhe, Kleidung,
Rucksack,
Stock und Hut –
wir gleichen uns
im Zeichen der Muschel!

Woher? – Wohin?
Für einige Stunden
hinter mir
geht er den gleichen Weg,
ist unterwegs
zum einen Ziel.

JK

4. Etappe: Beuron – Meßkirch 18,3 km

Buchheim:
Gemeinde Buchheim, Beuroner Str. 39, 88637 Buchheim, Tel.: 07777-311,
e-mail: Gemeinde-Buchheim@web.de.
Altheim (Ortsteil von Leibertingen):
Gemeinde Leibertingen, Rathausstr. 13, 88637 Leibertingen,
Tel.: 07466-232; e-mail: info@leibertingen.de
Heudorf (Ortsteil von Meßkirch)
Meßkirch:
Stadt Meßkirch, Tourist-Informationen, Schlossstr. 1, 88605 Meßkirch,
Tel.: 07575-206-46; e-mail: info@messkirch.de

Bei der Beuroner Klosterkirche geht es zunächst die Buchheimer Straße
hinauf. Wir passieren die Klosteranlage und Eisenbahnbrücke und folgen kurz darauf dem Stationenweg, der zur Lourdes-Grotte im idyllischen Liebfrauental führt.
In der halboffenen Waldkapelle von 1958/59 sind Votivtafeln zu Ehren
der Schmerzensmutter, des hl. Antonius und ein Foto von Erzabt und
Klostergründer Maurus Wolter angebracht. Das Deckengemälde mit der
Darstellung bedeutender Persönlichkeiten des Benediktinerordens hat
der Beuroner Mönch P. Tutilo gemalt.

Zwischen zerklüfteten Felshängen steigen wir den lichten Bergwald
empor und wandern zwischen grünen Matten und Feldern zum Gallus-

Auf dem Weg durchs Liebfrauental

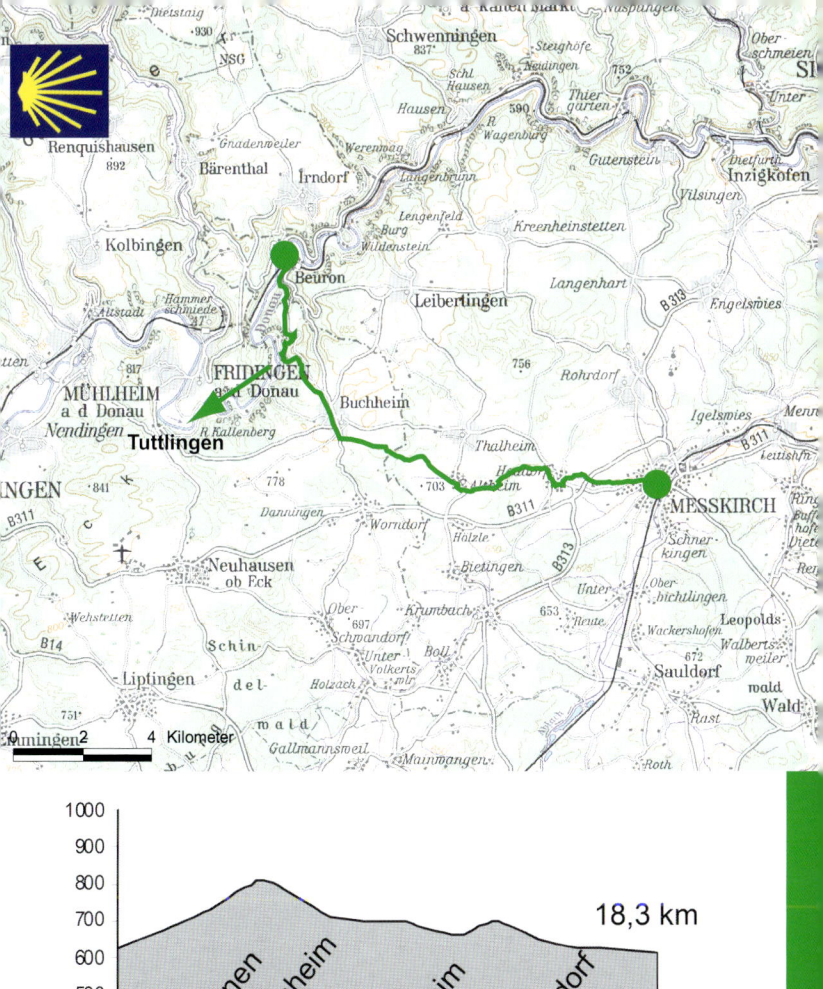

hof hinauf. Unterhalb des Hofes zweigt rechts der Donau-Randen-Pilger-weg ab, der über Fridingen, Mühlheim und Tuttlingen nach Blumberg führt. Oberhalb des Hofes wenden wir uns nach rechts und stoßen nach wenigen Minuten auf **Schloss Bronnen**, eine ehemalige Höhenburg, die auf mächtigem Felsenblock weithin sichtbar über dem Donautal thront. Nach Unterquerung der Zugbrücke gehen wir nicht die kleine Treppe hinauf, sondern immer geradeaus und gelangen in einer Links-kurve bei der Fuchsklamm zu einer Felsnase mit herrlichem Ausblick über das tief eingeschnittene Tal und auf Schloss Bronnen. Direkt zu unseren Füßen, beim Donauwehr, stand die Bronner Mühle, die 1960

Im Donautal

durch einen Bergrutsch verschüttet wurde. Fast die gesamte Müllers-familie wurde von den Geröllmassen im Schlaf getötet, lediglich ein Kleinkind hat das Unglück in einem umgestürzten Kasten überlebt. Von hier aus wandern wir auf dem ausgeschilderten Waldweg aufwärts nach **Buchheim**.

Buchheim

Der Ort taucht erstmals in einer St. Galler Urkunde des Jahres 861 auf. Von den Grafen von Zollern ging das Dorf 1391 zusammen mit der Herr-schaft Mühlheim an die von Weitingen und 1409 an die Herren von Enzberg. Die hochobrigkeitlichen Rechte waren zwischen Nellenburg, Sigmaringen und Enzberg umstritten. Nach einem kurzen württembergischen Zwischen-spiel 1805–1810 kam Buchheim an das Großherzogtum Baden.

Sehenswürdigkeiten: Pfarrkirche, ehem. Kirchturm (Buchheimer Hans)

H-JSch

Buchheimer Hans

152

Bei einem Feldkreuz, kurz vor dem Ortseingang, mündet der Weg in die von Beuron kommende Kreisstraße (K 5941). Wir folgen ihr an den stattlichen Bauernhöfen vorbei in das Dorf und biegen in der Ortsmitte links ab, um der etwas abseits stehenden Pfarrkirche St. Stephan von 1742 einen Besuch abzustatten.

Die Ausstattung des Gotteshauses ist ganz vom Geist des Rokoko bestimmt. Die Dekoration der Kanzel und Altäre wirkt beschwingt und spielerisch und gibt dem Raum eine heitere

Deckenbild in der Pfarrkirche St. Stephan, Buchheim

Atmosphäre. Auf den Konsolen neben den Seitenaltären stehen die Figuren der beiden Pilgerpatrone, der hll. Nepomuk (rechts) und Wendelin (links). Die Altarbilder stammen von Franz Ferdinand Dent. Die Deckengemälde in Langhaus und Chor mit der kleinen Dorfansicht von Buchheim hat Anselm Endres 1880 gemalt. Auf dem Bild ist auch der „Buchheimer Hans", das Wahrzeichen des Dorfes, zu erkennen. Der weithin sichtbare Kirchturm erinnert an die mittelalterliche Georgskirche, die 1677 zerstört worden ist.

Von der Pfarrkirche gehen wir auf der Hauptstraße bis zum Ortsende, biegen beim Buchheimer Hans nach links und wandern zunächst über freies Feld, dann am Waldrand Richtung Thalheim. Nach 1,2 km geht es auf dem ausgeschilderten Jakobs- und Wanderweg erst nach rechts und 30 m weiter wieder nach links durch den Wald (aufpassen!). Wir folgen dem Forstweg, biegen nach 300 m in einer Rechtskurve nach links, wandern auf einem unbefestigten Pfad durch den Fichtenwald und stoßen bald darauf auf einen breiten Wirtschaftsweg. Diesem folgen wir nach links, bleiben auf ihm und gelangen schließlich auf einer kleinen asphaltieren Straße nach **Altheim**.

Auf dem Weg durch das Dorf verweilen wir kurz in der St. Pankratiuskapelle. Das beschauliche Kirchlein war nach der Zimmer'schen Chronik ein Wallfahrtsort. Der Innenraum des in seinem Kern spätgotischen Gotteshauses wurde im 18. Jh. barockisiert. Besonders bemerkenswert ist der Hochaltar mit der Marienstatue (Marienkönigin). Die Barock-

Am Waldrand

statuette des hl. Otmar weist auf dessen Verehrung als Nebenpatron und die einst engen Beziehungen zu St. Gallen hin.

Wir verlassen Altheim auf der Kreisstraße nach Bietingen (Palaststraße), biegen am Ortsausgang links ab und wandern zunächst an der Kläranlage vorbei die flache Talmulde des Dorfbaches entlang. Wir gehen immer geradeaus, durchqueren die feuchte Talsohle, wandern den etwas steilen Berghang hinauf und haben beim Verlassen des Waldes einen guten Ausblick über das weite Land. Vor uns, auf der Hochfläche des Heubergs tobte am 5. Mai 1800 die Schlacht bei Meßkirch.

Unweit von hier befindet sich übrigens der römische Gutshof Altstatt. Bei Ausgrabungen wurden hier vier Gebäude und ein kleiner Tempel freigelegt. Mit ca. 8 ha Siedlungsareal zählt der von einer Umfassungsmauer umschlossene Gutshof zu den größten bekannten römischen Siedlungen in Baden-Württemberg. Der Tempel war der römischen Göttin Diana geweiht.

Unser Weg mündet nach etwa einer halben Stunde in eine kleine geteerte Straße, stößt gleich darauf auf die Hauptstraße („Am Talbach") und führt direkt nach **Heudorf** hinein.

Mitten im Dorf steht die Pfarrkirche St. Peter und Paul. Das heutige Kirchengebäude wurde 1842 errichtet. Der Innenraum wirkt nüchtern und kühl. Von der neuromanischen Innenausstattung und Ausmalung im Nazarenerstil (1927) ist nach mehreren Renovationen, zuletzt 1967, nichts mehr vorhanden.

Nach dem Besuch der Kirche gehen wir auf der Straße Am Talbach (K 8218) nach rechts, passieren den Ortskern durch die Kapellenstraße und wandern aus Heudorf heraus. Am Ortsausgang biegen wir links in einen Radwanderweg ab, halten uns rechts, unterqueren die B 311 und erreichen in weniger als einer Stunde durch den Mühlenweg das Stadtzentrum von **Meßkirch**.

154

Neues Leben

*Himmel des Glaubens
fiel auf die Erde
und wurde fruchtbar
wie Regen und Tau
auf geackertem Land.*

*Himmel und Erde
werden eins
und neues Leben
regt sich
in Steppe und Wüste
vielfältig neu
in Blumen und Korn*

*zur Nahrung
für Seele
und Leib.*

JK

Linzgauer Jakobsweg

1. Etappe: Meßkirch – Pfullendorf 19,4 km

Wald:
Gemeinde Wald/Hohenzollern, Von-Weckenstein-Str. 19, 88639 Wald,
Tel.: 07578-92160, e-mail: rathaus@wald-hohenzollern.de
Pfullendorf:
Tourist-Information, Kirchplatz 1, 88630 Pfullendorf, Tel.: 07552-251131,
e-mail: tourist-information@stadt-pfullendorf.de

Schon von weitem ist an der majestätischen Schlossanlage zu erkennen, dass **Meßkirch** ein Residenzstädtchen gewesen ist. Das 1557–1567 von Graf Froben Christoph von Zimmern anstelle einer mittelalterlichen Burg errichtete Schloss gilt als „eines der frühesten Beispiele einer Vierflügelanlage im Renaissancestil im deutschen Sprachgebiet" (Gebhard Spahr). Es wurde in den letzten Jahren aufwändig renoviert und birgt in seinem Südflügel auf einer Gesamtfläche von ca. 450 qm die Kreisgalerie des Lkr. Sigmaringen mit ausgewählten Kunstwerken aus dem Kreisgebiet vom späten Mittelalter bis in die Gegenwart. Im Erdgeschoss des Ostflügels befindet sich heute das Museum des berühmten Philosophen und Heimatsohns Martin Heidegger.

Die dem fränkischen Reichspatron St. Martin geweihte Pfarrkirche auf der Anhöhe neben dem Schloss wird um 1080 erstmals erwähnt. In den

Blick auf Meßkirch

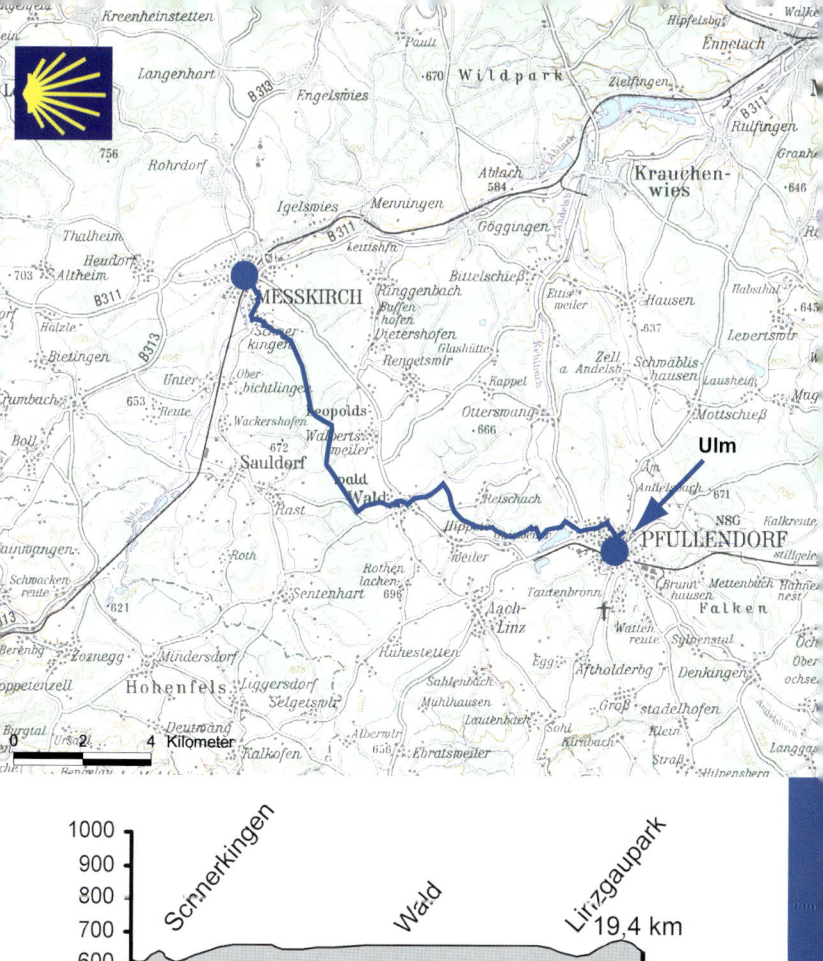

Jahren 1772/1773 wurde die dreischiffige gotische Basilika unter der Leitung des Sigmaringer Kirchenmalers Andreas Meinrad von Au (1712–1792) zu einer spätbarocken Saalkirche umgestaltet. Von außen macht die Kirche einen eher schlichten Eindruck. Betritt man jedoch den weiten, lichtdurchfluteten Sakralraum mit den reich beschwingten Stuckaturen von Johann Jakob Salzmann und den farbenfrohen Deckenfresken von Meinrad von Au, so ist man überrascht, welch ungeahnte Schönheit und Pracht die Kunst des Rokoko sich in dem Gotteshaus entfaltet hat. Der Hochaltar und die mit den beiden Seitenaltären verschmolzenen Kanzeln stammen vom fürstenbergischen Hofbildhauer

Franz Xaver Biecheler (1726–1787) aus Donaueschingen. Auf der Nordseite befindet sich der Dreikönigsaltar mit der Bildtafel vom „Meister von Meßkirch", die 1538 als Mittelflügel des ehemaligen Hochaltars von Graf Gottfried Werner von Zimmern und seiner Gattin Gräfin Apollonie von Henneberg gestiftet worden ist.

Sankt Jakobus als Pilger. Apostelmedaillon in der Stadtpfarrkirche St. Martin, Meßkirch

Die Meßkircher Jakobusverehrung geht auf die Freiherren von Zimmern zurück, von denen um die Mitte des 14. Jh. ein 1368 erstmals erwähnter Altar zu Ehren des hl. Jakobus mit einer dazugehörigen Pfründe errichtet worden ist. Bereits die Pfarrkirche an deren Stammsitz in Herrenzimmern bei Rottweil war dem Apostel Jakobus geweiht. Anfang 1517 brach Freiherr Johann Werner II. von Zimmern (1480–1548) mit mehreren Adeligen und dem Apotheker Wolf aus Überlingen

Stadtpfarrkirche St. Martin, Meßkirch

Meßkirch

Das um 1080 erstmals genannte Meßkirch verdankt den Aufstieg zur 1261 als solche erwähnten Stadt und die weitere Entwicklung in Spätmittelalter und Frühneuzeit seiner Funktion als Hochadelsresidenz und herrschaftliches Verwaltungszentrum. Die Ortsherrschaft liegt zunächst bei den 1092 erstmals erwähnten Grafen von Rohrdorf, nach deren Aussterben 1210 folgen die Herren von Neuffen, 1228 die Truchsessen von Waldburg. Mit den von 1351 bis zu ihrem Aussterben 1594 in Meßkirch residierenden Freiherren (seit 1538 Grafen) von Zimmern verbinden sich herausragende Kulturleistungen wie das Meßkircher Renaissanceschloss und die Zimmer'sche Chronik, aber auch die gewaltsame Beschneidung der stadtbürgerlichen Autonomie im Gefolge des Bauernkriegs von 1525. Eine weitere, barock geprägte Glanzzeit erlebt Meßkirch unter einer eigenen, 1716 gefürsteten Linie der Grafen von Fürstenberg, nach deren Aussterben 1744 man Hofhaltung und Zentralbehörden verliert und zur wirtschaftlich stagnierenden Landstadt im „Fürstentum Fürstenberg" herabsinkt. Nach der Mediatisierung Fürstenbergs 1806 kommt Meßkirch unter badische Landeshoheit. Im 19. Jh. macht Meßkirch als Zentrum der Demokratiebewegung von 1848/49 sowie als Hort des Liberalismus und Altkatholizismus im badischen Kulturkampf auf sich aufmerksam.

Sehenswürdigkeiten: Renaissance-Schloss, Pfarrkirche St. Martin, Liebfrauenkapelle, Kreisgalerie, Martin Heidegger-Museum.

EEW

Liebfrauenkirche, Meßkirch

zu einer Wallfahrt nach Compostela auf. Aus Meßkirch sind auch einige Beispiele für die Strafpilgerschaft überliefert. Die Zimmer'sche Chronik berichtet unter anderem von einem Landfahrer, der 1554 wegen Viehdiebstahls in Rohrdorf von Graf Froben Christoph von Zimmern zu einer Wallfahrt zum Grab des hl. Jakobus verurteilt wurde, nach einem erneuten Pferdediebstahl jedoch hingerichtet worden ist. In der Barockzeit blüht der Kult des Pilgerapostels noch einmal auf: 1682 entsteht eine St. Jakobusbruderschaft zu Gebet und Totengedenken. Heute erinnern lediglich die Stuckreliefs der Zwölf Apostel zwischen den Ober- und Unterfenstern mit der Büste des Pilgerpatrons noch daran, dass die Martinskirche in Meßkirch auch Ort einer jahrhundertealten Jakobusverehrung gewesen ist.

Zunächst gehen wir vom Kirchplatz die steile Treppe zur Markstätte hinunter, werfen noch einen Blick auf das 1898 im Stil der Neorenaissance erbaute Rathaus und kehren durch die schmale Hauptstraße mit ihren dicht gedrängten spitzgieblingen Fachwerkhäusern bis zum Verkehrskreisel zurück. Hier wenden wir uns nach rechts, überqueren die Eisenbahnlinie und die Ablach und stehen nach ca. 50 m vor der 1356 erstmals erwähnten Liebfrauen- oder Gutleutekirche, deren Westgiebel und Turmfassade wie der Glockenturm und Torbau des Heiligenberger Schlosses von Pilastern, Nischen und Blendbögen gegliedert sind.
Sie wurde 1576 von Jörg Schwartzenberger umgestaltet und zählt zu den frühesten und bedeutendsten Renaissancekirchen Deutschlands. (Schlüssel beim Kath. Pfarramt, Tel. 07575/3620)

In der Kurve geht es durch die Schnerkinger Straße etwa 50 m weiter. Dann biegen wir links ab, steigen den Sandbühlweg hinauf und erreichen oberhalb des Baugebiets die Anhöhe, von der man einen hervorragenden Rundblick genießt und bei gutem Wetter auch den Saum der Alpenkette erkennen kann. Beim Schützenhaus führt der Weg leicht bergab in die Talmulde der Ablach nach **Schnerkingen.**

Die kleine, an den Hang gelehnte Peter- und Paulskapelle stammt noch aus hochgotischer Zeit. Ihre Chorwände sind mit wertvollen spätgotischen, doch leider stark verblassten Fresken ausgemalt. In zwei breiten übereinander gelagerten Bildzonen sind die Zwölf Apostel mit ihren charakteristischen Attributen und die Umrisse einer Kreuzigungsgruppe zu sehen. (Schlüssel bei Fam. Muffler, Brucköschweg 1)

Schnerkingen, Kapelle St. Peter und Paul

Etwa 100 m weiter, beim ehemaligen Rathaus, vor dem ein gusseiserner Brunnen plätschert, zweigen wir links ab, folgen dem Hinteren und Vorderen Stockertweg und gelangen auf einem Feldweg zum Waldrand, wo die „Lange Allee" durch ein großes geschlossenes Waldgebiet weiter führt. Von hier aus sind es noch 9 km bis nach **Wald.** Nach 500 m passieren wir vier keltische Grabhügel aus der Hallstattzeit, etwa 1 km weiter schwenkt der Weg nach rechts. Wir gehen jedoch durch ein Feuchtgebiet geradeaus weiter bis zum Waldrand und blicken auf den kleinen, schon 854 urkundlich erwähnten Ort Walbertsweiler mit seiner Galluskirche, in der sich ein deutlicher Beleg für die Jakobusverehrung findet. Zu ihren Kostbarkeiten zählen außer einer spätgotischen Marienstatue mit dem Christuskind (um 1520) über dem linken Seitenaltar sieben Apostelgemälde (um 1700). Auf einem davon ist auch der hl. Jakobus dargestellt.

Im Wald zwischen Walbertsweiler und Meßkirch befindet sich übrigens ein sagenumwobener Ort namens *D'r Kegelplatz*, an dem sich nach der Zimmer'schen Chronik um 1509 ein Kegelspiel mit dem Teufel ereignet hat. Hier soll ein junger, aus Meßkirch stammender *Kriegsmann und Schmied* namens Michel, der leidenschaftlich gern kegelte, den Teufel getroffen haben, als er an einem Sonntag vor dem Besuch der hl. Messe, Kugel und Kegel im Ärmel versteckt, nach Kloster Wald eilte, wo gerade Kirchspiel war. *„Ich sehe",* sagte der Unbekannte, *„du bist auch ein Kegler. Darum will ich mein Heil gegen dich versuchen."* Beide wurden sich einig, sofort an Ort und Stelle einen geeigneten Platz im Holz zum Kegeln herzurichten. Bald begann das Kegelspiel, das jedoch nicht

Am Wegesrand

lange dauerte. Als der unbekannte Fremde beim Kegelaufsetzen seinen Mantel etwas zurückschlug, da bemerkte der Junge, dass der unheimliche Fremde Rossfüße hatte, also der leibhaftige Teufel war. Trotz des gewaltigen Schreckens rief der Junge Gott an, machte das Kreuzzeichen über sich und vertrieb damit den bösen Geist. Der junge Kegler ging trotzdem nach Wald. Die unheimliche Begegnung mit dem Teufel beeindruckte ihn jedoch so sehr, dass er künftig an keinem Sonn- oder Feiertag mehr vor oder während der hl. Messe gekegelt hat.

Vom Waldrand aus folgen wir dem nach Süden verlaufenden breiten Wirtschaftsweg durch den Wald, überqueren die Verbindungsstraße Rast-Walbertsweiler und biegen 1,5 km weiter kurz vor der Kreisstraße (K 8216) scharf nach links. Das letzte Wegstück bis **Wald** führt erst auf schmalem Pfad durch ein sumpfiges Moorgebiet, dann über eine Wiese und freies Feld.

Mitten im Ort steht der mächtige Gebäudekomplex des 1212 gegründeten Zisterzienserinnenklosters, das während seiner 600jährigen Geschichte fast ausschließlich dem Adel und dem städtischen Patriziat

Kloster Wald

162

vorbehalten war. Ursprünglich ging der
Klosterkirche eine Kapelle mit einem romanischen Kruzifix aus der Mitte des 12. Jh. –
dem ältesten Kreuz Hohenzollerns
(1150/60) – voraus, das heute vor dem
farbigen Glorienfenster des Hochaltars
seinen Platz gefunden hat. Von der
mittelalterlichen Klosteranlage sind
lediglich im Ostteil des Kreuzgangs
Arkaden aus dem 13. Jh. erhalten
geblieben. Die jetzige Kirche
wurde 1696/98 anstelle der
baufällig gewordenen Basilika
vom Vorarlberger Baumeister
Franz Beer I (1659–1722) unter der
Äbtissin Jacobea von Bodman
(1681–1709) errichtet. Die prunk-
volle Innenausstattung im Stil des
Rokoko entstand 1752/53 unter der
Äbtissin Maria Dioscura von Thurn und
Valsassina (1739–1772), die den anfäng-
lich schlichten Raum in „den Himmel
auf Erden" verwandeln wollte. Die „sprit-
zigen, fast überschäumenden Stuckaturen und Muschelgebilde" (Manfred

Jakobusstatue aus Kloster Wald
im Augustiner Museum Freiburg
(1. Viertel 16. Jh.)

Hermann) sind ein Werk Johann Jakob Schwarzmanns, die Deckenbilder schufen Johann Melchior Eggmann und Meinrad von Au. Zur Ausstattung der Klosterkirche gehörte auch eine im 1. Viertel des 16. Jh.
entstandene Jakobusstatue. Die 72 cm hohe Büste der einst beinahe
lebensgroßen Apostelfigur befindet sich heute im Besitz des Freiburger
Augustiner Museums und belegt wie der Name der Äbtissin Jacobea von
Bodman, dass der hl. Jakobus auch von den Zisterzienserinnen in Wald
verehrt worden ist. Ein weiteres Indiz dafür ist die 1775 gestiftete Votivtafel der Mutter vom guten Rat am südöstlichen Langhauspfeiler, auf der
eine Schar Jakobspilger vom wolkenverhüllten Gnadenbild zu ihrem Ziel
geleitet wird. Gleich neben dem Marienaltar an der südlichen Langhauswand befindet sich in einem Glaskästchen das sog. „geschossene Bild
von Wald", eine alte, roh geschnitzte und stark verwitterte Kreuzigungsgruppe (vor 1500), die von drei Schusseinschlägen durchlöchert ist. An
der Nordwand der Klosterkirche befindet sich ein Bildnis von Dominikus Mayr (1680–1741), einem aus Wald gebürtigen Jesuiten, der bei
den Indios in Südamerika missioniert hat.

Von der Klosterkirche aus geht es zunächst 200 m nach rechts bis zum Klosterweiher (Fortsetzung auf dem Hegauer Jakobsweg, siehe S. 192). Hier biegen wir links in die Straße nach Otterswang ein. Nach etwa 1 km, bei einem Wegkreuz in einer Rechtskurve, folgen wir links der Abzweigung in Richtung Burraumühle. Nach ca. 250 m knickt der Weg beim Hochspannungsmast rechts ab und führt am Waldrand den Hang hinauf. Auf der Anhöhe überqueren wir die Kreisstraße (K 8242), wandern durch ein kleines Waldgebiet und stoßen nach ca. 750 m auf die Verbindungsstraße Reischach-Hippetsweiler. Hier wenden wir uns erst nach rechts, biegen nach 50 m wieder links ab, gehen geradeaus am Weiler Bethlehem vorbei und folgen durch ein Waldstück dem Forstweg, der auf die Verbindungsstraße Reischach-Gaisweiler stößt. Hier halten wir uns erst rechts, biegen nach 200 m aber links ab und wandern immer der Markierung nach durch den Hochwald bis zum Klubheim des Vereins für deutsche Schäferhunde oberhalb des Seeparks Linzgau. Von hier sehen wir schon die Silhouette von **Pfullendorf**.

Staub der Erde

Erde,
immer anders
und lebendig.

Stein und Lehm,
staubig und warm,
göttliche Materie.

Quell allen Lebens,
voller Energie,
oft verachtet,
trägst Du alles,
auch mich und
meinen Schritt und
jeden Schritt meines Lebens:
Du, mein Weg.

JK

2. Etappe: Pfullendorf – Überlingen 25,6 km

Aftholderberg (Teilort von Herdwangen-Schönach)
Großstadelhofen (Teilort von Pfullendorf)
Großschönach:
Rathaus Herdwangen-Schönach, Dorfstr. 49, 88634 Herdwangen-Schönach, Tel.: 07557-92000, e-mail: info@herdwangen-schoenach.de
Taisersdorf (Teilort von Owingen)
Hohenbodman (Teilort von Owingen)
Owingen: Bodensee-Linzgau Tourismus, Schloss Salem, 88682 Salem, Tel.: 07551-80940, e-mail: tourist-info@bodensee-linzgau.de.
Überlingen: Tourist Information, Landungsplatz 14, In der Greth, 88662 Überlingen, Tel.: 07551-991122; e-mail: tourist@ueberlingen.de; www.die-herberge.com, Tel.: 07551/947890

Der Weg in die Stadt verläuft zunächst auf dem Fahrweg, dann durch den Bannholzerweg (rechts), Im Goldäcker (links) und Am Litzelbacher Weg (rechts) bis zur Straße nach Otterswang (L 456), überquert die Landstraße und führt dann durch das Wohngebiet Langäcker, die Neidlingstraße (rechts) und die Mengener Straße (links) zur **Wallfahrtskirche Maria Schray** am Ortsausgang von **Pfullendorf** hinauf.

Das 1751 mit Stuckaturen von Johann Jakob Schwarzmann und Fresken von Meinrad von Au ausgeschmückte Wallfahrtsheiligtum steht mit seiner Ausstattung ganz im Zeichen der Marienverehrung. Das kraftvoll gemalte Hauptfresko zeigt eine große Pilgerschar, die sich an einem antiken Palast unter dem von Engeln umschwebten Wolkenthron der Himmelskönigin hoffnungsvoll versammelt hat. Auch ein Pilger mit wettergebräuntem Gesicht, breitkrempigem Hut und eine Wallfahrerin mit Krückstock und Kürbisflasche sind zu erkennen. Darunter, in der

Wallfahrtskirche Maria Schray, Pfullendorf

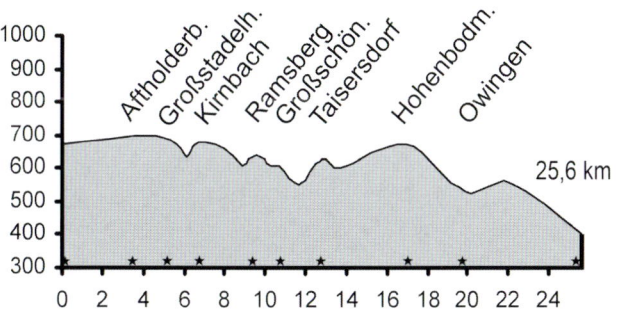

Rahmenvolute, sieht man die Reichsstadt Pfullendorf, auf der linken Bildseite die Wallfahrtskirche Maria Schray. Über der Kanzel befindet sich ein weiteres Pilgermotiv. In einem gemalten Architekturrahmen erblicken wir einen Wanderer, der im Mondlicht unbeirrt durch die Landschaft schreitet. Daneben steht die Inschrift: *Wann (mich) alles verlast (verlässt), ich allein / Leuchte mit dem Gnadenschein.* Er pilgert nicht zu einem bestimmten Wallfahrtsort, sondern ist Sinnbild des *homo viator*, dessen ganzes Leben ein Aufbrechen, ein Unterwegssein, eine einzige Pilgerschaft ist. Auf dasselbe Motiv weist auch der Pilgerhut zwischen den beiden winkenden Putti auf dem Schalldeckel hin.

Großes Deckengemälde von Meinrad von Au (1751), Maria Schray, Pfullendorf

Wallfahrtskirche Maria Schray

Schon in alter Zeit stand auf der Anhöhe nördlich der Reichsstadt Pfullendorf eine Kapelle zu Ehren der allerseligsten Jungfrau Maria. 1360 finden wir die Bezeichnung „Capella Mariae zu der Schrayen" und 1465 Wallfahrt zu „Unser lieben Frowen zu der Schrayen". Der erste Pilgerbericht stammt aus dem Jahr 1466: Adelige Klosterfrauen von Wald beten um Erlösung ihres Bruders, des Junkers Hans von Reischach zu Dietfurt, aus seiner Kerkerhaft zu Ulm. Der hohe Chorteil der jetzigen Kirche geht in seiner gotischen Form auf das Jahr 1476 zurück. 1632 wurde die Wallfahrtskirche von den Schweden niedergebrannt. Der Volkserzählung nach soll das Gnadenbild unversehrt, von Rauch und Flammen umgeben, über der Kapelle geschwebt haben. Nach anderer, späterer Überlieferung flog das Gnadenbild in den nahen Neidlingswald und ließ sich dort in der bekannten „Muttergotteseiche" nieder. Schon bald nach dem Dreißigjährigen Krieg begann man 1655 mit dem Wiederaufbau der Kirche. Das heutige frühbarocke Gnadenbild von Valentin Ungelehrt stammt aus dieser Zeit. 1666 wurde das schlichte Langhaus an den hohen gotischen Chor angefügt und 1671 samt zwei neuen Altären und einem Glöcklein konsekriert. *EEW*

Nach dem Besuch der Wallfahrtskirche wenden wir uns nun der Altstadt von **Pfullendorf** zu. Wir passieren zuerst das Wahrzeichen der Stadt, das Obere Tor mit seinem 38 m hohen Beobachtungsturm, biegen gleich darauf von der Hauptstraße rechts ab und gelangen durch die Pfarrhofgasse an einigen der ältesten Fachwerk- und Bürgerhäuser Süddeutschlands (Altes Haus von 1317, Alte Stadtkanzlei und Gremlichhaus) vorbei zur Stadtpfarrkirche St. Jakobus.

Ihre Geschichte lässt sich bis ins Ende des 12. Jh. zurückverfolgen. Die Erwähnung eines Leutpriesters *(plebanus)* in einer Urkunde von 1182 und archäologische Funde lassen darauf schließen, dass spätestens zu dieser Zeit im Bereich des heutigen Gotteshauses schon ein romanisches Kirchlein gestanden hat. Das Patrozinum des Apostels Jakobus geht höchstwahrscheinlich auf die geographische Lage des Ortes als Schnittpunkt alter Verkehrs- und Pilgerwege von der oberen Donau nach Konstanz zurück. Hier trafen die von Laiz bei Sigmaringen, von Mengen bzw. Ostrach kommenden Handelswege zusammen und führten durch das Überlinger oder Steinbronner Tor hinaus in die alte Hohlgasse nach Aftholderberg, Großschönach und Überlingen. Die Patrozinienwahl könnte aber auch auf die besondere Verehrung des hl. Jakobus durch die Staufer zurückgehen, unter denen der Jakobuskult durch die Heiligsprechung Karls des Großen als angeblichem Entdecker und Befreier des Jakobusgrabes von Kaiser Friedrich Barbarossa, Adel und Rittern stark gefördert worden ist. Zur Pfarrei gehörte seit dem 14. Jh. auch eine Sankt Jakobspflege, die sich hauptsächlich mit Verwaltungsaufgaben der Pfarrgemeinde, mit Bauangelegenheiten und insbesondere der Vermögensverwaltung, beschäftigte. Dazu gehörte auch die Einrichtung der Kirchenbibliothek St. Jakob, der *Libery*, eines gotisch überwölbten Raumes, durch Meister Hans Saphoi im Jahre 1480/81. Gegen Ende des 17. Jh. müssen einige Missstände geherrscht haben, denn aus dem Jahre 1699 ist ein Katalog von *Klag Puncten wider S. Jacobs pfleger* überliefert, in dem u. a. beanstandet wird, dass die *S. Jacobs pfleger vor sich selber schlechte Mittel und darbei viel schulden haben, und dannoch fast alle Tag das wirtshaus besuchen, alda den besten wein aufsetzen lassen und sich wohl betägt antrinken, aus was mitteln ist unbekannt, und wird geglaubt, dass S. Jacob die Zech bezahlen müsse.*
Die heutige Stadtpfarrkirche erscheint von außen noch ganz in spätgotischem Stil, insbesondere der Turm mit seinen großen Maßwerkfenstern und dem filigran durchbrochenen zierlichen Helm. Der prachtvolle Innenraum jedoch ist ein Meisterwerk des Barock. An der Umgestaltung von 1750/51 beteiligten sich wie in Maria Schray auch der Vorarlberger Stuckator Johann Jakob Schwartzmann und der Sigmaringer Maler

Die Stadt Pfullendorf huldigt dem hl. Jakobus. Deckenfresko von Meinrad von Au (1750/51), Stadtpfarrkirche St. Jakobus, Pfullendorf

Andreas Meinrad von Au. Die Stuckierung des Langhauses schuf der Konstanzer Johann Georg Graf. Ist der Blick in Maria Schray ganz auf die Jungfrau und Gottesmutter gerichtet, so steht hier die Verehrung des hl. Jakobus im Mittelpunkt. Das Chorfresko zeigt hinter einem von schwebenden Engeln gelüfteten Vorhang das Grab des hl. Jakobus in Compostela, unter dem sich die geistliche wie weltliche Obrigkeit von Pfullendorf samt dessen Bürgerschaft in Ehrfurcht versammelt haben. Über dem muschelverzierten Sockel befindet sich der Sarkophag, der von zwei Putti emporgehoben wird. Am oberen Rand ist in einer Kartusche eine im Meer schwimmende Muschel mit der Inschrift *Praestat pretiosa latere* (Das Kostbare bleibt im Verborgenen) dargestellt – ein Symbol Mariens, das auch in einem der Dreiecksbilder von Maria Schray zusammen mit einer großen Perle als Zeichen der Vollkommenheit und makellosen Reinheit wiederkehrt. Über allem aber grüßt der hl. Jakobus in charakteristischer Pilgertracht auf einem Wolkenthron. Die Huldigungsszene ereignet sich in einem Raum, dessen Architektur an einen römischen Tempel erinnert. Seine hohe Kuppel wird von Rundbögen und Marmorsäulen getragen. Das Bild ist eine Allegorie und stellt den Schutz des hl. Jakobus über die Reichsstadt Pfullendorf dar. Vielleicht versuchte der Maler mit den Rundbögen und Marmorsäulen auch das Apostelgrab nachzuempfinden, das unter Marmorsäulen gefunden worden ist. Zwei Fresken im Langhaus sind ebenfalls dem hl. Jakobus gewidmet. Das östliche stellt seine Aufnahme in den Himmel dar, auf dem westlichen vertreibt der hl. Dominikus unter dem Schutz der Gottesmutter den Teufel der Häresie und sorgt dafür, dass die Schafe an der Quelle des rechten Glaubens bleiben. Die

Die Aufnahme des hl. Jakobus in den Himmel, Stadtpfarrkirche St. Jakobus, Pfullendorf

Wände des Langschiffes sind mit Apostel- und Bibelgestalten des Stockacher Malers Christoph König geschmückt. Unter ihnen blickt in Lebensgröße der Apostel Jakobus ins Kirchenschiff hinab. Etliche Kulthinweise finden sich am Hochaltar. Das von Wilhelm Dürr 1866 gemalte Altarblatt zeigt eine Szene aus der Jakobuslegende: Der hl. Jakobus tauft den Häscher Hosias auf dem Weg zu seiner Hinrichtung. Die linke Seite des monumentalen Barockaltars wird vom Apostel Johannes (mit Kelch), die rechte von seinem Bruder Jakobus (mit Buch und Schwert) flankiert. Der Erzengel Raphael hält Buch und Pilgertasche und hoch oben auf dem Altargesims schwenken zwei Putti von Felizian Hegenauer (1717) Pelerine und Pilgerhut. Auf dem Marienaltar im nördlichen Seitenschiff findet sich eine Jakobusstatue aus der Werkstatt des Überlinger Bildhauers Martin Zürn (1615). Zum Kirchenschatz gehört auch eine 1657 geschaffene Jakobusbüste mit einer Reliquie des Schutzpatrons. Ältestes Bildzeugnis ist der Schlussstein des Salemer Klosterbaumeisters Hans Saphoi von 1481 in der Oberen Sakristei.

Wo fanden in Pfullendorf Pilger eine Unterkunft? Wohlhabende suchten sicherlich in den besseren Gasthäusern oder im „Heilig-Geist-Spital" eine Bleibe. Arme Leute dagegen fanden im sog. Seelhof, einer dem Spital angeschlossenen Fremdenherberge in der heutigen Seelhofgasse, ein Nachtlager. Ihre Versorgung erfolgte teilweise durch fromme Stiftungen. Aus einigen ist die Anwesenheit von Pilgern in Pfullendorf aus-

Pfullendorf

Neben der dörflichen Siedlung in der späteren Vorstadt entsteht im 12. Jh. im Anschluss an den 1183 erwähnten Adelssitz der Grafen von Pfullendorf eine Burg- und Marktsiedlung, die nach dem Tod des bedeutenden Grafen Rudolf von Pfullendorf um 1180 in staufischen Hausbesitz übergeht und 1220 von König Friedrich II. zur Stadt

Pfullendorf mit Stadtpfarrkirche St. Jakobus

erhoben wird. Mit dem Untergang der Staufer in der Mitte des 13. Jh. büßt Pfullendorf seinen unmittelbaren Stadtherrn ein und erlangt schrittweise den Status einer nur dem König unterstehenden Reichsstadt mit weitgehender, kommunaler Autonomie. 1383 wird die Zunftverfassung eingeführt. Dank seines 1257 erstmals genannten, wohlhabenden Spitals gelingt Pfullendorf nicht nur die Schaffung eines funktionierenden Systems der Alten-, Armen- und Krankenfürsorge für die eigene Bürgerschaft, sondern seit dem ausgehenden 14. Jh. auch der Erwerb eines ländlichen Untertanengebiets. Spätestens seit dem 30jährigen Krieg kann von reichsstädtischem Glanz keine Rede mehr sein und ist die handwerklich geprägte Ackerbürgerstadt ihren aus der Reichsstandschaft rührenden steuerlichen und militärischen Verpflichtungen kaum noch gewachsen. Nach der Mediatisierung durch Baden 1802 präsentiert sich Pfullendorf als strukturschwache Kleinstadt, der erst eine industrielle Entwicklung seit den 1950er Jahren zu neuer Dynamik verhilft.

Sehenswürdigkeiten: Kath. Pfarrkirche St. Jakobus, Salemer Pfleghofkapelle, Altes Haus (14. Jh.), Oberes Tor, Heimatmuseum

EEW

drücklich belegt. Am 18. Dezember 1522 stiftete z. B. der Kaplan Martin Beller aus Hundersingen 210 Pfund, 15 Schilling und 10 Pfennig für die *armen Leute (und) Pilger,* damit sie *Nachtsöld und Wohnung* hätten und am 16. Mai 1550 vermachte Eberhard von Reischach dem Seelhaus für die *Armen und Pilger* 20 Gulden.

Auf unserer weiteren Etappe nach Über- lingen bieten sich bis Großstadelhofen zwei Wegvarianten, der sogenannte Jakobsweg oder die Strecke über den 3 km südlich gelegenen Wallfahrtsort Aft- holderberg an. Beim Jakobsweg gehen wir vom Marktplatz durch die verwin- kelte Rossmarktgasse, überqueren die stark befahrene Landstraße und Bahn- gleise und gehen gleich nach links durch den Stadtgarten bis zu dessen Ende. Hier geht es erst 100 m am Schwimm- bad vorbei, dann biegen wir wieder rechts leicht bergan in den Jakobusweg ein, passieren das Staufer-Gymnasium und das ausgedehnte Kasernengelände und erblicken auf der Anhöhe in der Ferne die Eulogiuskirche von Aftholder- berg. Bei klarem Wetter bietet sich eine phantastische Alpensicht.

Jakobspilger zwischen Pfullendorf und Aftholderberg. Metallskulptur von Peter Klink, Denkingen

Die Strecke über Aftholderberg führt ebenfalls vom Marktplatz bis zur Land- straße hinunter, verläuft dann aber ge- radeaus weiter durch die alte Hohlgasse beim ehemaligen Steinbronner oder Überlinger Tor. An der Einmündung in die Kreisstraße (K 8269) stand einst die schon 1423 bezeugte St. Jodokuskapelle, an die heute noch das Gewann „Johen-Öschle" erinnert. Im Jahre 1674 wurde in der Kapelle ein Bruderschaftsbündnis zu Ehren der hll. Lucia, Ottilie und Jodok errich- tet. Das Kirchlein stand außerhalb der Stadtmauern und wurde 1809 exe- kriert. Auf dem Fahrradweg geht es zunächst bis **Aftholderberg**. Unter- wegs stoßen wir auf Plastiken des Denkinger Kunstschmieds Peter Klink.

Von weitem grüßt die Pfarr- und Wallfahrtskirche St. Eulogius. Das ein- schiffige Kirchengebäude mit seinem wuchtigen Turm wurde im Mittel- alter erbaut und in der Barockzeit umgestaltet. An der Südwand, über einer Engelskonsole, ist ein Büstenreliquiar des hl. Eulogius (1893) auf- gestellt.

Die auf dem höchsten Punkt der Gegend, nämlich auf der europäi- schen Wasserscheide Rhein-Donau erbaute Kirche steht möglicher- weise an einer alten heidnischen Kultstätte, die – wie viele andere Got- teshäuser – im Verlauf der Christianisierung in ein christliches Heilig- tum umgewandelt worden ist. Als Patrone des Gotteshauses werden

1462 Unsere Liebe Frau, Sankt Nikolaus und Martin genannt. Die Anfänge der Eulogiusverehrung sind nicht genau zu bestimmen. Erst 1824 – und damit sehr spät – wird St. Eulogius als offizieller Schutzpatron erwähnt. Die Entstehung des Festes fällt höchstwahrscheinlich in die Zeit des Barock, in der in allen katholischen Landen ein Aufblühen des Heiligenkultes und Wallfahrtslebens zu beobachten ist. Nach der Einstellung der Wallfahrt im Jahre 1805 wurde der Brauch auf eigene Initiative der Bauern 1857 wieder aufgenommen. 1859 schlossen sich die Reiter des Ortes und der Umgebung zu einem Reiterverein zusammen. Nach vorübergehendem Erlöschen kurz vor dem 1. Weltkrieg wurde der Eulogiritt 1935 erneut ins Leben gerufen. Alljährlich findet am 2. Sonntag im Juli das weithin bekannte Eulogiusfest mit Pferdesegnung statt.

Sankt Eulogius

Der Schutzpatron der Kirche, der hl. Eligius oder Eulogius, lebte im 7. Jh. Er war zunächst Münzmeister und Goldschmied unter den fränkischen Königen Chlotar II. und Dagobert I., später Bischof von Noyon und zeichnete sich durch missionarischen Eifer und große Wohltätigkeit aus, weshalb er schon bald nach seinem Tod in den Heiligenkalender aufgenommen worden ist. Im späten Mittelalter und in der Barockzeit wurde er zu einem beliebten Volksheiligen, dem auch am Bodensee zahlreiche Kapellen und Altäre geweiht worden sind. Seine Popularität geht vor allem auf eine große Wundertat, das berühmte Beschlagwunder, zurück, wonach der Heilige einem störrischen Pferd das Bein abschneidet. Er beschlägt es zum Erstaunen des Reiters auf dem Amboss und setzt es dem Pferd anschließend wieder an. Er wird häufig als Bischof mit Schmiedewerkzeugen (Hammer, Amboss, Blasebalg), abgetrenntem Pferdefuß und einem neben ihm stehenden Pferd als Hinweis auf das legendäre Beschlagwunder dargestellt. Eulogius gilt als Patron der Bauern, Schmiede, Fuhrleute, Knechte und Pferde. Zentrum seiner Verehrung ist der Dom von Noyon.

Kurz vor **Großstadelhofen** vereinigen sich die beiden Wege. Wir durchqueren den Ort, passieren die St. Martinskapelle (erbaut 1482) und folgen dem Tobelweg, der in den Furtbachtobel hinunterführt. Bei der Abzweigung ins Tal steht eine Ruhebank, auf der man eine kleine Rast einlegen kann. Der 1475 erwähnte Burgstall am Nordhang des Tobels soll nach volkstümlicher Überlieferung zeitweiliger Wohnsitz der Kaiserin Hildegards, der Gemahlin Karls d. Gr., gewesen sein. Bei unserem Weg durch das wildromantische Tal begleitet uns überall das Murmeln und Plätschern der Bäche. Nach dem Überqueren des Furtbaches geht es steil den Hang nach Kirnbach hinauf. Hier biegen wir rechts ab und wandern auf der von Streuobstbäumen gesäumten Straße nach **Großschönach**.

Wir gehen zunächst nicht in den Ort hinein, sondern biegen beim Friedhof links ab und erreichen nach ca. 300 m den Weg, der von Großschönach durch den Aachbachtobel zur **Wallfahrtskapelle St. Wendelin** auf den **Ramsberg** führt.

Wer am Schlosshof und an der liebevoll gepflegten Lourdesgrotte vorbei aus dem kühlen und schattigen Tobel zum Burgplatz hinaufsteigt, stößt, bevor er den Burghof betritt, auf ein hoch aufragendes Gemäuer, das auf den ersten Blick wie ein wuchtiger Bergfried erscheint. Man steht vor den Resten eines Turms oder Burgtors mit der Burgkapelle, deren hohes Giebeldach von einem zierlichen kupfernen Glockenturm bekrönt wird.

Der Ramsberg von Nordosten

Wallfahrtskapelle St. Wendelin auf dem Ramsberg

Die Burg wird 1096 erstmals urkundlich erwähnt und zählt im 12. Jh. neben Pfullendorf, Stoffeln im Hegau, Bregenz und Rheineck am Einfluss des Alpenrheins in den Bodensee zu den fünf Hauptburgen, mit denen Graf Rudolf von Pfullendorf seinen Macht- und Besitzkomplex am Bodensee und im Rheintal gesichert hat. Nach dem Übergang an die Staufer (1180) ist sie ein wichtiger Stützpunkt staufischer Macht im Herzogtum Schwaben und im Voralpenraum. Von der mittelalterlichen Höhenburg ist außer der in ihrem Kern wahrscheinlich noch romanischen Burgkapelle nicht viel übriggeblieben. Als einzige authentische Abbildung der spätmittelalterlichen Wehranlage ist die Darstellung auf der Bodenseekarte von Julius Tibian von 1578 bekannt. An der Südwand der Burgkapelle befindet sich das Fresko eines brennenden Burggebäudes, das möglicherweise mit der einstigen Burganlage identisch ist.

Wallfahrtskapelle St. Wendelin

Die 1467 Maria, Barbara, Sebastian, Christophorus und Wendelin geweihte Burgkapelle ist seit der Barockzeit ein beliebter Wallfahrtsort. 1720 wurde das Burgheiligtum barockisiert und zu Ehren des hl. Wendelin konsekriert. Es besteht aus einem 6 x 6 m großen Schiff und einem eingezogenen quadratischen Chor von 4 x 4 m, der von einem Tonnengewölbe überspannt wird. Beim Betreten des Kirchleins fallen sofort die spätgotischen Fresken (1467) ins Auge. Über dem Altar ist, von zwei musizierenden Engeln flankiert, die Krönung Mariens durch Christus und Gottvater abgebildet. Vom Scheitel der Fensterlaibung blickt das Antlitz des Auferstandenen. Auf der linken Wand-

Fresken in der St. Wendelinskapelle

hälfte ist der Tempelgang Mariens dargestellt. Über dem Chorfenster, unter dem sternübersäten Himmel des Chorgewölbes mit den Symbolen der vier Evangelisten, schweben majestätisch Sonne und Mond. Sie personifizieren Christus, das Licht der Welt, und die Kirche, die ihr Licht von Christus empfängt. Die nördliche Chorwand zeigt einen Fries von Heiligenfiguren (Agnes, Wendelin, Florian u. Agatha). Seit 1993 wird der Ramsberg von dem Beuroner Benediktinermönch, Br. Jakobus Kaffanke, bewohnt.

Himmelwärts

Dadurch ist der Burgberg über dem schmalen Aachtobel für viele Menschen zu einem geistlichen und kulturellen Zentrum im oberen Linzgau geworden.

Nach einer Andacht in der Kapelle und vielleicht auch nach einer Rast vor dem Kirchlein wenden wir uns am Fuße des Bergkegels scharf nach rechts, gehen in den Tobel hinunter, überqueren den Bach und erreichen nach ca. 800 m die Lochmühle. Ein kurzer Abstecher führt uns rechts nach **Großschönach** hinein.

Von der alten 1330 erstmals erwähnten Kirche ist nur der spätgotische Kirchturm mit seinem für viele Pfarrkirchen im Linzgau charakteristischen Treppengiebel erhalten, das hohe und weiträumige Kirchenschiff mit den eindrucksvollen Kirchenfenstern von Lothar Quinte aus Pfullingen wurde 1956/57 errichtet. An der Stelle des linken Seitenaltars befindet sich die um 1330 ent-

Wegkreuz zwischen Großschönach und Taisersdorf

Jakobusstatue in der Markuskapelle, Taisersdorf

standene Statue des Kirchenpatrons, St. Antonius Eremita. Das Schwein zu seinen Füßen verweist auf die Versuchungen durch den Teufel, denen der „Vater der Mönche" widerstanden hat. In der linken Hand hält er den t-förmigen Kreuzstab, das Zeichen des Antoniterordens, in seiner rechten die Bettlerglocke.

Wir verlassen das Dorf auf der Kreisstraße, folgen am Ortsende dem rechts abzweigenden asphaltierten Wanderweg, überqueren kurz danach wieder die Straße und gehen auf dem steil ansteigenden Alten Kirchweg nach **Taisersdorf** hinauf.
Rechts am Ortseingang begrüßt uns ein großes überdachtes Wegkreuz. Christus und Maria erscheinen nicht als dreidimensionale Skulpturen, wie man sie häufig bei Bildstöcken findet, sondern sind – den schwäbischen und österreichischen Bretterkrippen und Passionsdarstellungen vergleichbar – auf Blechtafeln gemalt.

Mitten im Dorf, neben dem Wirtshaus zum Schwanen, steht die im Kern noch hochmittelalterliche Markus-Kapelle. Sie wurde im 18. Jh. barockisiert. Ihr Altar stammt angeblich aus dem 1803 säkularisierten Kloster Hermannsberg. Die kleine Jakobusstatue rechts vom Altar weist deutlich darauf hin, dass die Kapelle am Jakobsweg steht. Das mittlere Votivbild an der Südwand wurde anlässlich einer Viehseuche im Jahre 1796 gestiftet. Links über einer Wolke ist der hl. Markus, rechts der hl. Rochus in der Tracht der Jakobspilger dargestellt.

Von der Kapelle wandern wir zunächst auf der Kreisstraße weiter, passieren das Unterdorf („Zinken") und gehen nach 200 m links durch ein kleines Waldstück. Kurz vor der Einmündung des Feldweges in die Kreisstraße (K 7788) befindet sich eine Gedenkstätte zur Erinnerung an den Zusammenstoß zweier Flugzeuge in der Nacht vom 1./2. Juli 2002. 71

Menschen, darunter 49 Kinder und Jugendliche, verloren dabei ihr Leben. Wir bleiben zunächst auf der Straße und biegen bei der Happenmühle links in einen dunklen Hohlweg ein. Dieser geht leicht ansteigend in einen Wiesenpfad über. Auf der Anhöhe biegen wir links in die nach **Hohenbodman** führende Straße ein.

Wallfahrt der Gemeinde Hohenbodman zur Kapelle Maria im Stein, Votivtafel in der Markuskapelle, Taisersdorf

Am Ortseingang begrüßt uns die imposante „tausendjährige Linde", die in ihrem langen Leben sicher auch manchem Jakobspilger Schatten gespendet hat. Wahrzeichen des Ortes ist der weithin sichtbare Turm der 1243 erstmals genannten Burg. Sie war Sitz der seit 1152 bezeugten Herren von Bodman, die sich nach ihrem Stammsitz Bodman am Überlinger See benannten. 1282 wurde sie von Ulrich von Bodman an das Hochstift Konstanz verkauft.

Votivtafel von 1796, Markuskapelle, Taisersdorf

Bei der Zerstörung im Dreißigjährigen Krieg (1642) ist nur der gotische Rundturm erhalten geblieben. Mitten im Dorf steht die St. Georgskapelle. Sie war ursprünglich dem Patron der Pilger, dem hl. Jodok, geweiht. Der barockisierte einschiffige Raum mit dem kleinen noch spätgotischen Chor strahlt eine heimelige Atmosphäre aus. Das Votivbild an der Südwand zeigt eine Prozession, die die Gemeinde Hohenbodman im Jahre 1797 anlässlich einer Viehseuche zur **Wallfahrtskapelle Maria im Stein** im nahe gelegenen, wildromantischen Aachtobel unternommen hat.

Zum Besuch des kleinen Wallfahrtsheiligtums planen wir einen etwa zweistündigen Abstecher ein. Wir wenden uns bei der Georgskapelle nach links, biegen gegenüber vom Restaurant Zum Adler rechts ab und wandern am Burgturm vorbei ins Tal hinunter. Bei den Burghöfen biegen wir links ab, folgen dem Wanderweg in den Tobel hinunter, überqueren

Burg Hohenbodman

die Aach und erreichen bald darauf den einsamen und versteckten, auf halber Höhe über dem Tal liegenden Gnadenort. Hier kann der Wanderer nach Herzenslust mit frischem Quellwasser seinen Durst stillen.

Nach der Legende soll die Wallfahrtskapelle Anfang des 13. Jh. von einem Familienangehörigen der Herren von Bodman nach der Rückkehr von einem Kreuzzug aus Dank für die glückliche Errettung aus türkischer Gefangenschaft erbaut worden sein. Die Entstehung der Wallfahrt geht bis ins späte Mittelalter zurück, in der Barockzeit erreichte sie ihren Höhepunkt. 1824 wurde sie aufgehoben, blühte nach dem 2. Weltkrieg aber wieder auf. Die heutige Wallfahrtskapelle wurde 1948 erbaut.

Zur Fortsetzung des Weges wenden wir uns bei der Linde in Hohenbodman nach links, biegen am Ortsende (nach ca. 300 m) wieder nach links in den Kirchweg, der ein kurzes Stück über eine Wiese führt, und wan-

Alpenkette

dern dann auf dem gut ausgeschilderten Waldpfad hinunter
ins Billafingertal, dann, rechts
am Waldrand entlang, nach
Owingen.

Gleich am Anfang des Dorfes,
im ehemaligen Ortsteil Pfaffen-
hofen, steht die 1498 erbaute
Pfarrkirche St. Peter und Paul.
Von der spätgotischen Kirche ist
der Chor mit seinem Netzrip-
pengewölbe und den figürlichen

St. Jodokkirche in Überlingen. Ausschnitt aus dem Bild von der Schwedenbelagerung 1634

Schlusssteinen sehenswert. Die Pilastergliederung der Saalwände und
Stuckverzierungen an der Decke stammen aus der Mitte des 18. Jh. Die
Marienstatue auf dem nördlichen Rosenkranzaltar stammt aus der Über-
linger Werkstatt von Martin Zürn (um 1627/30). Auf dem südlichen
Seitenaltar sehen wir die Standbilder der hll. Sebastian und Rochus in
Pilgertracht. Unter dem Triumphbogen prangt das Wappen des damali-
gen Orts- und Patronatsherren, des Deutschen Ordens.

Hinter der Pfarrkirche folgen
wir der rechts abzweigenden
Kreuzstraße, überqueren nach
ca. 1 km die Landstraße (L 195),
passieren den Lugenhof mit
dem weitläufigen Golfplatzge-
lände und erblicken schließlich
auf der Anhöhe in der Ferne die
Turmspitze des Münsters von
Überlingen und den Bodensee.

Von hier aus sind es noch 3 km
bis **Überlingen**. Etwa 500 m
unterhalb des Lugenhofs überqueren wir die Kreisstraße (K
7772), folgen kurz vor der B 31
der rechts abzweigenden Alten
Owinger Straße, unterqueren
die Bundesstraße (B 31) und
gelangen schließlich durch die
Nellenbachstraße und Aufkircher Straße in die Stadt.

*Springbrunnen im Stadtgarten von Über-
lingen*

Mediterranes Flair in Überlingen am See

Überlingen

Die Stadt am gleichnamigen Arm des Bodensees ist eine Siedlung der Landnahmezeit und in einer Vita des 9. Jh. für die Mitte des 7. Jh. erstmals genannt. Anfang des 7. Jh. hatte hier der alemannische Herzog Gunzo seinen Sitz. 1180 bestand schon ein Markt. Überlingen wurde durch den Ausbau unter Kaiser Friedrich I. zur Stauferstadt. Sein Stadtrecht wurde auch anderen Städten im oberschwäbischen Raum verliehen. Überlingen wird 1241 im Reichssteuerverzeichnis erwähnt. Die Stadt war bis zum Pogrom 1349 zentraler Ort der Juden am Bodensee. Die wohlhabende Reichsstadt versuchte im 15. Jh., ein eigenes Territorium aufzubauen, was ihr mit größerem Erfolg das Überlinger Spital vorgemacht hatte, das auch heute noch im ehemaligen Spitalort Ludwigshafen der größte Grundbesitzer ist. Weinbau, der bedeutendste Getreidemarkt in Oberschwaben und die Schifffahrt waren die hauptsächlichen Einkommensquellen der Überlinger Bürgerschaft. Seit 1474 ist eine Mineralquelle bekannt, die aus der Stadt ein Mineralbad machte und schon früh im 19. Jh. die Grundlage für den Fremdenverkehr schuf. Die Reichsstadt Überlingen kam 1803 an Baden und war bis 1973 Sitz eines Bezirks- bzw. Landratsamts. Zur heutigen Stadt Überlingen gehören seit der Verwaltungsreform in den 1970er Jahren die früher selbständigen Gemeinden Bambergen, Bonndorf, Deisendorf, Hödingen, Lippertsreute, Nesselwangen und Nußdorf. **Sehenswürdigkeiten:** Münster St. Nikolaus, Rathaus, Franziskanerkirche, Jodokkapelle, Sylvesterkapelle, Susohaus, Greth, Städt. Museum, Stadtgarten, Städt. Galerie „Fauler Pelz"   *WK*

Fresken in der St. Jodokkirche, Überlingen. Links: Der hl. Jakobus trägt den gehenkten Sohn. Rechts: Hühnerwunder

Als erstes besuchen wir die St. Jodokkapelle. Sie steht, eingepfercht in eine Häuserzeile, direkt am Pilgerweg im nördlichen Vorort der mittelalterlichen Stadt, unterhalb des Aufkircher Tors. Sie wurde um 1460, auf dem Höhepunkt der Jakobuswallfahrt, für die vielen durch Überlingen ziehenden Jakobspilger erbaut. Das spätgotische Gotteshaus geht auf die Stiftung des Überlinger Bürgers Burkhart Hipp vom 15. Juni 1424 zurück. In der Mauernische neben dem Eingangsportal begrüßt uns eine Statue des hl. Jakobus, die Schleifspuren am Portalgewände stammen nach Gerhard Elsner von den Winzern, die hier nach alter Tradition ihre Rebmesser gewetzt haben. Der Innenraum besteht aus einem flach gedeckten, einschiffigen Saal mit eingezogenem polygonalem Chor. Seine Atmosphäre wird ganz von den Wandmalereien bestimmt. Auf der Nordwand sehen wir die Schilderung des Galgen- oder Hühnerwunders aus der Jakobuslegende (um 1462). Auf der gegenüberliegenden Wand ist die Legende von der Begegnung der drei Lebenden mit den drei Toten (um 1462) und eine dreiteilige Ölbergszene (1515) dargestellt. Darüber befinden sich Abbildungen der Vierzehn Nothelfer. Die Kreuzigungsgruppe zeigt Christus und die beiden Schächer. Auf der Illusionsmalerei hinter der Kreuzigungsgruppe schwebt der hl. Rochus im muschelbesetzten Pilgergewand der Madonna entgegen. An den Außenseiten des Bildes erkennt man zwei verspielte Putti mit Zepter, Kalebasse und Pilgerstab. Seit 1469 gab es in Überlingen auch eine St. Jodokbruderschaft, die von ehemaligen Überlinger Santiago-Pilgern gegründet worden war. Sie entstand auch zu Ehren des hl. Jakobus, Hauptpatron war jedoch Sankt Jodok, *welcher auserwählet auf dieser Welt ein Pilgram zu seyn und darumen seinem Herrn Brudern Cron und Scepter mit heiligem Eifer überlassen und auf die Pilgerfahrt sich begebend gantz Franckreich durchreiset.*

Apostelstatue des hl. Jakobus im Nikolaus-münster, Überlingen

Die Versorgung der Pilger, vor allem der armen und mittellosen Jakobsbrüder, war eine wichtige Aufgabe, wenn nicht sogar eine Herausforderung. Das belegt z. B. die Salzspende einer Überlingerin für die *armen bilgrin* im *armenhuse zu vischenhüsern* von 1454 und die Hausordnung für das Überlinger Seelhaus von 1452, die einen Einblick in eine mittelalterliche Pilgerherberge vermittelt. Beide Häuser standen außerhalb der Stadt, das Armenhaus in der Fischerhäuser Vorstadt, das Seelhaus am sogenannten Blatterngraben (vgl. S. 38).

Unser nächster Besuch gilt dem Münster, der kath. Stadtpfarrkirche St. Nikolaus im Stadtzentrum, deren Baugeschichte mit einer archäologisch nachgewiesenen kleinen Basilika im 10. Jh. beginnt. Das heutige Nikolausmünster ist in dem langen Zeitraum von 1330 (Chor) bis 1574 entstanden und gilt als eine der größten spätgotischen Hallenkirchen in Schwaben (Dehio). Die Ausstattung der Kirche umfasst Kunstwerke der Malerei und Plastik von der Hochgotik bis 1937 (Caritas-Altar). Besonders eindrucksvoll ist der von der Überlinger Bildhauerfamilie Zürn 1613/36 geschnitzte monumentale Hochaltar, auf dem in figürlichen Gruppen zentrale Ereignisse aus dem Leben Jesu und Mariens dargestellt sind. Unter den 23 lebensgroßen und 50 kleineren Figuren ist auch der hl. Jakobus als Jakobspilger wiederzuerkennen. Eine weitere spätgotische Plastik (1595) ist bei den Holzstatuen des Salvators und der Zwölf Apostel an den Langhauspfeilern aufgestellt.

Stille

In Stille sitze ich
und schaue aus nach IHM,
dass Er komme
und das Wort spreche
zu mir.

Erwachen will ich
zur ewigen Gewissheit
der Liebe des Vaters.

Am nächtlichen Ufer
sitze ich – horchend –
und weiß,
seit Anbeginn
ist ER
schon immer da.

JK

3. Etappe: Überlingen – Konstanz 14 km

Wallhausen (Teilort von Konstanz)
Konstanz:
Tourist-Information Konstanz GmbH, Bahnhofsplatz 13, 78462 Konstanz,
Tel.: 01805-133030, info@ti.konstanz.de

Nach einem Rundgang durch die Stadt verabschieden wir uns von Überlingen und fahren mit einem Schiff hinüber nach **Wallhausen.** Bis in die Mitte des 19. Jh. befand sich in Klausenhorn, zwischen Wallhausen und Dingelsdorf, der Landeplatz für alle Schiffe, die von Überlingen zum anderen Ufer fuhren. Seinen Namen trägt der Landevorsprung von einer kleinen Nikolauskapelle und einer Nikolausstatue, die nach dem Abbruch der Kapelle im seichten Seeufer, an der ehemaligen „Anlände" aufgestellt worden war. Die Verehrung des hl. Nikolaus an der Pfarrkirche von Dingelsdorf steht wie beim Überlinger St. Nikolausmünster sicherlich mit der Schifffahrt, dem Fährbetrieb und der Fischerei in Zusammenhang.

Wir gehen vom Wallhauser Hafen rechts durch die Heinrich-Tettinger-Straße bis zum Ortsausgang hinauf. Dort biegen wir links ab durch die Wittmoosstraße und gehen auf geteertem Sträßchen an der Reithofanlage Ziegelhof vorbei bis zur Kreisstraße von Dettingen nach **Dingelsdorf**. Hier halten wir uns erst links und folgen dann einem kleinen, rechts abzweigenden Fußweg, stoßen kurz darauf noch einmal auf die Straße, bevor wir wieder rechts in den Wanderweg einbiegen, der durch schattigen Wald in Richtung **Litzelstetten** führt. Kurz vor dem Ort, beim Waldparkplatz, eröffnet sich ein herrlicher Panoramablick über die Landschaft am Überlinger See. Unser Blick schweift über das Blumen- und Blütenparadies Mainau hinüber zum anderen Seeufer zur Wallfahrtskirche Birnau, einer der schönsten Perlen des Rokoko, nach Unteruhldingen und Meersburg und verliert sich in der Ferne der Linzgauer Berge und des Obersees. Wer in Konstanz etwas länger verweilen möchte, sollte es

Begrüßung am Ziegelhof bei Wallhausen

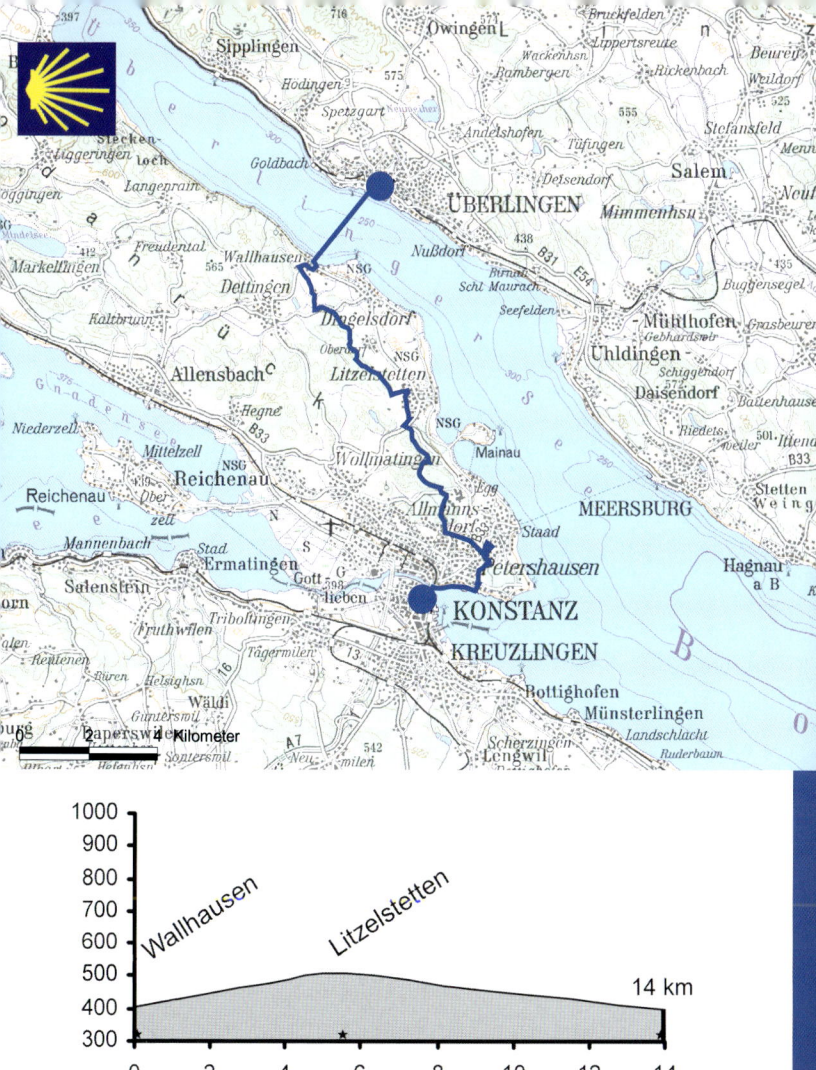

nicht versäumen, der berühmten Blumeninsel einen Besuch abzustatten, auf der wegen des milden Bodenseeklimas Palmen und andere mediterrane Pflanzen gedeihen. Die ältesten Siedlungsspuren reichen bis in Jungsteinzeit zurück. Die Römer errichteten unter auf der Insel ein Kastell, eine Schiffswerft und einen Flottenstützpunkt. Vom 8. bis 13. Jh. befand sie sich im Besitz des Klosters Reichenau. Um 1270 gelangte sie durch eine Schenkung der Herren von Langenstein an den Deutschen Orden, der sein Ordenshaus von Sandegg im schweizerischen Thurgau auf die Mainau verlegte. Die Kommende Mainau wurde durch einen Komtur verwaltet und gehörte zur Deutschordensballei

St. Katharina

Elsass-Burgund. Nach dem Zusammenbruch des Alten Reiches kam sie an das Großherzogtum Baden. 1873 erwarb Großherzog Friedrich I. die Insel. Er ließ sie durch seine Hofgärtner (Chr. Schlichter und Ludwig Eberling) umgestalten, pflanzte wertvolle Bäume und Exoten, ließ Alleen und ein neues Wegesystem anlegen und schuf so die Grundlage für den heutigen Park. 1928 gelangte die Insel in den Besitz des schwedischen Königshauses. 1930 übernahm Graf Lennart Bernadotte das Erbe. Er wandelte die Insel in ein der Öffentlichkeit zugängliches Blumenparadies um, das alljährlich von zahllosen Touristen aus über 80 Ländern der Welt besucht und bewundert wird. 1974 wurde die gesamte Mainau von Gräfin Sonja und Graf Lennart in eine Stiftung eingebracht. Beim Betreten der Insel erblickt man auf der linken Stegseite das sog. Schwedenkreuz. Die 1577 vermutlich in Konstanz gegossene Kreuzigungsgruppe sollte

Morgen am See bei Konstanz

Loretokapelle mit Pilgerhalle, Konstanz

nach der Sage während des Dreißigjährigen Kriegs von den Schweden zur Verschrottung fortgeschafft werden, doch war das von zwölf Pferden gezogene Gespann an der Steige nach Litzelstetten nicht von der Stelle zu bringen. Die Schweden hätten daraufhin das Kreuz in den See geworfen. Später habe man es aus dem Wasser geholt und am alten Ort wieder aufgestellt. Die prächtige barocke Schlossanlage entstand zwischen 1739 und 1756 unter dem Deutschordensbaumeisters Johann Caspar Bagnato. Die Schlosskirche wurde 1734 bis 1739 ebenfalls unter seiner Leitung erbaut. Die Stuckarbeiten stammen von Francesco Pozzi, die Fresken und Hauptaltargemälde von Franz Josef Spiegler. Die Stuckmarmoraltäre und -figuren sind das Werk Joseph Anton Feuchtmayers.

Ehemaliges Deutschordensschloss auf der Mainau

Die Skulpturen des Drachentöters Sankt Georg und der hl. Elisabeth von Thüringen verkörpern die Tugenden der Tapferkeit und Nächstenliebe als ursprüngliche Aufgaben des Deutschen Ordens.

Vom Rastplatz mit den drei Linden folgen wir dem ausgeschilderten Weg in den Ort hinein und biegen nach den ersten Häusern rechts in den Konstanzer Weg, der zur Straße von **Litzelstetten** nach Wollmatingen führt. Hier wenden wir uns nach rechts, gehen zunächst auf dem Fahrradweg, überqueren bei der Ampel die Abzweigung zur Mainau und folgen schließlich dem Wanderweg rechts, der immer durch den Wald dem Zeichen der Jakobsmuschel und der rot-weißen Raute des Europäischen Fernwanderwegs nach in Richtung Universität Konstanz und **Allmannsdorf** führt. Der Weg verläuft in der Nähe des ehemaligen Klosters St. Katharina, passiert bald darauf den botanischen Garten und Parkplatz Nord der Universität Konstanz, überquert die Zufahrtsstraße zur Universität und mündet in einen kleinen Waldweg, der erst parallel zur Universitätstraße verläuft. Etwa 300 m nach dem Verlassen des Waldes biegen wir nach links in die Sonnenbühlstraße, überqueren nach ca. 1 km die Mainaustraße, folgen ein kurzes Stück der Hermann-von-Vicari-Straße und gehen gleich darauf links An der Steig zur idyllisch gelegenen **Loretokapelle** hinauf. Das 1637/38 auf dem Staader Berg erbaute Marienheiligtum steht in der Nähe der alten Verkehrsverbindung von der Staader Ländi zur Konstanzer Rheinbrücke und war auch für jene Pilger von großer Bedeutung, die von Meersburg mit dem Schiff über den See herüberkamen. Westlich der Wallfahrtskapelle befindet sich eine etwas kleinere, aus Holz erbaute Pilgerhalle. Der von einem achteckigen Turmaufbau bekrönte Anbau ist nach drei Seiten geöffnet und wurde gleichzeitig mit der Kapelle erbaut. Nach dem Besuch der Loretokapelle folgen wir erst dem Fußweg rechts, dann einer Wohnstraße und gelangen über eine Treppe wieder zur Hermann-von-Vicari-Straße hinunter. Hier biegen wir nach links und durchqueren nach 300 m auf dem Radwanderweg den Stadtwald. Der Weg mündet in eine asphaltierte Straße. Wir halten uns wieder links, gehen durch einen kleinen Fußweg zur Richard-Wagner-Straße hinunter und überqueren die Eichhornstraße. Kurz vor der Tennisanlage führt ein kleiner Fußweg zwischen malerischen Häusern und stillen Gärten zum naturbelassenen Ufer des Bodensees, der den Pilger zu einem erfrischenden Bade lädt. Das letzte Stück unseres Pilgerweges führt nun mit herrlichem Ausblick auf den See, das gegenüber liegende Seeufer und die Stadtsilhouette von Konstanz vorbei an großbürgerlichen Villen und Parkanlagen bis zur Konstanzer Rheinbrücke (zu Konstanz siehe S. 230).

Mysterium

Wolken ziehen
am blauen Himmel
wie Schiffe auf weitem Wasser.

Ich gehe den Weg
des Pilgers
zum ewigen Ziel,
betend mit den Füßen,
betend,
Schritt für Schritt.

Das Planen vergeht,
Sorgen schwinden dahin,
mehr und mehr
füllt mich,
umfangen
vom großen Geheimnis,
ein Ahnen des Himmels.

JK

Hegauer Jakobsweg

1. Etappe: Wald – Stockach 23,6 km

Sentenhart (Ortsteil von Wald)
Mindersdorf:
Gemeinde Hohenfels, Hauptstraße 30, 78355 Hohenfels,
Tel.: 07557-92060; www.hohenfels.de, e-mail: gemeinde@hohenfels.de
Stockach:
Tourist-Info: Salmannsweilerstr. 1, 78333 Stockach, Tel.: 07771-802300,
e-mail: tourist-info@stockach.de; Kath. Pfarramt, Tel.: 07771/2398

Von der Klosterkirche gehen wir erst nach links in Richtung Aach-Linz aus dem Ort heraus und biegen nach etwa 1 km in einer weit gestreckten Linkskurve bei einem Wegkreuz rechts in die Langgass ein. Zunächst geht es auf dem geschotterten Wirtschaftsweg ein kurzes Stück über freies Feld, dann immer geradeaus durch ein ausgedehntes Waldgebiet. Nach etwa 2 km erreichen wir mitten im Wald eine Kreuzung, wo der Weg erst links

Sentenhart

Das kleine Dorf liegt an einer noch aus der Römerzeit stammenden alten Heerstraße, auf der schon im frühen Mittelalter die fränkischen Kaiser aus dem heutigen Schweizer Mittelland zur oberen Donau gezogen sind. Die exponierte Lage der Pfarrkirche St. Remigius und Lauren-

Pfarrkirche St. Remigius, Sentenhart

tius (1056 erw.) deutet auf eine ehemalige Wehrkirche hin. Das Laurentius-Patrozinium weist wie im benachbarten Mindersdorf auf die Besitzzugehörigkeit zur Reichenau hin (seit 1056). 1463 an die Grafen von Werdenberg verkauft, gelangt der Ort 1570 an Fürstenberg und 1806 an Baden. Seit 1973 gehört Sentenhart als Teilort der Gde. Wald zum Lkr. Sigmaringen. *FM*

und 200 m weiter rechts abknickt (aufpasssen!). Gleich darauf durchqueren wir die Talmulde des Lindenbachs und streifen das Naturschutzgebiet Ruhestetten mit dem verlandeten ehemaligen Egelsee. Hier wurden in den 30er Jahren Überreste einer kleinen Pfahlbausiedlung aus der Jungsteinzeit (hölzerne Wandpfosten und Hüttenböden mit Lehmanstrich von sechs Häusern) freigelegt, die aber schon lange wieder vom Moor überwachsen sind. Auf der Anhöhe, beim Boschenhof, geht es rechts leicht bergan zur Verbindungsstraße Sentenhart – Ruhestetten. Hier wenden wir uns nach rechts, passieren die Höfe „Käsernern" und folgen der Ruhestetter Allee, die uns direkt nach **Sentenhart** führt.

Das heutige Gotteshaus ist eine einschiffige Chortumkirche und wurde Anfang des 18. Jh. barockisiert. Besonders bemerkenswert ist der um 1720/30 entstandene barocke Hochaltar mit den Figuren der Kirchenpatrone (Remigius mit Salbgefäß und Laurentius mit Rost) auf den Seitenkonsolen und der Muttergottes im muschelbekrönten Mittelfeld (um 1500). Auf dem wahrscheinlich von Victor Mezger d. Ä. (1866–1936) aus Überlingen 1901 gemalten Deckenbild ist die Taufe des fränkischen Königs Chlodwig im Jahre 499 durch Sankt Remigius dargestellt.

Wir verlassen den Ort durch die Römerstraße und biegen nach 100 m durch den Mußnauenweg in Richtung Kneipp-Anlage rechts ab. Gleich darauf unterqueren wir durch eine Tunnelröhre die Kreisstraße, queren nach ca. 200 m den Bahndamm der ehemaligen Eisenbahnlinie Schwackenreute-Pfullendorf, überschreiten die Pipeline der Sipplinger Wasserversorgung und wandern auf einem Wirtschaftsweg teils durch Waldabschnitte, teils am Waldrand entlang Richtung **Sattelöse**. Nach ca. 1,5 km erreichen wir die nach Roth führende Kreisstraße (K 8225). Hier biegen wir rechts ab, folgen ca. 500 m der Kreisstraße nach Roth und schwenken gleich hinter dem Weiler Rother Platz links in einen

Feldweg ein, der durch eine seichte Talmulde nach Sattelöse führt. Der Ortsname weist auf eine Raststelle an der alten Heerstraße hin, an der, wie der Name besagt, den Pferden der Sattel abgenommen wurde. Ein gleichlautender Name ist übrigens in der Nähe der alten Römerstraße von Montbéliard über Audincourt nach Kembs im Elsass belegt.

Wir gehen nicht in den Ort hinein, sondern wenden uns beim ersten Gehöft nach links, wandern eine kurze Strecke am Wald entlang, überqueren die zur K 8225 führende Verbindungsstraße und folgen dem ausgeschilderten Forstweg. Nach ca. 3 km treten wir aus dem Wald heraus und haben einen schönen Ausblick

Bei Sattelöse

Mindersdorf

Mindersdorf ist erstmals für das Jahr 843 schriftlich belegt. Der Ort liegt an einem historischen Reiseweg, an der alten Reichsstraße zwischen den Königspfalzen Ulm, Bodman und Zürich. Er gehörte wahrscheinlich seit karolingischer Zeit durch königliche Schenkung der Abtei Reichenau, wofür das Kloster in Mindersdorf zur Beherbergung und Versorgung des Königs und seines Gefolges verpflichtet war, wenn sie hier Rast machten. 883 stellte Karl III. in Mindersdorf zwei Kaiser-urkunden aus, und 923 übernach-

Schloss Neuhohenfels

tete hier eine adelige Dame mit dem poetischen Namen Swanahild auf ihrer Wallfahrt zum Grab der hl. Verena nach Zurzach. 1441 erscheint der Ort als Zubehör der Herrschaft Neuhohenfels, 1506 gelangt er mit der gesamten Herrschaft Hohenfels an den Deutschen Orden. 1806 kam das Dorf an Hohenzollern-Sigmaringen. Seit 1973 gehört es als Teil der Gde. Hohenfels zum Lkr. Konstanz.

Sehenswürdigkeiten: Pfarrkirche, Schloss Hohenfels, Korbinian-Brodman-Museum   *WK*

auf **Mindersdorf**. Das letzte Wegstück verläuft auf geteertem Wirtschaftsweg, neben der Kreisstraße (K 6176).

Die auf einer Anhöhe stehende Pfarrkirche St. Laurentius und Oswald wird 1275 erstmals erwähnt. Das heutige Gotteshaus wurde 1847/49 anstelle einer wesentlich kleineren mittelalterlichen Kirche in neugotischem Stil erbaut. Der um 1912–14 im Jugendstil ausgemalte hohe Raum ist mit neugotischen Altären ausgestattet. Von den zahlreichen Heiligenfiguren sind die Barockskulpturen König Davids und des hl. Laurentius an der nördlichen Chorwand besonders erwähnenswert. Darunter hängt eine Abbildung des hl. Oswald in der fiktiven Gestalt Karls d. Gr. mit der achteckigen Kaiserkrone. Das spätgotische Vesperbild an der nördlichen Langhauswand stammt aus der Vorgängerkirche. Unterhalb der Kirche am Rande der Ablachniederung wurde mit Hilfe der Luftbildarchäologie eine ehemalige Wasserburg entdeckt.

Jugendstilausmalung in der Pfarrkirche
St. Laurentius und Oswald, Mindersdorf

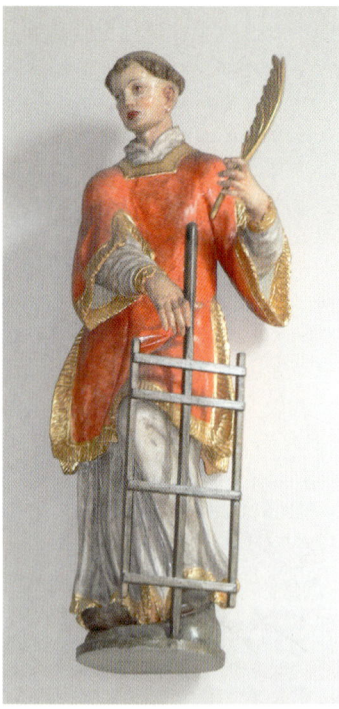

Holzstatue des hl. Laurentius (Mitte 18. Jh.),
Pfarrkirche St. Laurentius und Oswald,
Mindersdorf

Von der Kirche aus führt der Weg zuerst 200 m nach links durch den alten Ortskern, dann rechts durch die Rosenwiesen den Berghang hinauf. Auf der Anhöhe werfen wir zum Abschied noch einmal einen Blick zurück aufs Hohenfelser Land, folgen dem schmalen Forstweg und stoßen nach ca. 250 m auf die Kreisstraße (K 6145). Wir wenden uns nach links dem Weiler **Steighöfe** zu, biegen vor dem ersten Hof rechts ab und wandern am Wald entlang. Hier empfiehlt es sich, kurz zu verweilen, um das Panorama der Bodenseelandschaft in seiner ganzen Pracht zu genießen: Vor uns erstreckt sich das quellenreiche Stockacher Bergland mit seinen geheimnisvollen Tobeln und Tälern, dahinter der breite Molasserücken des Bodanrücks und ganz in der Ferne – bei guter Sicht – der schneebedeckte Alpenkamm.

Nach etwa 300 m gehen wir einen steilen Hang hinab, folgen dem Forstweg nach links, gelangen zu einer Wiese, die wir rechts umgehen, bis wir am schräg gegenüber liegenden Wiesenende auf einen unbefestigten Waldweg stoßen, der ins Tal hinunter zur Straße nach **Ursaul** führt. Hier halten wir uns rechts. Der kleine 1314 erstmals urkundlich erwähnte Ort ist eine hoch- bis spätmittelalterliche Rodungssiedlung an der alten Landstraße nach Meß-

kirch. Mitten im Dorf wenden wir uns nach links, wandern zunächst auf der Straße in Richtung Winterspüren und folgen nach 1,5 km der Abzweigung nach **Hengelau**. Der 1380 schriftlich belegte Weiler geht gleichfalls auf eine Rodung zurück. Anfang des 18. Jh. bestand die kleine Siedlung aus vier Hofanlagen. Zwei Höfe trugen die Fischnamen Alet- und Forellenhof. Nach dem ersten Hofgebäude biegen wir links ab, wandern auf einem Feldweg den kühlen, schattigen Tobel hinab, der in einen geschotterten Wirtschaftsweg mündet. Hier geht es erst ca. 300 m nach links über den Bach und 50 m weiter rechts über eine kleine Holzbrücke auf dem Quellwanderweg weiter. Der von murmelnden Bächen begleitete wildromantische Pfad bringt uns auf einen Forstweg. Hier halten wir uns links, wandern erst leicht bergan, dann durch eine wellige Talmulde und erreichen durch ein Wohngebiet die alte Heerstraße (Zoznegger Straße), die von **Stockach** über die Besetze aus dem Bodenseebecken in Richtung Meßkirch führt. Der Flurname weist auf die ehemals steile und schwierige Wegstrecke hin. Auf dem Weg in die Innenstadt passieren wir die 1883/84 erbaute ev. Melanchthonkirche.

Das Stadtbild wird im Wesentlichen von den malerischen und schmucken Fassaden der Bürgerhäuser, den Repräsentativbauten aus der

Stockach – das Tor zum Bodensee

Die Anfänge von Stockach gehen wahrscheinlich auf eine frühmittelalterliche Rodungsgründung durch fränkischen Landesausbau am Schnittpunkt überregionaler Verkehrswege zurück. Die um 1100 als *Stocka* erstmals urkundlich erwähnte Siedlung in der heutigen Unterstadt (Aachen-Vorstadt) entwickelte sich im Schutze der Nellenburg auf dem Bergsporn zu einem befestigten Ort, dem um die

Pfarrkirche St. Oswald, Stockach

Mitte des 13. Jh. von den Grafen von Nellenburg das Stadtrecht (1283: *civitas*) verliehen wurde. Im Spätmittelalter nahm Stockach unter den Städten des Hegaus eine führende Stellung ein, sodass es als *fürnembst stättlin* (Rüeger) bezeichnet wird. Seit dem 14. Jh. tagte hier das Landgericht im Hegau und Madach und nach dem Verkauf an das Haus Habsburg (1465) wurde die Stadt Verwaltungszentrum der Landgrafschaft Nellenburg. Seit dem 16. Jh. war Stockach eine wichtige internationale Poststation. Aufgrund seiner verkehrsgeographischen Lage wurde die Stadt durch kriegerische Ereignisse immer wieder schwer beschädigt und während des spanischen Erbfolgekriegs 1704 gänzlich zerstört. 1799 fand mit dem Sieg des österreichischen Heeres über die Franzosen die Schlacht bei Stockach-Liptingen statt. Am Ende des Alten Reiches (1805) kam die Stadt vorübergehend zum Königreich Württemberg, dessen hartes Regiment 1809 zum Stockacher Aufstand führte. 1810 fiel sie durch Tausch an das Großherzogtum Baden und wurde Bezirksstadt. Der Bau der Eisenbahnlinie 1867 begünstigte die Ansiedlung größerer Industriegebiete (Schiesser 1890, Fahr 1891). Von 1939 bis 1973 war Stockach Kreisstadt. Seit 1973 gehört es mit neun Teilgemeinden und ca. 17.000 Einwohnern zum Landkreis Konstanz. Besonders erwähnenswert ist das traditionsreiche Fastnachtsbrauchtum mit dem Stockacher Narrengericht (seit 1351).

Sehenswürdigkeiten: Altstadt, Pfarrkirche, Loretokapelle, Stadtmuseum, Pfarrkirche St. Michael/Hindelwangen   *FM*

Nellenburg, Rekonstruktion nach den Zeichnungen von 1706 und dem Grundriss von 1782, Stadtmuseum Stockach

Barockzeit und dem weithin beherrschenden Sakralbau der kath. Stadtpfarrkirche mit ihrem von einer Zwiebelhaube bekrönten markanten Kirchturm bestimmt. In einer Hausnische am Eingang zur Oberstadt empfängt uns die aus Eichenholz geschnitzte Statue des Brücken- und Pilgerpatrons St. Johannes Nepomuk (siehe S. 41).

Die heutige Stadtpfarrkirche St. Oswald wurde 1932 anstelle der Barockkirche von 1717/18 in parabolischer Form nach einem Plan von Otto Linder gebaut. In der Seitenwand der Taufkapelle befindet sich der Grundstein der gotischen Pfarrkirche vom 2. April 1402. Die Statue des hl. Oswald stammt noch aus der alten Barockkirche. Einen Hinweis auf den hl. Jakobus finden wir nicht. Dennoch hat während des Mittelalters und in der Barockzeit in Stockach eine sehr lebendige Jakobusverehrung geherrscht. Das bezeugt die Jakobskapelle, die in **Rißtorf**, an der Weggabelung nach Konstanz, Freiburg und Schaffhausen vom Anfang des 14. Jh. bis zum Ende des 18. Jh. gestanden hat. Ihre Stifter, die Herren von Bodman, haben sie nicht nur für das eigene Seelenheil, sondern auch für die vielen Jakobspilger erbauen lassen, für die Stockach eine wichtige Durchgangsstation war. Seit 1510 ist in Stockach auch eine Jakobuspflegschaft nachgewiesen, die das zur Kapelle gehörende Vermögen verwaltet hat. Als das Wallfahrtswesen nach dem Dreißigjährigen Krieg neu erblühte, fanden aus den umlie-

Glocke aus der ehem. St. Jakobskapelle (1738), Stockach, Stadtmuseum Stockach

genden Gemeinden auch Prozessionen zur Jakobuskapelle in Rißtorf statt. Unter der Regierung Kaiser Josephs II. wurde sie wie viele andere Wallfahrtsheiligtümer exsekriert und verkauft. Heute erinnert nur noch der Name Jakobsgutweg daran, wo die Kapelle des Pilgerpatrons einst gestanden hat.

Über diese Kulthinweise hinaus ist die Verehrung des hl. Jakobus aber ganz besonders mit den Grafen von Nellenburg verbunden, von denen kein Geringerer als Graf Eberhard der Selige zusammen mit seiner Frau Ita schon im Jahre 1072 nach Compostela gepilgert ist. Die Umstände der Pilgerfahrt werden im Schaffhauser Stifterbuch geschildert. Seit frühester Zeit ist der Jakobuskult auch am 1049 gegründeten Hauskloster der Nellenburger, der Benediktinerabtei Allerheiligen in Schaffhausen, dokumentiert. Bei der Konsekration des ersten Münsters im Jahre 1064 schloss Bischof Rumold von Konstanz auch Reliquien des hl. Jakobus ein, und in der Kirche des 1080 für Ita erbauten Nonnenklosters St. Agnes ist der Apostelmärtyrer als Mitpatron eines Altars bezeugt. In der Kapelle des Sondersiechenhauses auf der Steig erscheint er 1391 als Mitpatron. Auf dem um 1450 entstandenen Credo-Fries im südlichen Nebenchor der heutigen Klosterbasilika ist der Heilige zwischen dem 4. und 5. Medaillon im unteren Zwickel mit der Muschel zu sehen.

Die Pilgerfahrt Graf Eberhards von Nellenburg nach Santiago de Compostela

Eines Tages begegnete Graf Eberhard einem früheren Ritter namens Manegold, der in das St. Georgskloster zu Stein am Rhein eingetreten war, es bald darauf aber wieder verlassen hatte. Als Eberhard ihn deshalb ermahnte, kehrte er jedoch wieder ins Kloster zurück, wo er aber bald darauf starb. Einige Tage nach seinem Tod erschien er dem Grafen im Traum und ersuchte ihn um seine Fürbitte. *Der gute Graf Eberhard sprach: 'O lieber Mangold, wie steht es um dich? Und wie wurdest du empfangen?' Er antwortete ihm und sprach: 'Mir ward die ewige Verdammnis zugeteilt, weil mich aber die reinen Worte aus deinem Mund bekehrten, bin ich von der Verdammnis errettet worden. Doch weil ich meinen Fuß zu spät aus der Welt zog und gegenüber Gott nicht völlig gebüßt hatte, auch säumig im Orden war, bin ich in großer Not. Aber wie du mich vor der ewigen Verdammnis geschützt hast, so kannst du mir auch aus meiner großen Mühsal helfen, wenn du eifrig für mich zu Gott betest und meiner in der heiligen Messe gedenken heißtest.'* Daraufhin unternahm Eberhard eine Wallfahrt zum heiligen Jakobus und ließ während der Pilgerfahrt für Mangold täglich drei Seelenmessen beten. Mit großem Erfolg. Denn nach Hause zurückgekehrt, *kam der tote Mangold gar fröhlich zu ihm, dankte ihm gar eifrig für das, was er*

Kloster Allerheiligen in Schaffhausen, Aquarell von Hans Caspar Lang, um 1600

für ihn Gutes getan hatte und antwortete dem Grafen auf die Frage, ob ihm seine Pilgerfahrt etwas genutzt habe*: Ja, es hat mir geholfen. Meine Sache steht gut, denn ich habe die Vereinigung mit allen Heiligen vor Gott für alle Ewigkeit empfangen.* Aus Sorge um das Seelenheil beschloss Eberhard bald darauf, allen weltlichen Freuden zu entsagen. Er trat in sein eigenes Kloster ein, um wie ein Mönch *in aller Strenge* ein asketisches Leben zu führen. Er starb 1078. Ita überlebte ihren Gemahl um fast dreißig Jahre. Sie trat in das 1080 gegründete Nonnenkloster St. Agnes ein, das ihr Sohn Burkhard für sie erbaut hatte und starb um 1104.

Durch die Kirchhalde gelangen wir in die Stockacher Unterstadt. Der Straßenabschnitt war bis zum Bau der neuen Straße, dem Stadtwall, bei den Fuhrleuten gefürchtet, denn er hatte auf eine Länge von ca. 150 m eine Steigung bzw. ein Gefälle von nahezu 14 bis 15 Prozent. Wer in Stockach etwas länger verweilen möchte, kann der Wallfahrtskirche in Hindelwangen einen Besuch abstatten. Bei der Kreuzung führt der Weg rechts durch die Aachenstraße, dann beim Verkehrskreisel wieder rechts ca. 1 km auf der B 313 bis zur Pfarrkirche von **Hindelwangen**.

Die Pfarr- und Wallfahrtskirche St. Michael ist 1243 erstmals urkundlich belegt. Sie soll ursprünglich die Jagdkapelle der Grafen von Nellenburg gewesen sein. Das Gotteshaus ist eine spätbarocke Saalkirche mit

Epitaph Graf Eberhards von Nellenburg aus dem Jahre 1371, Pfarrkirche St. Michael, Hindelwangen

eingezogenem dreiseitigem Chor. Es enthält einige wertvolle Kunstwerke: u. a. eine geschnitzte Schutzmantelmadonna von Hans-Ulrich Glöckler aus dem Jahre 1610 und eine spätgotische Pietà (um 1500) über dem linken Seitenaltar, *Schmerzensmutter zur Ablösung* genannt. Beide Bildwerke befanden sich einst in der St. Gangolf und Sebastian geweihten Burgkapelle auf der Nellenburg und wurden nach deren Abbruch 1782 nach Hindelwangen transferiert. Die Pfarrkirche diente im Spätmittelalter als Grablege der Grafen von Nellenburg. Darauf weist heute noch das große Epitaph von 1471 an der nördlichen Chorwand hin. Zur Pfarrei gehörte ein kleines Nonnenkloster *Zu den frommen Wärterinnen* genannt. Die Aufgabe der Schwestern bestand im täglichen Gebet für die gräfliche Familie, Chorgesang und in der Krankenpflege auf der Nellenburg. Die Pfarrkirche war nicht nur Ruhestätte der Grafen von Nellenburg, sondern auch ein Ort des regelmäßigen Totengedenkens (Memorialkirche). Das belegt neben dem Chordienst der frommen Wärterinnen auch der sog. Nellenburger Jahrtag, der seit 1410 für das Seelenheil der gräflichen Familie gestiftet und abwechselnd mit zwölf Geistlichen in Stockach und Hindelwangen gehalten wurde.

Von der Stockacher Kirchhalde aus geht es durch die Goethestraße erst bis zum Kreisverkehr beim Hotel Linde, dann links durch die Ludwigshafener Straße aus der Stadt heraus zur **Loretokapelle**.

Die Loretokapelle wurde von Mathias Steinmann, einem frommen Postknecht aus Hengelau, gestiftet und von ihm selbst zwischen 1724 und

Loretokapelle, Stockach

1728 erbaut. Als Vorbild diente das hl. Haus von Nazareth, das nach der Legende 1291 zunächst nach Dalmatien, 1294 nach Loreto in Italien übertragen wurde. Das heutige Gotteshaus besteht aus einem flach gedeckten Schiff mit rechteckigem Chor und Dachreiter. Der Chor ist die Nachbildung des hl. Hauses von Nazareth, die eigentliche *casa santa*. Der Innenraum ist bemerkenswert schlicht. Der Chor wird vom Hauptschiff durch ein kunstvoll gearbeitetes schmiedeeisernes Gitter getrennt. Den oberen Teil bildet eine Rosette als Mariensymbol. Darunter befindet sich der österreichische Doppeladler, der über dem Haus von Nazareth und Maria mit dem Kinde schwebt. Über dem Altar erhebt sich eine kostbare Kreuzigungsgruppe aus dem Jahre 1725. Das Deckengemälde von Ferdinand Wagner stellt die Übertragung des Hauses von Nazareth nach Loreto dar. Der reich gegliederte Rahmen hinter dem Altar ist mit den Halbfiguren der Vierzehn Nothelfer und ihren Attributen, darunter dem Kirchen- und Stadtpatron St. Oswald, geschmückt. Durch das weitmaschige Gitter fällt der Blick auf das Gnadenbild, die schwarze Loreto-Madonna. Das Stockacher Gnadenbild wurde 1725 von M. Auer aus Jestetten geschnitzt und von Mathias Lienert aus Überlingen gefasst. In der nördlichen Chorwand befindet sich das Epitaph von Mathias Steinmann. Über dem ovalen Schriftfeld ist der Schädel Adams als Sinnbild der Sünde und Sterblichkeit des Menschen abgebildet, in den Zwickeln unterhalb der Schriftzone die Embleme der Pilgerschaft: Pilgerstab,

Rosenkranz und Pilgertasche. Totenkopf und Pilgerattribute sind eine deutliche Anspielung auf den Verstorbenen. Der Adamsschädel ist in der Barockzeit ein beliebtes Vergänglichkeitsmotiv. Die Pilgerattribute verweisen darauf, dass der Mensch ein Wanderer und sein Leben nur eine kurze Pilgerschaft ist.

Wandlungen

Die Füße sind offen zum Weg,
dem Staub und den Steinen,
der Hitze der Straßen
ausgesetzt.

Die Knie schreien auf
beim Bergab,
und die Schultern
stöhnen über die Last
von Tag zu Tag.

Doch
der Schmerz
birgt die Kraft der Verwandlung
im Gebet,
der Nachfolge
in rechter Gesinnung:
als Pilger zum ewigen Vater.

JK

2. Etappe: Stockach – Markelfingen 25,5 km

Bodman-Ludwigshafen:
Tourist-Information, Hafenstr. 5, 78351 Bodman-Ludwigshafen,
Tel.: 07773-930040, e-mail: tourist-info@bodman-ludwigshafen.de;
Ev. Jugendbildungsstätte, Tel.: 07773/920160; Gästehaus Bodman,
Tel.: 07773/5959
Liggeringen (Teilort von Radolfzell)
Markelfingen (Teilort von Radolfzell)
Radolfzell:
Tourist-Information (im Bahnhofsgebäude), Bahnhofsplatz 2,
78315 Radolfzell, Tel.: 07732-81500, e-mail: info@radolfzell.de

Nach dem Besuch der Loretokapelle wenden wir uns nach rechts, gehen 200 m neben der Bundesstraße (B 31), biegen gleich darauf wieder rechts ab, halten uns links, unterqueren in einem verlandeten Weiher die B 31 neu und wandern durch ein Waldstück. Nach etwa 500 m steigt der Weg rechts den Hang zum **Römerbrunnen** hinauf. Von hier aus führt der Weg auf halber Höhe erst geradeaus durch den Wald, dann leicht ansteigend nach rechts zu einer Obstanlage auf dem Spittelsberg. Auf dem 1360 erstmals urkundlich erwähnten Spittelsberger Hof St. Josef betreibt die religiöse Gemeinschaft Agnus Dei seit 1985 eine kleine ökologische Landwirtschaft. Wir gehen links an der Obstanlage entlang

Das Zollhaus in Ludwigshafen

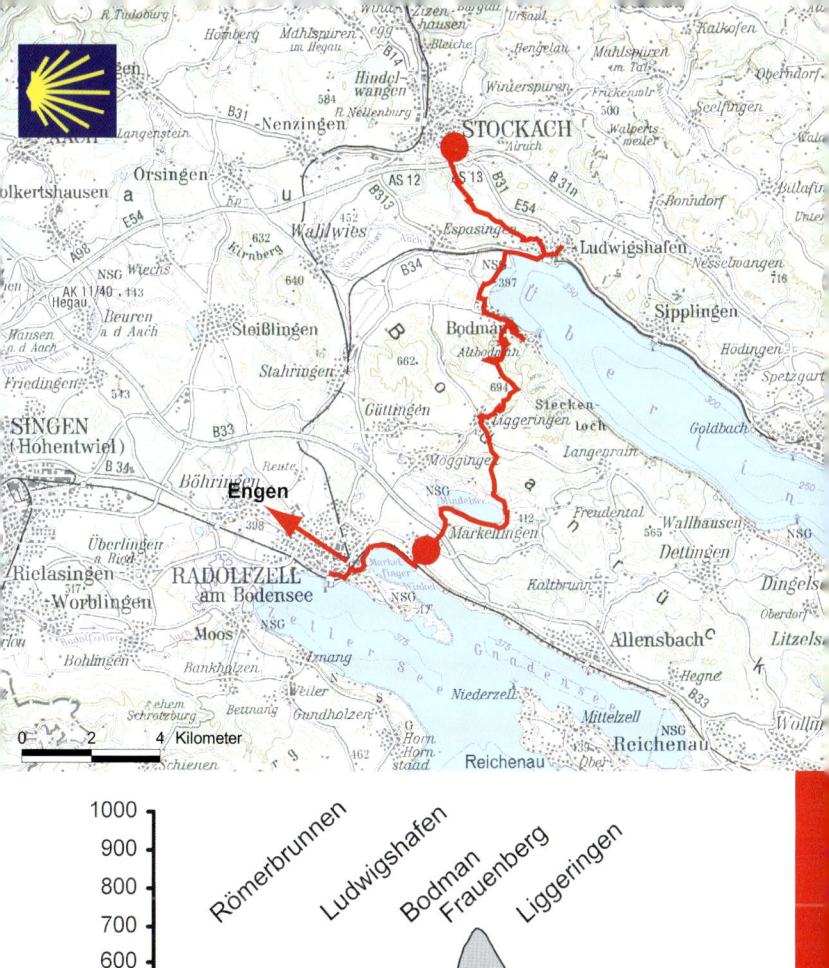

und blicken bald darauf im Schatten einer alten Eiche von der Halde
hinab erstmals direkt auf den See. Nach 100 m treffen wir auf einige
Ruhebänke. Hier können wir verweilen und herrliche Ausblicke auf das
geschichtsträchtige Bodman mit der Ruine Altbodman, dem Frauenberg,
die geheimnisvollen Schluchten des Bodanrücks und das vielfältige Far-
benspiel des Bodensees genießen.

Von unserem Aussichtspunkt führt ein schmaler, teilweise steiler Pfad
serpentinenartig nach **Ludwigshafen** hinunter. Wir gehen durch ein
Wohngebiet, passieren den Friedhof und stoßen bei der Einmündung

Ludwigshafen

Der ursprünglich Sernatingen genannte Ort wird 1145 erstmals schriftlich erwähnt und 1294 von den Herren von Bodman an das Überlinger Spital verkauft. Die Ortsherrschaft saß auf einer Wasserburg, dem späteren Schlössle. Das Spital blieb Ortsherr bis 1805, wobei Österreich über die Landgrafschaft Nellenburg alle sonstigen Rechte wie die Blutgerichtsbarkeit und die Landeshoheit innehatte. Von 1805 bis 1809 war Ludwigshafen vorübergehend württembergisch, 1810 wurde es Baden zugesprochen. Sernatingen war ein von Überlingen geprägter Ort, an dem sich trotz der verkehrsgünstigen Lage – ähnlich wie in Bodman – kein Markt halten konnte. Hafen und Handel brachten Arbeit, doch die großen Hoffnungen, die mit dem Ausbau des Hafens (1826) und dem Bau des Zollhauses (1837) im Zuge der aufkommenden Dampfschifffahrt verbunden waren, konnten nicht realisiert werden, denn viel zu spät, erst 1895, kam die Eisenbahn nach Ludwigshafen. 1826 wurde es auf den Namen „Ludwigshafen" umgetauft. Seit der Gemeindereform von 1975 ist Ludwigshafen mit Bodman zusammengeschlossen.

Sehenswürdigkeiten: Kath. Pfarrkirche, Altes Zollhaus, St. Annakapelle *WK*

der Kronbühlstraße in die Bundesstraße (B 33) auf die von einem kleinen Dachreiter bekrönte St. Annakapelle von 1734/64, an deren Fassade eine historische Ansicht von Ludwigshafen und dem gegenüber liegenden Bodenseeufer dargestellt ist. Zu ihrer Ausstattung gehören u. a. die Rokoko-Skulpturen der beiden Pilgerpatrone St. Rochus (im Pilgerkleid mit Pilgerstab und Pilgerflasche an der Südwand) und des hl. Wendelin (auf dem Barockaltar).

Zum Besuch der kath. Pfarrkirche St. Otmar geht es kurz entlang der Bundesstraße nach links, 150 m weiter wieder links durch die Mühlbachstraße und dann durch die zweite Abzweigung nach rechts (Poststraße) in die Ortsmitte.

Im Ried bei Bodman

208

Bodman

Der alte, historisch über alle Maßen bedeutende Ort Bodman hat dem Bodensee seinen Namen gegeben. Ursprünglich war das Dorf alemannisches Herzogsgut, das nach der Niederwerfung der Alemannen in den Besitz des Königs gelangte. Die dort errichtete Kaiserpfalz wird archäologisch ins 9. Jh. datiert. Bodman erlebte zahlreiche Königsaufenthalte. Insbesondere Ludwig der Fromme baute die Pfalz am See aus. Mit Konrad I. besuchte zum letzten Mal ein König die

Schloss Bodman mit dem Frauenberg

Pfalz. Ab dem 11. Jh. verfielen die Pfalzgebäude und seit dieser Zeit verwalteten die ursprünglich aus dem Linzgau stammenden Herren von Bodman den dortigen Königshof, der ihnen 1277 von Rudolf von Habsburg verpfändet wurde. Den Herren von Bodman und ihren verschiedenen Linien gelang es, eine umfangreiche Herrschaft aufzubauen. Durch Einheirat in zahlreiche Grafen- und Herrengeschlechter hoben sie sich von niederadeligen Häusern ab. 1902 wurden sie in den Grafenstand erhoben. Die karolingische Königspfalz stand zwischen der Pfarrkirche und dem See. Das jetzige Schloss wurde 1757/58 als Amtssitz errichtet, 1830/31 im Weinbrennerstil umgestaltet und 1908/09 durch Emanuel von Seidl erweitert.

Sehenswürdigkeiten: Kath. Pfarrkirche, Schloss, Frauenberg, Burgruine Altbodman, Altes Torhaus   WK

Die Kirche wird 1155 erstmals erwähnt. Das heutige Gotteshaus besteht aus einem 1962–64 erheblich erweiterten Langhaus mit eingezogenem Chor und einem ehemaligen gotischen Chorturm. Von der Ausstattung der Barockzeit ist der von G. A. Machein geschaffene Hochaltar von 1725 erhalten geblieben. Das Altarrelief zeigt die älteste Ortsansicht von Ludwigshafen.

Pfarrkirche St. Peter und Paul, Bodman

Zur Fortsetzung unseres Pilgerweges wenden wir uns bei der St. Anna-kapelle nach rechts, überqueren kurz darauf die Bundesstraße und die Bahngleise und wandern dann links neben der Eisenbahnlinie auf dem Bodensee-Rundwanderweg am Yachthafen und Camping-Platz vorbei Richtung Espasingen. Wir halten uns links und gelangen auf einem geschotterten Weg dicht am Seeufer entlang durch das Naturschutzge-biet „Bodenseeufer" hinüber nach **Bodman**. Das Naturschutzgebiet ist eine ausgedehnte Flachwasserzone im Mündungsbereich der Stockacher Aach mit ufernahen Riedflächen, Auwäldchen und Streuwiesen (28 ha) – ein einzigartiges Biotop für seltene bzw. bedrohte Pflanzen und über 200 Vogelarten. Auf halber Wegstrecke hat man von einer Beobachtungs-plattform einen stimmungsvollen Blick über die Bucht. In der Nähe der Aachbrücke befindet sich übrigens ein berüchtigtes Gewann mit dem

Taufstein von 1710 mit dem Bild des hl. Jakobus in der Gruftkapelle

vielsagenden Namen „In Han-gen", wo einst der bodman'sche Galgen gestanden hat. Am Orts-eingang passieren wir zunächst das Gewerbegebiet, stoßen an der Straßenkreuzung auf die um 1700 erbaute Weilerkapelle und gelangen durch die Kaiserpfalz-straße zum Hafen. Dort nehmen wir die Abzweigung durch die Seestraße oder Seepromenade, werfen einen Blick auf das aus dem 12./13. Jh. stammende alte Torhaus (Seestraße 6), die Schächerkapelle von 1744 und das 1772 errichtete Torkelgebäude (Am Torkel 4) und kommen schließlich durch die Kaiserpfalzstraße in den verwinkelten historischen Ortskern mit der kath. Kirche und dem Schloss der Grafen von Bodman.

Die 1155 erwähnte Pfarrkirche St. Peter und Paul zählt zu den ältesten Gotteshäusern des Bodenseeraums. Unter ihrem Turm wurden bei archäologischen Ausgrabungen die Fundamente eines Sakralbaus des 7. Jh. entdeckt. Das heutige Kirchengebäude stammt in seinem Kern aus dem 15. Jh. und wurde 1889 neugotisch erweitert. Besonders sehenswert ist die um 1625 für die freiherrliche Familie an der Nordseite des Langhauses angebaute Gruftkapelle mit zahlreichen Epitaphien des 17. bis 19. Jh. und einem achteckigen Taufstein von 1710. Auf den Feldern des Beckens ist neben den hll. Petrus, Paulus, Johannes und dem bodman'schen Wappen auch der hl. Jakobus abgebildet. Seine starke Verehrung durch die Herren von Bodman wird durch mehrere Kulthinweise belegt. Um die Mitte des 14. Jh. stifteten sie die einst zum Bodmaner Pfarrsprengel gehörende Jakobskapelle in Rißtorf. Zwei von insgesamt neun Altären der Pfarrkirche waren auch dem hl. Jakobus geweiht (Hauptaltar und Gruftaltar). Für den Besuch der hl. Messe an Jakobi konnte man 520 Tage Ablass gewinnen. Bei der Öffnung des Sepulcrums im Hochaltar (1976) wurde u. a. eine Jakobusreliquie entdeckt. Die Popularität des Pilgerpatrons dokumentiert auch seine Namenswahl. Mehrere Familienangehörige des 14. bis in die neueste Zeit wurden auf den Namen des Apostels Jakobus getauft. Von einer Wallfahrt der Herren von Bodman nach Compostela ist leider nichts bekannt, obwohl sie 1343 und 1376 zu den heiligen Stätten nach Palästina gepilgert sind. Im Bodmaner Schloss befindet sich ein Ölgemälde, auf dem die mit den Herren von Bodman verwandte Säckinger Stiftsdame Maria Antonie von Ulm zu Langenrain 1783 als Jakobspilgerin dargestellt ist (S. 31).

Unser nächstes Ziel ist die Wallfahrtskapelle Mariä Geburt nordöstlich von Bodman auf dem **Frauenberg**. Der Weg führt zunächst durch die Kaiserpfalzstraße zurück. Wir passieren den Königsweingarten, den angeblich Karl III. mit burgundischen Reben anlegen ließ, und gehen das angrenzende Sträßchen Am Königsweingarten bis zum Wasserreservoir. Dort folgen wir dem Hohlweg, überqueren links eine Wiese und gelangen auf dem serpentinenartig gewundenen Pfad mit den liebevoll gepflegten Kreuzwegstationen zur Wallfahrtskapelle hinauf. Etwa auf halber Höhe stößt man auf einen Obelisken. An dieser Stelle soll der Stammhalter der Herren von Bodman beim Burgbrand von 1307 als Säugling in einem Kessel gerettet worden sein.

Wallfahrtskapelle Unserer Lieben Frau in Bodman, Stahlstich (um 1859) von Karl Corradi

Das heutige Bauwerk stammt zwar aus dem Anfang des 17. Jh., seine Grundmauern stehen jedoch auf den Fundamenten der 1296 erstmals erwähnten *nuewe(n) Burch*, die am 16. September 1307 durch Blitzschlag eingeäschert worden ist. Auch die Krypta stammt noch von einem früheren Bau. Das schlichte Kreuzgratgewölbe wird von zwei mächtigen Rundsäulen getragen. Nördlich der Krypta befindet sich eine teilweise in den Fels gehauene, kleine Gebetsnische. Das Brandunglück von 1307 war eine schreckliche Familientragödie. Nur der Senior und sein jüngster Sohn hatten es überlebt, alle anderen Familienangehörigen fanden den Tod. Nur wenige Monate nach dem Brand schenkte Johannes von Bodman die ehemalige Burgstelle samt Ländereien dem Kloster Salem, das auf dem Burgplatz eine Liebfrauenkapelle als Votivkirche für das Totengedächtnis der Verstorbenen und ein Priesterhaus erbaute. Für

Prozession auf den Frauenberg, Wandgemälde von Gottlob Gutekunst (1846) in der Wallfahrtskapelle

den Besuch des Gottesdienstes wurde ein vierzigtägiger Ablass gewährt. Bald darauf setzten die ersten Wallfahrten ein, und der Frauenberg wurde zu einem beliebten Wallfahrtsziel. 1803 wurde das Kloster säkularisiert. Es fiel an die Markgrafen von Baden, wurde 1811 aber von den Herren von Bodman zurückerworben. Mit der Exsekration der Kapelle (1822) fand die Wallfahrt ein vorläufiges Ende, während des badischen Kulturkampfes (1865) wurde sie jedoch neu belebt. Seit 1982 wird der Frauenberg von einer christlichen Glaubensgemeinschaft, der Communitas Agnus Dei, bewohnt.

Über einen langen Gang mit ausgetretenem Ziegelboden erreichen wir die Wallfahrtskapelle, deren Ausstattung sowohl die Verehrung Mariens als auch die dramatische Geschichte des Wallfahrtsortes und der Freiherren von Bodman widerspiegelt. Über dem Tabernakel des barocken Hochaltars befindet sich das spätgotische Gnadenbild der *Maria Bodmanorum*. Die prächtigen Tabernakeltüren stammen von Joseph Anton Feuchtmayer. Auf den beiden Wandbildern links und rechts der Chores hat der Historienmaler Gottlob Gutekunst 1846 vor dem Hintergrund des Schlossbrandes von 1307 die Errettung des kleinen Johannes (links) und die Marienwallfahrt auf den Frauenberg (rechts) dargestellt. Auch das 1612 entstandene Tafelgemälde an der Kapellenrückwand soll an die Brandkatastrophe von 1307 und die Errettung des Stammhalters erinnern. Maria war und ist Hauptpatronin des Wallfahrtsheiligtums. Als

Burgruine Altbodman, Stahlstich (um 1850) von Karl Corradi

Altarpatron wurde auf dem Frauenberg auch der Apostel Jakobus verehrt.

Wir folgen nun dem ehemaligen Burgweg, der von dem weit vorspringenden Bergsporn über dem steil abfallenden Molassehang auf die Hochfläche des Bodanrücks führt. Nach ca. 1 km stoßen wir auf den 1473 erstmals bezeugten Gutshof **Bodenwald,** der den auf Altbodman residierenden Herren von Bodman als Wirtschaftshof diente, heute befindet sich hier ein ausgedehntes Bisongehege. Im 14. Jh. lebte ein Klausner an

Pfarrkirche St. Georg, Liggeringen

dem abgelegenen Ort und 1469/70 wird sogar eine Frauenklause mit Kapelle erwähnt. Kurz davor zweigt der hohlwegartige Zugang zur Ruine **Alt-Bodman** ab, die einen kurzen Abstecher lohnt. Die Burg wurde 1643 im Dreißigjährigen Krieg von französischen Truppen zerstört. Zurück beim Wegkreuz am Hofgut Bodenwald wenden wir uns nach links und wandern auf dem Höhenweg in Richtung Langenrain und Marienschlucht. Immer wieder bieten sich herrliche Ausblicke auf den Überlinger See und das gegenüber liegende Seeufer. Nach 1,2

Am Mindelsee

km folgen wir dem rechts abzweigenden Lärchenacker-weg, der nach etwa 500 m auf den durch das Bisongehege führenden Bodenseeweg stößt. Etwa 300 m weiter knickt der Weg links scharf ab, und wir wandern erst auf einem unbefestigten Waldpfad, dann über eine Wiese in die Talmulde nach **Liggeringen** hinab.

Von der Bank oberhalb der Wiesenfläche genießt man einen weiten Panoramablick über den Bodanrück bis nach Radolfzell und zum Thurgauer Seerücken Kurz nach Betreten des Ortes biegen wir links in den Efeuweg, überqueren einen kleinen Bach und stehen vor der Pfarrkirche St. Georg.

Pfarrkirche St. Laurentius, Markelfingen

Wandbilder der Apostel Petrus, Andreas und Jakobus d. Ä. mit Credoartikel, St. Laurentius, Markelfingen, um 1612

Bis in die Mitte des 18. Jh. hatte das Dorf zwei Kirchen, die einstige Pfarrkirche St. Verena im Oberdorf und die ältere Eigenkirche, St. Georg. Das heutige Kirchengebäude wurde 1905 im neoromanischen Stil über den Fundamenten einer romanischen Kirche mit dreischiffigem Langhaus errichtet. Der Chor der einst genordeten gotischen Vorgängerkirche wurde als nördliche Seitenkapelle mit einbezogen. Der nur spärlich erhellte, beinahe mystisch wirkende Innenraum ist vor allem wegen seiner neoromanischen Malereien sehenswert. Am Chorbogen sehen wir Szenen aus dem Marienleben (Mariae Tempelgang sowie Gotteslamm und Mariae Vermählung). An der Darstellung des sterbenden Soldaten und der hl. Barbara als Schutzpatronin der Artillerie an der Nordwand ist der Zeitgeist ihrer Entstehung kurz vor dem Ausbruch des 1. Weltkriegs zu erkennen. An der Langhausdecke befindet sich ein monumentales Bild des hl. Georg.

Auf dem weiteren Weg halten wir uns links von der Kirche, gehen neben der Straße bis zum Ortsausgang in Richtung Konstanz und folgen beim Feldkreuz dem rechts abzweigenden, anfangs geteerten Radwanderweg Rich-

Radolfzell

Der für das Jahr 826 als *Ratoltescella* (Kopialbuch 10. Jh.) erstmals erwähnte Ort ist an einer auf reichenauischem Grund und Boden gegründeten Cella Bischof Radolds von Verona entstanden. Nach der Ausstattung mit dem Marktrecht (1100) wurde die inzwischen wohlbefestigte Siedlung 1257 zur Stadt erhoben. Von 1415–1455 freie Reichsstadt kam

Radolfzell, Blick auf das Obere Tor

der Ort 1455 unter österreichische Herrschaft, konnte aber eine Reihe wichtiger Privilegien wie z. B. die Vogtei und die hohe Gerichtsbarkeit behalten. Von 1609 bis 1805 befand sich in der Stadt der Sitz der in der *Ritter-Gesellschaft zum St. Georgenschild* zusammengeschlossenen Hegauer Reichsritterschaft. 1806 kam der Ort an Württemberg, 1810 an das Großherzogtum Baden. Bis 1873 war Radolfzell Mittelpunkt eines badischen Amtsbezirks, seitdem gehört es zum Amtsbezirk bzw. Landkreis Konstanz. Mit dem Anschluss an das Eisenbahnnetz (1863) begann die Industrialisierung (1875ff Trikotfabrik Schiesser; 1876 Pumpenfabrik Allweiler). Neben dem verarbeitenden Gewerbe sind heute der Fremdenverkehr und die medizinischen Rehabilitationseinrichtungen auf der Mettnau wichtige Wirtschaftsfaktoren. Seit der Kreisreform 1975 ist Radolfzell Große Kreisstadt mit ca. 30.000 Einwohnern.   *FM*

tung **Mindelsee** und Markelfingen. Beim Hirtenhof gehen wir links in die Seeniederung hinab, durchqueren das feuchte und sumpfige Ried und wandern dann am südlichen Ufer bis zum Ende des Sees. Der etwa 2 km lange und 500 m breite Mindelsee ist einer der schönsten Landschaftsabschnitte auf dem Bodanrück. Er war ursprünglich etwa doppelt so lang und wurde im Laufe der Zeit durch Trockenlegung auf seine heutige Größe reduziert. Seit 1938 steht er mit einer Fläche von ca. 411 ha unter Naturschutz.

Der Weg um den Mindelsee passiert den Markelfinger Friedhof. Wir überqueren den Mühlebach und gehen auf der Straße weiter nach **Mar-**

kelfingen. Bald darauf unterqueren wir die B 33, folgen erst dem Schwanenweg, dann dem Mühleweg, überschreiten nach der ehemaligen Mühle den Bach und stehen vor der Pfarrkirche St. Laurentius.

Die Kirche wird 1364 erstmals schriftlich erwähnt, zählt vermutlich aber zu den ältesten Landkirchen im Bodenseeraum. Die über dem Westportal stehende Jahreszahl 1612 nennt das Datum, an dem das Langhaus umgebaut bzw. erweitert wurde. Das Untergeschoss des Chorturms mit seinem auf 1483 datierten Sterngewölbe, der kleinen Sakramentsnische und dem Maßwerkfenster gehört noch in spätgotische Zeit. Aus dem Jahre 1612 stammen auch die Malereien an den Langhauswänden, auf denen Christus, Maria und die Zwölf Apostel dargestellt sind. Jedem Apostelbild sind einige biographische Hinweise und eine Kartusche mit einem Credo-Artikel zugeordnet. Die Lebensdaten zum hl. Jakobus geben an, dass er in Spanien missioniert und unter Herodes Agrippa den Tod gefunden hat.

Jakobusfigur (1440/50) auf dem Hausherrenschrein, Münster, Radolfzell

Der hl. Rochus als Jakobspilger. Statue von D. H. Herberger am Hausherrenaltar (um 1745), Münster, Radolfzell

Bevor wir unseren Weg nach Allensbach fortsetzen, machen wir einen Abstecher nach **Radolfzell,** wo zahlreiche Belege für die Verehrung des hl. Jakobus vom späten Mittelalter bis in die frühe Neuzeit überliefert sind. Dazu gehen wir erst von der Kirche von Markelfingen zur Oberdorfstraße zurück, biegen nach links, überqueren bei der Ampel die Radolfzeller Straße (K 6170) und gelangen auf der Unterdorfstraße zum Seeufer. Gleich nach dem Überqueren der Eisenbahnlinie wenden wir uns nach rechts, passieren den Camping- und Badeplatz und wandern auf dem naturkundlichen Lehrpfad durch das Naturschutzgebiet nach Radolfzell. Bei den ersten Häusern halten wir uns erst links, bis wir auf eine geteerte Straße stoßen. An der Kläranlage vorbei gehen wir rechts bis zum Verkehrskreisel hinauf, überqueren aber nicht die Eisenbahnlinie, sondern gehen links neben der Bahn entlang (Strandbadstraße). Nach ca. 200 m überqueren wir die Bahnlinie auf einer Grünbrücke und gelangen durch die Scheffelstraße und Obertorstraße mitten in die Stadt. Unser Ziel ist die Pfarr- und Wallfahrtskirche Unserer Lieben Frau. Hier waren zwei Altäre dem hl. Jakobus als Konpatron geweiht, und sein Gedenktag ist in einem Anniversar des 14. Jh. vermerkt. Das heutige Münster wurde zwischen 1436 und 1531 als dreischiffige spätgotische Pfeilerbasilika erbaut. Neben dem Rosenkranzaltar befindet sich das Hochgrab des hl. Ratold, dessen 826 gegründete Cella die erste „Kirche" und Keimzelle der Stadt gewesen ist. Zu den kostbarsten Schätzen der Kirche gehört der Hausherrenschrein mit den Reliquien der Radolfzeller Stadtpatrone Theopont und Senesius unter dem Kreuzaltar. Die ältesten Teile des Reliquiars stammen aus dem Anfang des 15. Jh. Unter den acht Figuren, die die Auferstehungs- und Kreuzigungsszene flankieren, ist auch der hl. Jakobus mit Hut und Pilgerstab als Patron der Wallfahrer dargestellt. Zentrum der Jakobusverehrung war zweifellos die ehemalige St. Jakobskapelle an der Landstraße nach Konstanz vor dem Obertor. Sie war ursprünglich der hl. Ursula und ihren Gefährtinnen geweiht und seit der Stiftung eines Jakobusaltars im Jahre 1505 Versammlungsort der Jakobusbruderschaft, an dem regelmäßig ein Totenamt für die verstorbenen Mitglieder gelesen wurde. 1616 gewährte Papst Paul V. jedem Bruderschaftsmitglied einen vollkommenen Ablass in der Stunde seines Todes. Als man den Friedhof vom Münsterplatz hierher verlegte, wurde die Kapelle auch Seelenkirchlein oder Gottesackerkirchlein genannt. Nach der neuerlichen Verlegung des Friedhofs, 1865, wurde sie abgebrochen. Heute erinnert nur noch der Name Jakobsstraße an die ehemalige Jakobskapelle und ein Gedenkstein, der 2008 an dieser Stelle aufgestellt werden soll.

Die Stadt Radolfzell war nicht nur selbst Ort einer alten und sehr intensiven Jakobusverehrung, sondern sicher auch Zwischenstation vieler Wallfahrer, die über Engen und Welschingen durch den westlichen Hegau an den See gezogen sind. An der sog. Cannstatter Straße zwischen Tuttlingen und Engen (heute B 491), einer wichtigen Verkehrsverbindung zwischen dem Neckarraum und der Schweiz, wurde der hl. Jakobus als Mitpatron der Lupfenkapelle verehrt. An der Kapelle Unserer Lieben Frau in Welschingen war schon 1463 eine zweite Kaplanei dem hl. Jakobus geweiht. So mancher von Stockach kommende Pilger mag möglicherweise auch nicht den Weg über Bodman und den Frauenberg, sondern über Wahlwies und Stahringen gewählt haben. Die Rötelzeichnungen und Inschriften in der Leonhardskapelle von Wahlwies stammen vermutlich von Jakobspilgern, die sich an den Wänden des Kirchleins verewigt haben.

Heiliges Land

Abraham und Mose,
mit Familie und Volk
kamt Ihr
von Chaldäa und Ägypten,
von Euphrat und Nil
auf der Suche nach heiligem Land.

In Feuer und Traumgesicht
verheißen
von einer Stimme,
die rief.

Auch Du, Pilger, hörst
und bist auf dem Weg.

JK

3. Etappe: Markelfingen – Konstanz 21,4 km

Allensbach:
Kultur- und Verkehrsbüro, Im Bahnhof, Konstanzer Str. 2,
78476 Allensbach, Tel.: 07533-80135, e-mail: tourismus@allensbach.de
Hegne (Teilort von Allensbach):
Kloster Hegne, Konradistr. 12, 78476 Allensbach-Hegne,
Tel.: 07533-8070, e-mail: provinzhaus@kloster-hegne.de
Reichenau:
Tourist-Information, Pirminstr. 145, 78479 Insel Reichenau,
Tel.: 07534-92070, e-mail: info@reichenau-tourismus.de
Wollmatingen (Teilort von Konstanz)
Konstanz:
Tourist-Information Konstanz GmbH, Bahnhofsplatz 13, 78462 Konstanz,
Tel.: 01805-133030, e-mail: info@ti-konstanz.de;
Münster ULF, Pfalzgarten 4, 78462 Konstanz, Tel.: 07531-90620,
e-mail: ULF-Konstanz@t-online.de

Wir kehren auf demselben Weg von Radolfzell zu unserem Ausgangspunkt in **Markelfingen** zurück, gehen rechts an der Pfarrkirche vorbei die Anhöhe hinauf, von der man einen großartigen Ausblick auf den Untersee und Kloster Reichenau besitzt, überqueren die B 33, halten uns kurz darauf rechts und wandern auf gut befestigtem Waldweg in Richtung **Allensbach**. Nach ca. 5 km stoßen wir bei einem Feldkreuz auf eine Weggabelung. In etwa 2 km Entfernung liegt der von Wiesen und Wäldern umschlossene Ort Kaltbrunn mit seiner kleinen Jakobs-

Blick auf den Untersee

Einsiedeln

und Annakapelle von 1748/59. Wir halten uns rechts, überqueren die
B 33 und gelangen nach 1,2 km in den Ortskern von **Allensbach**.

Mitten im Dorf erhebt sich die stattliche Pfarrkirche St. Nikolaus. Der
wuchtige Zwiebelturm wurde 1698, das Langhaus zwischen 1735 und
1738 erbaut. Der flachgedeckte Saal ist mit zwei reich verzierten
Rokoko-Seitenaltären und einem im Stil des Empire erstellten Hochaltar
mit den Statuen der hll. Petrus und Nikolaus ausgestattet. Sankt Nikolaus wird am Bodensee schon gegen Ende des 10. Jh. verehrt. Der frühe
Kult geht höchstwahrscheinlich auf die Vermittlung von Reliquien durch

Allensbach

Allensbach ist in der berühmten, wenn auch verfälschten Reichenauer Urkunde von 724 erwähnt und gehörte zur Grundausstattung des Inselklosters. Um 1000 erhielt Allensbach ein Münz- und Marktrecht und wird ab 1075 als *villa oppidum* bzw. *stat* bezeichnet. Die Reichenauer Äbte wollten ihren wichtigsten Landeplatz auf dem Festland zu einem Handelsplatz ausbauen,

Pfarrkirche St. Nikolaus, Allensbach

was aber nur in Ansätzen gelang, da die Konkurrenz der benachbarten Städte zu groß war. Mit der Reichenau kam die Stadt 1540 an den Bischof von Konstanz, der sie dem bischöflichen Obervogteiamt Reichenau unterstellte. 1803 kam Allensbach zum Radolfzeller, 1809 zum Konstanzer Bezirksamt. Das 1947 gegründete Institut für Demoskopie Allensbach hat den Ort bundesweit bekannt gemacht. Zur heutigen Gemeinde Allensbach gehören seit 1974/75 noch die Bodanrückgemeinden Kaltbrunn, Langenrain und Hegne.   *WK*

die Kaiserin Theophanu anlässlich ihrer Vermählung mit Otto II. im Jahre 972 zurück. Hinweise auf die Verehrung des hl. Jakobus finden wir nicht. Besonders bemerkenswert ist das mittlere Deckengemälde. Es zeigt, wie der hl. Nikolaus als Schutzpatron der Seeleute vor Maria kniend einen Sturm auf dem Untersee stillt. Außer der heutigen Pfarrkirche gab es in Allensbach noch eine zweite romanische Kirche. Sie war der hl. Katharina geweiht.

Von Allensbach aus fahren wir mit dem Personenschiff hinüber zur Insel **Reichenau,** um der Pflanzstätte christlich-abendländischer Zivilisation einen Besuch abzustatten.

Kloster Reichenau – wie auch die benachbarte Benediktinerabtei St. Gallen – spielt im Kontext der Jakobusverehrung eine bedeutende Rolle.

Reichenau

Nach der Legende gründete der iro-fränkische Bischof Pirmin 724 das Kloster, das bald zum Reichskloster aufstieg. Unter den Karolingern erlebte es seine erste Blütezeit. Die Reichenau wurde zu einem Zentrum nicht nur des religiösen, sondern auch des wissenschaftlichen, künstlerischen und politischen Lebens in Mitteleuropa. Der Abt und der fast ausschließlich nur mit Abkömmlingen angesehener Adelshäuser besetzte Konvent des Klosters kamen durch Schenkungen und Käufe rasch zu zahlreichen Gütern und Einkünften in ganz Südwestdeutschland. Um 1000 brach eine zweite Blüte an, die sich vor allem in großen Leistungen in der Buchmalerei und der Baukunst ausdrückte. Von ihr zeugen noch heute das Westquerhaus des Mittelzeller Münsters und die weltberühmten Wandmalereien im Schiff der Oberzeller St. Georgskirche. Nach einer letzten Blütezeit im 15. Jh. wurde das Kloster 1540 mit seinen Besitzungen dem Hochstift Konstanz einverleibt. Die Reichenau wurde zu einer Sommerresidenz der Bischöfe. Die damals errichtete Propstei mit ihren zwölf Mönchen und erst recht die sie ablösende „Mission" stellten nur einen traurigen Abglanz der alten, auf ganz Mitteleuropa ausstrahlenden Klosterherrlichkeit dar. Das Kloster musste somit nicht in der Säkularisation aufgehoben werden, da es nicht mehr bestand. Die wertvolle Klosterbibliothek ist in alle Winde zerstreut. Im Jahre 2000 wurde die Reichenau von der UNESCO in die Liste des Weltkulturerbes aufgenommen. Besucher des Klosters können sich in vier Museumseinheiten über die Geschichte der Inselabtei, ihrer drei romanischen Kirchen und der Reichenauer Bürgerschaft informieren. *WK*

Ankunft Pirmins und Schlangenvertreibung, Tafelbild (1624), Reichenau

Hier hört man zuerst die Kunde vom neu aufgefundenen Apostelgrab. Hier finden sich die frühesten Kulthinweise und von hier aus breitet sich seit dem 9. Jh. die Verehrung des Pilgerpatrons über das Bodenseegebiet, das Bistum Konstanz und ganz Deutschland aus. Aufschlussreichste Zeugnisse sind der Festeintrag im Martyrolog des berühmten St. Galler Mönchs Notker Balbulus von 896, der älteste Wallfahrtsbericht aus dem Bodenseeraum oder das Martyrolog Hermanns des Lahmen aus dem 11. Jh. Die

Seeufer

Reichenau besaß auch Reliquien des hl. Jakobus. Seine Verehrung im späten Mittelalter veranschaulicht der spätgotische Flügelalter im Reichenauer Münster von 1498. Der Apostel steht in der zweiten Bildreihe der Mitteltafel neben Petrus und Johannes und ist gut an der Pilgertracht, dem Stab, Mantel, Hut, der Tasche, Muschel und den Stiefeln zu erkennen.

Der folgende Eintrag im Martyrolog des St. Galler Mönchs Notker Balbulus von 896 ist das älteste Zeugnis für die Jakobusverehrung im Bodenseeraum:

Geburtstag des hl. Apostels Jakobus, Sohn des Zebedäus, Bruder des Evangelisten Johannes. Dieser wurde auf Befehl des Königs Herodes in Jerusalem enthauptet, wie die Apostelgeschichte lehrt. Seine Gebeine

Konventsbauten in Reichenau-Mittelzell

wurden nach Spanien überführt und dort an der äußersten Grenze, nämlich beim britannischen Meer, beigesetzt, darauf von den Leuten auf höchste Weise verehrt. Nicht ohne Verdienst, weil durch dessen physische Anwesenheit und dessen Predigt und Wunder die dortigen Völker bekehrt worden sein sollen. Zur Bekräftigung von deren Glauben soll auch der heilige Paulus versprochen haben, dorthin zu gehen.

St. Georg, Reichenau-Oberzell

Seit frühester Zeit war die Klosterinsel Ziel und Zwischenstation unzähliger Pilger aus allen Teilen Europas. Davon zeugen z. B. die fremdländischen Namenseinträge skandinavischer, westslawischer, griechischer, englischer, ja sogar isländischer Besucher, die im reichenauischen Verbrüderungsbuch aus dem 9. bis 11. Jh. zu finden sind. Der älteste Hinweis auf einen Jakobspilger stammt aus dem um 930 verfassten Bericht über die Wundertaten des hl. Evangelisten Markus. Er erzählt von einem Kleriker, der verschiedene Pilgerorte aufgesucht hatte und dabei auch in Jerusalem, Ungarn und Compostela gewesen sei: *In derselben Woche kam ein Kleriker, der von Mutterleib an blind war, aber nicht nur blind war er, sondern auch unfähig, seine Gliedmaßen zu gebrauchen. Seine Knie waren zur Brust gebogen, seine Arme auf den Rücken gedreht, und er konnte keinen Schritt gehen. Nachdem dieser schon durch verschiedene Heiligenorte gekommen war, hatte er auch das Grab des hl. Jakobus in Galicien besucht. Dort erlangte er zuerst sein Augenlicht.*

Drei romanische Kirchen künden noch von der reichen Geschichte des Inselklosters am Bodensee. Das **Münster St. Maria und Markus in Mittelzell** zeigt sich als dreischiffige Pfeilerbasilika, deren bauliche Gestalt im Laufe der Jahrhunderte immer wieder verändert worden ist. Der romanische, 1048 geweihte Turm über dem Westchor, erhebt sich wie ein mächtiges Bollwerk des Glaubens, das alle Stürme der Zeiten überstanden hat. Die ehemalige Stifts- und Pfarrkirche **St. Georg in**

Hauptapsis mit romanischer Wandmalerei (um 1104–26), St. Peter und Paul, Reichenau-Niederzell

Oberzell ist für ihre einzigartigen ottonischen Wandbilder berühmt, die im Stil der Reichenauer Buchmalerei nach spätantik-oberitalienischen Vorlagen zwischen 900 und 950 an den Langhauswänden entstanden sind. Nach Hermann d. Lahmen wurde die Kirche unter Abt Heito (888–913) zur Aufbewahrung und Verehrung der 896 erworbenen Georgsreliquie erbaut. Die dreischiffige Basilika **St. Peter und Paul in Niederzell** ist aus einer im letzten Drittel des 8. Jh. gegründeten Kirche hervorgegangen. Sie wurde 799 von ihrem Bauherrn und Stifter, Bischof Egino von Verona, geweiht. Aus der Gründungskirche hat sich die 1976 aufgefundene Abdeckplatte des ursprünglichen Altars mit Namenszügen aus dem 9. bis 11. Jh. erhalten. Seit einigen Jahren leben wieder Benediktiner auf der Reichenau. Durch die Gründung der Cella St. Benedikt (13.6.2004) wurde die monastische Tradition der Reichenau neu belebt.

Zur Fortsetzung des Jakobsweges von **Allensbach** folgen wir der Konstanzer Straße durch die Ortsmitte und gehen nach 200 m links die Kaltbrunner Straße hinauf. 300 m nach der Unterquerung der B 33 zweigt unser Wanderweg rechts ab und führt teils durch schattige Waldstücke, teils am Waldrand entlang nach **Hegne.** Oberhalb des Dorfes eröffnet sich eine wunderbare Aussicht über den Gnadensee, die langgestreckte Reichenau und das Schweizer Seeufer bis hin zum Ende des Untersees bei Radolfzell. Wir nehmen den rechts abzweigenden Fußweg, biegen bei den ersten Häusern links in den Hirschweg und wandern gleich darauf rechts auf der vom Oberdorf kommenden Straße zum Kloster der Barmherzigen Schwestern vom hl. Kreuz hinab.

Die Klosterkirche St. Konrad wurde 1962/63 anstelle der Basilika von 1898/99 als einschiffige Halle mit eingezogenem und geradem Chorabschluss erbaut. In der Mitte der Chorwand sehen wir die überlebensgroße Gestalt Christi als Weltenherrscher, der verschiedene christliche Symbole (Kreuz = Erlösung, Tuba blasende Engel = Jüngstes Gericht, kluge Jungfrauen = Wachsamkeit; vier Evangelisten) zugeordnet sind. Die Krypta unter der Klosterkirche wurde als Stätte der Verehrung der

Kloster Hegne

Hegne

Der für 843 (Fälschung 12. Jh.) erstmals urkundlich erwähnte Ort Hegne war ursprünglich Bestandteil des Klosters Reichenau. Im Verlauf des späten Mittelalters war das Dorf im Besitz mehrerer Ritterfamilien (v. Wildenfels, Montfort und Heudorf). 1591 kam es an das Hochstift Konstanz, wo es als Teil der Obervogtei Reichenau bis zum Ende des Alten Reiches (1803) verblieb. Nach dem Übergang an das Großherzogtum Baden wurde Hegne dem badischen Oberamt Reichenau, 1809 dem Bezirksamt Konstanz unterstellt. Das Schloss Hegne wurde ab 1591 zu einer repräsentativen Sommerresidenz der Bischöfe umgebaut. 1879 erlangte es unter dem neuen Eigentümer Werner de Weerth aus Neuwied durch gravierende Umbauten sein heutiges Aussehen. Schon 1892 verkaufte de Weerth das Schloss wieder an die Barmherzigen Schwestern vom Heiligen Kreuz, die darin ihr Provinzhaus einrichteten, das mit seinen großen Gebäuden das ganze Dorf prägt und Hegne zum Klosterdorf macht. Die Gemeinde Hegne wurde zum 1.1.1975 nach Allensbach eingemeindet. *WK*

1987 von Papst Johannes Paul selig gesprochenen Hegner Kreuzschwester Ulrika Nisch (1882–1913) geschaffen und 1991 anlässlich der Übertragung ihrer Gebeine in den neuen Schrein konsekriert. Die schlicht, ja bescheiden wirkende Ausstattung des Sakralraumes, die hellen mit Pflanzenmotiven geschmückten Keramiksäulen und der rote Klinkerfuß-

Selige Ulrika Nisch

boden sollen das unauffällige Ordensleben verdeutlichen, das Ulrika Nisch zumeist als Küchenschwester im Baden-Badener Vinzentiushaus geführt hat.

Der Wirkungsbereich der Kreuzschwestern Hegne (Mutterhaus Ingenbohl/ Schweiz) ist sehr vielfältig und umfasst mehrere Schwerpunkte, immer steht dabei, getragen von franziskanischer Spiritualität, das soziale Engagement und der Dienst am Mitmenschen im Vordergrund. In dem nach modernsten Gesichtspunkten eingerichteten Altenpflegeheim Maria Hilf mit eigener Station für Demenzkranke werden alte und kranke Menschen professionell betreut. Die als Ganztagesschule konzipierte Realschule, das Marianum, bietet jungen Menschen eine an christlichen Werten ausgerichtete Erziehung und Ausbildung. Das Haus Franziskus ist eine Stätte der Begegnung für Jugendliche, die am Leben des Klosters teilhaben möchten. In der Theodosiusstube, benannt nach dem Ordensgründer Pater Theodosius Florentini, finden Bedürftige Aufnahme und Fürsorge, auch Pilger können dort für eine Nacht unterkommen. Zur Erholung und für Tagungen bietet das Haus St. Elisabeth eine wohltuende und anregende Atmosphäre, in der die Gäste liebevoll betreut werden. Das Haus Ulrika schließlich ist Anlaufstelle für alle Hilfesuchenden, die sich mit ihren Sorgen und Nöten der sel. Sr. Ulrika Nisch anvertrauen. Der Orden der Kreuzschwestern hat Niederlassungen auf der ganzen Welt (u. a. in Indien, Amerika, Kroatien) und erfüllt im Gebet und der tätigen Nächstenliebe in Kirchen, Krankenhäusern und Schulen eine wesentliche soziale Funktion.

Wir wenden uns vor der Kirche nach rechts und folgen der Konradistraße hinter dem Marianum vorbei bis zum Waldrand. Dort halten wir uns links, werfen zum Abschied noch einen Blick auf die stattliche Klosteranlage und betreten dann den Wald, wo sich der Weg gabelt. Wir gehen rechts und stoßen auf einen geschotterten Wirtschaftsweg. Nach etwa 100 m geht es erst links und gleich wieder rechts ab in den Grenzweg. Nach ca. 900 m überqueren wir rechts eine Wiese, wandern erst rechts am Wald, zuletzt auf geteertem Fahrweg weiter und stoßen auf die Straße von Wollmatingen nach Dettingen (L 220), die wir überqueren. Anschließend geht es die alte Dettinger Straße nach **Wollmatingen** hinab und bei den ersten Häusern links die Anhöhe hinauf. Unser

Weg führt nicht an der Pfarrkirche in der stark befahrenen Ortsmitte von Wollmatingen vorbei.

Diese 1195 erstmals urkundlich erwähnte Pfarrkirche St. Martin muss jedoch eine bedeutende Zwischenstation für Jakobspilger gewesen sein, da im Jahre 1905 an der südlichen Langhauswand drei spätgotische Wandbilder mit der Darstellung einer Pilgerkrönung und Szenen aus der Jakobuslegende (Hühnerwunder) freigelegt worden sind. Leider wurden diese Fresken beim Umbau der Kirche 1960/61 nicht konserviert.

Wir folgen auf der oben genannten Anhöhe dem Radwanderweg, überqueren die Landstraße von Wollmatingen nach Litzelstetten und Mainau, biegen gleich darauf nach rechts in den Wirtschaftsweg und verlassen den Bodenseerundweg geradeaus Richtung Schwaketenbad. Hinter dem Schwaketenbad biegen wir nach rechts ab, passieren das Schwimmbad, überqueren die Schwaketenstraße und folgen dem rechts abzweigenden Buhlenweg. Nach 100 m geht es nach links in den Schleyerweg und anschließend wieder links in den Sonnentauweg. Am Ende des Weges gehen wir links Am Pfeiferhölzle leicht bergan, passieren ein Waldstück und gelangen durch den rechts abzweigenden Stockackerweg und die Universitätsstraße ins Zentrum von **Petershausen** zum Zähringer Platz. Bei der Kreuzung geht es dann durch die Jahnstraße, über die Bahnlinie und durch die Petershauser Straße zum Rhein hinunter. Von dort führt der Weg entweder links durch die Spanierstraße am ehemaligen **Kloster Petershausen** vorbei über die große Rheinbrücke oder aber geradeaus über die Fußgängerbrücke zur Konstanzer Altstadt hinüber.

Die ehemalige Reichsabtei Petershausen wurde 983–992 von Bischof Gebhard II. von Konstanz (979–995) gegründet. Gebhard vollendete das von seinem Vorgänger, Bischof Konrad (934–975), begonnene Baukonzept, die planmäßige Nachbildung der fünf Patriarchalkirchen in der Ewigen Stadt Rom, weshalb das Kloster nach dem Beispiel der jenseits des Tibers errichteten Peterskirche in Konstanz auf der rechten Rheinseite steht. Die in bewusster Nachahmung von Alt-St. Peter erbaute Klosterkirche war

Herbsttag

Hauptportal der ehemaligen Klosterkirche von Petershausen. Sepiazeichnung von Franz Hegi

nicht nach Osten, sondern nach Westen ausgerichtet und dem Patron der monastischen Reformbewegung, Papst Gregor dem Großen, geweiht, dessen Haupt Bischof Gebhard II. als überaus kostbare Reliquie für seine Verdienste durch Vermittlung der Kaiserin Theophanu in Rom erhalten hatte. Von der einstigen Klosteranlage sind nach dem Abbruch der romanischen Basilika nur noch die Konventsgebäude erhalten, in denen heute das Archäologische Landesmuseum und Stadtarchiv untergebracht sind.

Kloster Petershausen gehört zu den Orten mit der nachweislich ältesten Jakobusverehrung im Bistum Konstanz, was höchstwahrscheinlich auf seine Lage an einer alten Fernhandels- und Wallfahrtsroute zurückzuführen ist, da in der Bischofsstadt schon seit frühester Zeit zahllose Pilger zusammenströmten. Bereits um 1075 wurde in der St. Johannes- und Nikolauskapelle, der späteren Pfarrkirche von Petershausen, auch eine Kapelle zu Ehren des hl. Jakobus geweiht. Das Gotteshaus erwies sich vermutlich schon bald als zu klein, denn 1129 wurden beide Kapellen zu einer einzigen umgebaut und auch zu Ehren des hl. Jakobus konsekriert. Das Kloster war aber auch ein Wallfahrtsort. So mancher Pilger wird in der Klosterkirche am Altar Gregors d. Großen und am prachtvoll ausgestatteten Grab des 1134 heilig gesprochenen Bischofs Gebhard gebetet haben, über dessen Wundertaten der Petershauser Chronist berichtet hat.

In der ehemaligen Bischofsstadt **Konstanz** hat die Verehrung des hl. Jakobus bis auf den heutigen Tag zahlreiche Spuren hinterlassen. Bedeutendster Ort ist das Marienmünster, die ehem. Bischofskirche, die mit der Übertragung und Niederlegung der Reliquien ihres zweiten Schutzpatrons, des frühchristlichen Märtyrers Pelagius, schon im 9. Jh. zu einem in die Diözese ausstrahlenden Kult- und Wallfahrtsort geworden ist. Örtliches Zentrum des Pelagiuskults ist die um Mitte des 9. Jh. erbaute Krypta, wo heute noch unmittelbar unter dem Hochaltar der giebelhausförmige Schrein als ursprünglicher Aufbewahrungsort der Pelagiusreliquien zu sehen ist.

Konstanz

An der strategisch wichtigen Stelle des Rheinübergangs legten die Römer in den ersten christlichen Jahrhunderten auf dem späteren Münsterhügel ein Kastell an, dem eine Siedlung folgte, die die heutige Niederburg umschloss. Konstanz war eine Stadt des Bischofs. Die Bischöfe Konrad und Gebhard II. konzipierten im 10. Jh. die Stadt als zweites Rom, als „Roma Nova". Alle Hauptkirchen Roms sind auch in Konstanz zu finden. Ab 1192 hatte die Stadt lange Zeit mit dem Bischof und dem König

Konstanzer Münster

zwei Herren und konnte sich nach vielen Kämpfen mit dem Bischof erst im Verlauf des 15. Jh. als Reichsstadt bezeichnen. Im Thurgau baute sich Konstanz ein eigenes Territorium auf und kam über Pfand an das Landgericht im Thurgau. Unbestrittener Höhepunkt in der Stadtgeschichte war das Konstanzer Konzil (1414–1418). Hier wurde 1415 der tschechische Reformator Johannes Hus wegen Ketzerei verurteilt und verbrannt. 1548 besetzten spanisch-österreichische Truppen die Stadt und mit dem Auszug der wohlhabenden reformierten Bürger verlor die Stadt nicht nur ihre Reichsunmittelbarkeit, sondern auch ihre politische Bedeutung, zumal der Bischof in den Reformationswirren seinen Sitz nach Meersburg verlegt hatte. Konstanz wurde zur österreichischen Landstadt und erlebte erst gegen Ende des 18. Jh. mit Zuwanderern aus Genf eine kurze wirtschaftliche Blüte und mit dem Übergang an Baden 1806 seinen Aufstieg zum Verwaltungszentrum für das badische Bodenseegebiet.

Sehenswürdigkeiten: Münster mit Krypta u. Mauritiusrotunde, Kirche St. Johann, Dominikanerkirche, Dreifaltigkeitskirche, Jesuitenkirche, Jakobuskapelle, Kreuzlingen, Klosterkirche St Ulrich u. Afra (Kreuzlingen), Archäolog. Landesmuseum, Rosgartenmuseum

WK

Krypta im Konstanzer Münster

Später kommt das Grab, bzw. die Kapelle des 1123 heilig gesprochenen Bischofs Konrad von Konstanz als weitere Wallfahrtsstätte hinzu. Wichtigstes Pilgerziel war jedoch die Mauritiusrotunde mit der Nachbildung des Hl. Grabes, auf dessen gotischem Giebelkranz unter den Apostelfiguren auch der hl. Jakobus zu finden ist. Der Patron der Pilger hält mehrere Pilgerstäbe und muschelbesetzte Taschen seinen Händen. Nach Klaus Herbers handelt es sich höchstwahrscheinlich um eine Darstellung der Pilgersegnung, bei der die Pilger vor ihrem Aufbruch vom hl. Jakobus gesegnet und mit den Pilgerutensilien (Stab und Tasche) ausgerüstet werden. Die Segensformeln dafür sind auch im *Liber Sancti Jacobi* aus dem 12. Jh. überliefert:

Im Namen unseres Herrn Jesus Christus. Nimm diese Tasche als Zeichen deiner Pilgerschaft, damit du geläutert und befreit zum Grab des hl. Jakobus gelangen mögest, zu dem du aufbrechen willst, und kehre nach Vollendung deines Weges unversehrt mit Freude zu uns durch die Hilfe Gottes zurück, der lebt und herrscht von Ewigkeit zu Ewigkeit. Amen.

Ebenso sagen wir, wenn wir ihm den Stab geben:
Nimm diesen Stab zur Unterstützung deiner Reise und deiner Mühen für deinen Pilgerweg, damit du alle Feindesscharen besiegen kannst, sicher zum Grab des hl. Jakobus gelangest und nach Vollendung deiner Fahrt zu uns mit Freude zurückkehrest. Dies gewähre Gott, der lebt und herrscht von Ewigkeit zu Ewigkeit. Amen.

Das heutige Münster ist eine dreischiffige Säulenbasilika mit rechteckigem Chor, unter dem als ältester Bauteil die wahrscheinlich noch spätkarolingische Hallenkrypta mit Zugangsstollen erhalten geblieben ist. Über dem Haupteingang mit dem Doppelportal in der spätgotischen Vorhalle, werden wir von einem spätgotischen Kruzifixus, dem „Großen Herrgott von Konstanz", empfangen. In den oberen Abschlüssen der beiden Türflügel mit Reliefbildern aus dem Leben Jesu sind die Brustbilder der beiden Kirchenpatrone Konrad und Pelagius dargestellt. Der Raumeindruck

Das heilige Grab in der Mauritiusrotunde

des Kirchenschiffs wird von den majestätischen Rundsäulen mit ihren achteckigen Kapitellen und Arkadenbögen bestimmt, die trotz vieler Umbauten, z. B. der Einwölbung der Decke (1680), noch die Atmosphäre der frühromanischen Basilika vermitteln. Von den zahlreichen Kapellen, die zumeist in der Renaissance- und Barockzeit neu ausgestattet wurden, seien besonders die reich verzierte Welserkapelle an der Nordwestecke des Langhauses (1519) und die obere Nikolauskapelle mit ihrem Freskenzyklus aus dem Leben des hl. Nikolaus (um 1410) erwähnt.

Im Spätmittelalter, auf dem Höhepunkt der Jakobuswallfahrt, war im Münster auch

Der hl. Jakobus mit Pilgerstäben und Pilgertaschen bei der Pilgersegnung am Ziergiebel des heiligen Grabes (um 1260), Konstanzer Münster

Halbfigur des Apostels Jakobus, Annenaltar, Rosgartenmuseum Konstanz

Sankt Jakobus am Epitaph des Kanonikers Wolfgang Jacob von Bernhausen im Konstanzer Münster

dem Apostel Jakobus zusammen mit dem hl. Lukas ein Altar geweiht. Darüber hinaus weisen auch einige Abbildungen auf die Popularität des Pilgerapostels in der ehemaligen Bischofsstadt hin. Wir finden seine Büste als Halbrelief im Chorgestühl (1467–1470); in der Christophoruskapelle befand sich früher der nunmehr im Rosgartenmuseum stehende Annenaltar. Es zeigt den Pilgerapostel mit seinem Bruder Johannes seitlich der hl. Anna Selbdritt. Und schließlich ist er noch auf zwei Altartüchern aus dem ehemaligen Klarissinnenkloster Villingen, dem „Muntpratteppich" und „Marienteppich" zu sehen (Ende 15. Jh.), die von Konstanzer Familien gestiftet wurden. Besonders anschaulich ist das Epitaph des 1655 verstorbenen Konstanzer Domherren Wolfgang Jakob von Bernhausen am Nordpfeiler des Thomas-Chores, auf dem der Namenspatron des Verstorbenen in vornehmer Pilgertracht dargestellt ist.

Als letzte, eng mit der Jakobusverehrung und -wallfahrt verbundene Orte in Konstanz sind das 1142 gegründete Schottenkloster St. Jakob und die ehemalige St. Jodokuskapelle in der Kreuzlingerstraße zu nennen. An der Stelle des in der Reformationszeit abgebrochenen Benediktinerklosters wurde 1589 die „Schottenkapelle" St. Jakob auf dem heutigen Schulgelände des Humboldt-Gymnasiums erbaut. Neben der St. Jodokkapelle (heute Wohnhaus) befand sich ein von den Augustinerchorherren in Kreuzlingen geleitetes Seelhaus, eine Pilgerherberge, in der der Pilger wie in Überlingen nach einer streng geregelten Hausordnung Aufnahme fand.

Wegweiser nach Santiago de Compostela

Wie befreiend es sein kann, sich der Fremde auszusetzen, wie bereichernd die Begegnungen sind mit den Menschen am Weg, wie wohltuend die Ankunft nach einem langen Marsch ist, das erfährt der Pilger jeden Tag aufs Neue.

Und solange das Ziel nicht erreicht ist, bedeutet jedes Ankommen zugleich immer auch ein Weiterziehen.

Ultreia!

Ausgewählte Bibliographie

Dehio, Georg: Handbuch der deutschen Kunstdenkmäler. Baden-Württemberg II, Regierungsbezirke Freiburg und Tübingen, bearbeitet von Dagmar Zimdars u.a., München-Berlin 1997.

Der Landkreis Balingen, Amtliche Kreisbeschreibung, Bd. 1 und 2, Balingen 1960/62.

Der Landkreis Sigmaringen, Geschichte und Gestalt, Sigmaringen 1981.

Genzmer, Walther (Hg.): Die Kunstdenkmäler Hohenzollern. 1. Bd.: Kreis Hechingen, Hechingen 1939; 2. Bd.: Kreis Sigmaringen, Stuttgart 1948.

Heim, Armin: Die Stadt der Fürstenberger. Geschichte, Kunst u. Kultur des barocken Meßkirch, 1. Auflg. Meßkirch 1990.

Helber, Ingrid: Kunst- und Kulturdenkmale im Zollernalbkreis. Mit einem Beitrag von Andreas Zekorn, hg. v. Zolllernalbkreis, Stuttgart 2001.

Hell, Vera und Hellmut: Die große Wallfahrt des Mittelalters. Kunst an den romanischen Pilgerstraßen durch Frankreich und Spanien nach Santiago de Compostela, Tübingen 1964.

Herbers, Klaus und Bauer, Dieter R. (Hg.): Der Jakobuskult in Süddeutschland. Kulturgeschichte in regionaler und europäischer Perspektive. (Jakobus-Studien 7), Tübingen 1995.

Herbers, Klaus und Plötz, Robert (Hg.): Der Jakobuskult in „Kunst" und „Literatur". Zeugnisse in Bild, Monument, Schrift und Ton (Jakobus-Studien 9), Tübingen 1998.

Herbers, Klaus: Der Jakobuskult des 12. Jh. und der „Liber sancti Jacobi". Studien über das Verhältnis zwischen Religion und Gesellschaft im hohen Mittelalter. (Historische Forschungen Bd. VII), Wiesbaden 1984.

Hermann, Manfred: Kunst im Landkreis Sigmaringen, Plastik, Sigmaringen 1986.

Kramer, Wolfgang und Greuter, Michael (Hg.): Kunstschätze im Kreis Konstanz. Entdecken und Erleben, Hegau-Bibliothek Bd. 128, Singen 2006.

Meyer, Fredy: Auf Schritt und Tritt. Burgen, Höhlen und heilige Orte am Bodensee, Konstanz 2004.

Plötz, Robert (Hg.): Europäische Wege der Santiago-Pilgerfahrt, (Jakobus-Studien 2), 2. Auflg., Tübingen 1993.

Saucken, Paolo Caucci von (Hg.): Santiago de Compostela. Pilgerwege, Augsburg 1996.

Spahr, Gebhard: Oberschwäbische Barockstraße I (Ulm bis Tettnang), Waldbad-Baienfurt, 1977, IV (Altshausen bis Birnau) und V (Überlingen bis Reichenau), Weingarten 1982 bzw. 1984.

Weber, Edwin Ernst (Hg.): Klöster im Landkreis Sigmaringen in Geschichte und Gegenwart, Lindenberg 2005.

Bildnachweis

Ortsverzeichnis

Danksagung

Dieses Buch hätte ohne die Unterstützung vieler Personen und Institutionen nicht erscheinen können. Deshalb gilt allen, die an seiner Entstehung in irgendeiner Form beteiligt waren, mein herzlichster Dank:

– den Kreisarchivaren Wolfgang Kramer (Landkreis Konstanz), Dr. Hans-Joachim Schuster (Lkr. Tuttlingen), Dr. Edwin Ernst Weber (Lkr. Sigmaringen) und Dr. Andreas Zekorn (Zollernalbkreis) für ihre Textbeiträge,
– Herrn Erzabt Theodor Hogg (Kloster Beuron) für das Geleitwort, Br. Jakobus Kaffanke (OSB) für seine meditativen Texte und meiner Frau, Lucia Meyer, für die Illustrationen,
– dem Museum Fürstlich Hohenzollerische Sammlungen Sigmaringen, dem Hohenzollerschen Landesmuseum Hechingen, dem Augustinermuseum Freiburg und dem Rosgartenmuseum Konstanz,
– der Bibliothek der Benediktinerabtei Beuron und ihrem Mitarbeiter, Subprior Br. Petrus Dischler, der Hegau-Bibliothek Singen, dem Staatsarchiv Sigmaringen und dem Stadtarchiv Tübingen,
– allen Helfern bei der Markierung der Jakobswege, den Vertretern des Schwäbischen Albvereins (Ernst Ehlers, Willi Rössler) und Schwarzwaldvereins (Karl Rudigier) für die Beratung bei der Ausschilderung der Pilgerrouten sowie den Waldbesitzern für ihr großes Entgegenkommen bei der Anbringung der Wegzeichen.

Besonders bedanken möchte ich mich auch bei den Landkreisen Konstanz, Sigmaringen, Zollernalbkreis, den Oberschwäbischen Elektrizitätswerken, dem Amt für Wirtschaftsförderung des Zollernalbkreises sowie der Sparkasse Stockach und der Volksbank Überlingen-Stockach für ihre finanzielle Unterstützung zur Drucklegung des Buches. Mein Dank gilt besonders Frau Sabine Holderied, der ehemaligen Leiterin der Wirtschaftsförderungsgesellschaft für den Zollernalbkreis und den Kreisarchivaren der Landkreise Konstanz, Sigmaringen und Zollernalbkreis für ihre Unterstützung bei der Bewerbung des Buches.

Es ist nicht möglich, die Beiträge aller Personen aufzuzählen, die mir durch wichtige Hinweise und Anregungen, die Beschaffung von Informationsmaterialien und manch gutem Rat bereitwillig geholfen haben, deshalb seien sie an dieser Stelle nur summarisch in alphabetischer Reihenfolge genannt:
Familie Elfriede und Hans-Otto Bandle (Lahr), Frau Ingeborg Maria Buck (Stuttgart), Herr Georg Füssinger, (Erzbischöfliches Archiv Freiburg, Archivstelle Sigmaringen), Graf Wilderich von und zu Bodman, Frau Dr.

Yvonne Istas, (Stadtmuseum Stockach), Herr Peter Kempf (Museum Fürstlich Hohenzollerische Sammlungen Sigmaringen), Herr Karl Kimmich (Bösingen), Herr Jörg Küster (Verkehrsverein Hechingen), Herr Otto Müller (Bisingen), Frau Sylvia Sanktjohannser (Hechingen), Herr Dr. Stefan Schmidt-Lawrenz und Frau Helga Ciriello (Hohenzollerisches Museum Hechingen), Herr Christof Stadler (Radolfzell), Herr Karl-Werner Steim (Sigmaringen), Herr Max Stöhr (Sigmaringen), Herr Hermann Strohmaier (Hohenfels-Kalkofen), Herr Helmut Unmuth (Ringingen), Herr Hermann Weck (Jungnau), Werbeagentur Türke (Balingen).

Ganz besonders danken möchte ich auch Frau Claudia Rodat für die Anfertigung der 16 Etappen-Karten und viele konstruktive Ratschläge. Frau Sieglinde Barho (Buch/Schweiz), Ludwig und Ingeborg Sturm (Stockach) verdanke ich das aufmerksame Lesen der Korrekturfahnen.

Herrn Kreisarchivar Wolfgang Kramer und dem Hegaugeschichtsverein danke ich für die Aufnahme des Buches in die Reihe der Hegau-Bibliothek.

Danken möchte ich auch dem Geschäftsleiter der Südkurier-Druckerei Werk Zwei, Stephan Kopf für die gute Zusammenarbeit und Frau Inis Ambrosy für die vielen fachkundigen Anregungen und die Erstellung des Layouts.

Herr Br. Jakobus Kaffanke hat die Entstehung des Buches in vielen Gesprächen als freundschaftlicher Ratgeber begleitet. Ihm möchte ich an dieser Stelle ganz besonders herzlich danken.

Am meisten aber danke ich meiner Frau Lucia für ihre unschätzbar wertvolle Mitarbeit. Ohne ihren Rat und ihre Hilfe wäre dieses Buch nicht entstanden.

Stockach, 2. September 2007
Fredy Meyer